贝果投资

/ 在不确定中寻找确定 /

投资金字塔

凌学文 ◎ 著

Investment Pyramid

SPM 南方传媒 | 广东经济出版社
·广州·

图书在版编目（CIP）数据

投资金字塔 / 凌学文著 . -- 广州 ： 广东经济出版社，
2025. 1. -- ISBN 978-7-5454-9371-9
Ⅰ. F830. 91
中国国家版本馆 CIP 数据核字第 2024GA9735 号

责任编辑：周伊凌　郭艳军
责任校对：程志奇
责任技编：陆俊帆
封面设计：沐云 BOOK DESIGN QQ:228721589

投资金字塔
TOUZIJINZITA

出 版 人：刘卫平
出版发行：广东经济出版社（广州市水荫路 11 号 11 ～ 12 楼）
印　　刷：广东鹏腾宇文化创新有限公司
（珠海市高新区唐家湾镇科技九路 88 号 10 栋）

开　　本：	787 毫米 ×1092 毫米　1/16	**印　　张**：	18.25
版　　次：	2025 年 1 月第 1 版	**印　　次**：	2025 年 1 月第 1 次
书　　号：	ISBN 978-7-5454-9371-9	**字　　数**：	295 千字
定　　价：	68.00 元		

发行电话：（020）87393830
广东经济出版社常年法律顾问：胡志海律师

推荐序
Forewords

作者凌学文老师，是广州万隆证券咨询顾问有限公司十多年的公司副总，在与我齐心协力服务股民的过程中，形成了独特而鲜明的投资理念与风格特征，他对本书所强调的长期主义有深刻理解。

确实，在长期共事过程中，我们每个人都能强烈感受到学文对理念的坚守与持之以恒的行动。这种处事的态度，从研究的角度往往会挖掘出十分有深度的信息，能抓获着眼于长远的未来机会，从而让学习他研究成果的朋友有安全感和信任感。他的研究是聚焦的，一旦确认方向后，他便长期动态跟进挖掘，这种长期主义的理念，对众多的投资者而言，确实是很多人容易忽略的，通过学习这种理念，很多投资者可以知春秋变化把握趋势时节。

通过这本书，你能学到更多和长期主义匹配的相关知识与理论，知彼知己，今后你也可以长期跟进他的自媒体视频节目，更能受益匪浅！

吴远辉

（吴远辉，广州市万隆证券咨询顾问有限公司创始人、法人。）

前言
Preface

开卷必有益。

一本好书可能会改变一个人的人生轨迹。小米科技创始人雷军在其母校武汉大学演讲时说道："我就是在武汉大学图书馆里看了一本叫《硅谷之火》的书，开始建立了我一生的梦想。"此外，雷军还在央视专访中提到："因为《硅谷之火》就是讲乔布斯的创业经历，所以在20世纪80年代，乔布斯就是我的第一个偶像。正是因为我对乔布斯很了解，我觉得我做不了乔布斯，但是并不妨碍我在另外一个方向上做出不一样的产品来。"

雷军在武汉大学演讲时还提到："我们创业30多年了，走到今天其实越来越清楚，想做一件了不起的事情，你肯定要是一个长期主义者。"

对于想在股市长期生存并有所收获的投资者来说，读一本好书有利于其深刻地理解"长期主义"的深刻内涵，正确地认识股市投资的本质规律，克服负面情绪的影响，理性剖析失败的根源，注重时间的沉淀和实践的积累，不断提升认知能力。成功的投资离不开好股票、好策略与好心态，即投资方法、战法和心法，三要素缺一不可（如图1）。本书旨在帮助投资者建立起一套真正适合自己的研究分析方法和交易规则，并最终形成升华到哲学层面的投资理念。

股市是残酷的，唯有敬畏市场、尊重市场，才能适应市场。在面对短期的挫折和困难时，我们要坚定信心，严格遵循经过实践检验建立起来的交易规则，不受外界干扰，不随波逐流。或许只有亲身经历了黎明前的至暗时刻，才会更加懂得"伟大都是熬出来的"。如果你现在身处困境，身处你投资生涯的至暗时刻，请你一定要告诉自己，再熬一熬，天就亮了。

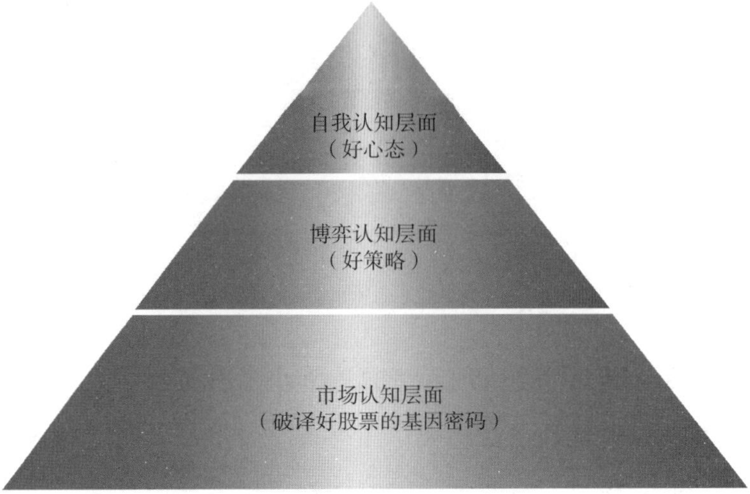

图1　交易体系战法篇

实战出真知。作为资深的业内人士，笔者与绝大多数股票市场参与者一样，共同经历并见证了A股市场的多轮牛熊起伏，亲身经历了太多隐藏在K线背后的成功与失败，甚至付出过巨大代价。所有过往皆为序章。笔者相信成功的经验和失败的教训都值得总结，无论你身处何时何地，面临何种境遇，在你翻看这本书的时候，或许能从其中的某句话、某种观点找到你想要的答案，并顺利超越自我！

理念决定财富，正确的投资理念是财富的源泉。要想在股市长期生存，必须建立一套适合自己的研究方法体系、交易战法规则，并树立正确的投资理念。

什么是正确的投资理念呢？贪念、嗔念、妄念、执念肯定不是正确的投资理念，每个人对于正确的投资理念的理解都不同，但核心一定是回归事物的本质。就投资股市而言，首先，要遵循股市自身涨跌的运行规律，透过K线理解情绪周期循环往复的本质，理解市场热点炒作背后的产业生命周期理论和渗透率奇点时刻的内涵，理解股市本质上跟其他事物一样存在周期特征。其次，要不断总结学习，与时俱进，及时改进，建立行之有效的投资分析方法，提升认知能力和水平。最后，要通过实践修炼自我，管控负面情绪，克服贪婪和恐惧的人性弱点，才能真正地理解股市运行的本质规律。坚持理性投资、长期投资和价值投资，才能实现财富的稳健增值。

这本书或许不能立刻给你带来财富，但能够触及你的内心，在你驰骋股市的生涯里播下一粒成功投资的种子。

目录

Contents

研究分析方法篇

破译牛股“基因密码”的关键

交易体系战法篇

交易的本质是信仰

■ 投资理念心法篇

▪ 理念是财富的源泉

1

研究分析方法篇

破译牛股“基因密码”的关键

好股票

研究分析方法是破译大牛股基因的关键，
深入了解驱动股价上涨的逻辑与催化剂。

CHAPTER 第一章 证券投资分析的四种主要方法

我们进入股票市场前，首先要了解我国证券市场发展的历史，掌握证券投资的常见分析方法和种类。同时也要认识到，任何一种研究分析方法都有其自身的局限性，尤其是在变幻莫测、残酷博弈的股票市场里，根本不存在“一劳永逸”“一招一式打遍天下”的分析方法。好的研究分析方法是需要结合投资实践不断迭代、改进的。

在不同的时代背景下、不同的市场发展阶段及不同的市场中，不同的研究分析方法要经历从萌芽到扩散再到盛行，并最终成为主导特定市场阶段的主要分析工具的演变过程。但总体而言，不同的分析方法各有优劣，分析成效存在差异，需要在实战中综合运用、融会贯通。比如，技术分析（或称图表分析）法在国内证券市场初创阶段比较盛行，通常用于短期分析。又比如，交易战法更多应用于机动仓的管理，而随着证券市场的持续发展和不断规范，基本分析法逐渐成为主流，更多适用于预判中长期走势，在对应的交易战法中，主要应用在不同行情属性下的底仓管理。再比如，自从2005年实施股权分置改革以来，上市公司控股股东或大股东拥有了更多股份从而主导市场的话语权。这个阶段的上市公司常常通过定向增发实现整体上市或引入战略投资者；在这个时期，以价值分析为参照，建立在金融行为理论基础上的行为分析法，由于善于从利益动机角度透视产业资本动向，因此能在全流通后更好地把握住关键的产业资本运作机会，以及通过流行性偏差分析把握重大趋势性拐点。此外，行为分析基于博弈预期分析，在事件驱动的主题策略模型应用方面，存在较强的适用性。

下面我们先简要介绍一下目前主流的证券投资方法，包括技术分析法、基本分析法、量化分析法以及行为分析法等。

一、初创阶段普遍使用技术分析法

技术分析法是通过研究（图表中市场过往的表现）来预测未来价格走向的一种方法。技术分析法根据价格如何上下波动来预测其未来的走势，并不重视价格波动的原因。技术分析法的基本假设与理论基础包括：

（一）市场是有效的，市场行为包含一切信息

根据诺贝尔经济学奖获得者尤金·法玛所著的《有效市场理论》，技术分析学派认为，任何一个影响证券市场的因素，最终都必然体现在证券价格的变动上，所有影响股票价格的因素，诸如法律法规、经济环境、产业政策、税收政策、市场情绪等外在因素，以及公司治理、财务数据、产品与技术创新等内在因素，都已经在市场行为中得到了反映。

（二）价格沿趋势移动

技术分析学派认为，证券价格的变动是有一定规律的。因为证券价格的运动方向是由供求关系决定的，供求关系一旦确定，证券价格的变化趋势就会一直持续下去。只要供求关系不发生根本改变，证券价格的走势就不会发生反转。

（三）历史会重复

在证券市场上，过去某种环境下价格变动的结果，在当前或未来相类似的市场环境下将再次出现。因为证券市场是由人来决定最终的交易行为，而人的行为会受到心理因素的影响。只要投资者追求利润的目的不变，市场交易行为将趋于形成一定的模式，导致曾经出现过的价格趋势和变动方式不断出现，即历史会重复。技术分析理论主要包括K线理论、切线理论、形态理论、技术指标理论、量价关系理论、道氏理论、波浪理论、江恩理论等。

1990年12月1日和1990年12月19日，深圳证券交易所和上海证券交易所相继开业，标志着全国性证券市场的正式形成。A股市场自开设以来，经历了不同发展阶段，分别由不同分析流派主导。在1990年至2003年的14年期间，我国股票

市场伴随制度的不断完善快速发展、扩容，这一时期后来被人们称为“庄股时代”，沪深股市大致有两大特征：

1.投机博弈主导股票价格波动

在证券市场设立初期，国内股份制企业数量较少，股票发行数量相对有限，大量普通投资者涌向深圳和上海购买股票，个人投资者成为最重要的参与主体，同时有拥有一定资金规模的券商、公司法人和大户，他们共同构成了“散户”和“庄家”两大投资群体。股票价格的博弈基本上是以“庄家”与“庄家”、“庄家”与“散户”、“散户”与“散户”之间的投机博弈为主。

2.普遍使用技术分析方法

在还处于初创阶段的国内A股市场，由于股票发行数量有限，且大部分投资者都没有建立比较清晰的投资理念，少部分“庄家”常常通过操控股票的流通筹码来控制股价涨跌，市场一度盛行吸筹“控盘”的技术分析方法，这个阶段的投资者大多信奉技术分析理论。在1996—1997年的大牛市中，出现了以四川长虹与深发展为龙头的绩优股行情，基本分析手段才在市场中开始萌芽。在2003年国内基金大发展之前，投机理念依然主导市场，技术分析方法是投资者普遍使用的方法。

二、基本分析法以价值投资为理念基础

基本分析法是以宏观经济形势、行业特征、上市公司经营情况和财务数据等作为投资分析对象，以判断其内在价值的一种方法。基本假设是股票的价值决定其价格，股票的价格围绕价值波动。基本分析法主要包括宏观经济分析、行业和区域分析、公司分析三大块内容。宏观经济分析主要研究各种经济指标和经济政策，比如消费价格、国内生产总值、外汇储备、新增信贷数据、财政收入、存款准备金、利率等。行业和区域分析主要包括行业生命周期分析、行业景气度分析、区位优势分析等。公司分析包括公司竞争优势分析、成长性分析等。

1997年11月，随着《证券投资基金管理暂行办法》的出台，我国基金行业进

入新的发展阶段。1998年3月6日到1999年4月13日，我国诞生了第一批规范的基金管理公司，包括国泰基金、南方基金、华夏基金、华安基金、博时基金、鹏华基金、嘉实基金、长盛基金、大成基金和富国基金，共十家，因而这批基金管理公司被称为“老十家”。第一批基金管理公司的成立标志着规范化的证券投资基金在我国正式起步，推动我国机构投资者的投研体系逐步走向成熟。

2001年9月21日，第一只开放式基金——华安创新证券投资基金诞生，价值与成长投资流派不断发展。2003年7月9日，瑞士银行成为首家投资中国境内市场的合格境外机构投资者（Qualified Foreign Institutional Investor，QFII）。QFII和之后推出的RQFII[①]制度，是中国金融市场对外开放最重要的制度之一，吸引了大量海外资金进入中国金融市场，在分享中国改革开放和经济增长成果的同时，也促进了我国金融市场健康发展。受国外基金行业投资理念的影响，国内基金行业的机构投资者一开始就以价值投资作为理念基础，在基金新理念的引领下，2003年后产生了两波对中国股市投资者的理念具有深远影响的行情，第一波是2003—2004年的“五朵金花”行情，第二波是2006—2007年的大牛市行情。在上述两波行情中，贵州茅台、武钢股份等价值股和成长股先后演绎了强势的上涨行情，使人们认识到上市公司基本面的价值和成长性才是股价长期上涨的基础，促使国内投资者崇尚的价值投资和成长投资基本分析派迅速发展壮大。

三、量化分析法有利于克服人性弱点

量化分析法是利用统计、数值模拟和其他定量模型进行证券市场相关研究的一种方法，是继传统的技术分析和基本分析之后发展起来的一种重要的证券投资分析方法。“量化投资之父”西蒙斯认为，数学模型可以降低投资人的风险，以及其所需承受的心理压力。毕竟量化模型没有感情，一旦选定就会自动执行，能够克服人性在市场面前暴露出来的弱点。1988年，西蒙斯创立了完全依靠数学模型的量化对冲基金——文艺复兴科技，其旗舰产品就是历史上收益率最高、最神

① RQFII（RMB Qualified Foreign Institutional Investor）是指人民币合格境外机构投资者。

秘的大奖章基金。大奖章基金从1989年底到2006年，平均每年的回报率为39%，超过“金融大鳄”索罗斯和“股神”巴菲特的投资回报率10%以上，比同期标准普尔500指数基金的年均回报率高出20%。

量化研究遵循的是实证主义的方法，主张通过统计调查法或实验法，像自然科学那样建立研究假设，收集精确的数据资料，然后进行统计分析和检验。量化分析法涉及数学和计算机方面的知识和技术，因子模型是较为常见的量化分析模型。

因子模型主要通过研究影响证券价格的各种因素，包括市场趋势、行业动态、公司财务状况、股本规模等，以预测证券的未来表现。量化投资在实际操作中，主要以量化模型为投资主线，采用定量数据模型与定性主动判断相结合的方法，重点关注估值和盈利两大因子，通过因子变化筛选行业和股票，选择净资产收益率向上的行业做重点配置，在其中选取估值合理的股票（见表1-1-1）。

在选择量化模型算法时，需要考虑投资目标、风险承受能力、数据质量等因素。同时需要注意模型的适用性和局限性，及时调整和优化模型以适应市场变化。量化投资中的回撤控制是关键点，其中回撤率是指在某一段时期内产品净值从最高点开始回落到最低点的幅度，即亏损幅度。回撤率和风险成正比。回撤率越大，风险越大；回撤率越小，风险越小。

表1-1-1　量化投资的产品设计框架

量化因子类型	量化因子	具体指标	量化策略因子
选股	（1）价值因子	PE、PB	（1）价值因子：包括绝对估值和相对估值，一般来说估值低的股票得分较高
	（2）成长因子（收入与利润的增长率）	营收、净利润、现金流增速、PEG	（2）成长因子：主要根据营收、净利润、现金流增速等指标，增速越高，得分越高
	（3）盈利质量因子（盈利稳定性）	毛利率、净利率、ROE	（3）盈利因子：主要根据毛利率、净利率、ROE等指标，一般来说盈利能力越强，得分越高
	（4）规模因子（市场特征）	总市值、流通市值	（4）规模因子：是指股票总市值和流通市值大小。需要根据不同行情阶段和资金偏好来设定具体参数和得分

续表

量化因子类型	量化因子	具体指标	量化策略因子
择时	（5）动量因子	（1）反转因子，主要有换手率、成交量等指标。 （2）动量因子，主要观察惯性或可持续性	（5）动量因子：通俗理解，动量因子分析，主要是从技术分析角度进行设定。所谓动量，就是股票上涨或下跌的力量。有些投资者认为过去涨得好的股票，未来还会持续上涨，这个叫“动量效应”。也有投资者认为过去大涨的股票，未来迟早会跌，这个叫“动量反转”。未来究竟是动量效应，还是动量反转，以及何时反转，不同的人有不同的理解，因而在不同行情属性下会设定不同的量化参数，尤其是具体何时反转的参数设定十分关键
	（6）情绪因子	媒体新闻、研报、股吧等渠道对个股的多空看法、预期评分	（6）情绪因子：主要借助人工智能和算法，把媒体新闻、研报、股吧等渠道对某只股票的看法、预期、人气、热度信息搜集起来，然后进行打分

早在2004年，公募基金中成立了第一只量化基金——光大保德信量化核心，但直到发生金融危机后的2009年，量化基金才开始逐渐盛行。公募量化基金主要包括主动型量化基金、指数增强型基金和对冲型量化基金三类。其中，主动型量化基金主要通过量化模型进行主动选股和择时，持股数量较多，交易相对活跃；指数增强型基金主要跟踪某个指数，比如沪深300指数、中证500指数等；而对冲型量化基金主要通过股指期货对冲系统性风险，比如通过融券卖出股票、卖出股指期货合约。2010年4月16日，中国金融期货交易所正式推出沪深300股指期货合约。融资融券及股指期货业务的相继推出，一改过去只能做多的局面，标志着A股市场迎来双边交易时代。2017年6月，明晟公司(MSCI)宣布将中国A股纳入MSCI新兴市场指数和MSCI ACWI指数。富时罗素、标普道琼斯等也相继将A股纳入其全球指数。这表明中国资本市场双向开放取得重要突破，并获得了境外机构和国际资本市场的普遍认可。

量化投资在国内市场有四大派系：券商、公募基金、私募基金、期货界。量化策略主要包括套利、量化选股、量化择时、量化对冲等。近年来，随着新型信息技术的广泛运用，量化交易已成为重要的交易方式之一。从市场角度看，量化交易有助于为市场提供流动性，促进价格发现。针对中小投资者的量化交易，特别是高频交易，存在明显的技术、信息和速度优势，但在部分时点也存在策略趋同、交易共振等问题，容易加大市场波动甚至引发极端行情，比如在2024年春节前，大批小盘、微盘个股连续受到重挫，不排除与相关量化产品的密集卖出行为高度相关的可能性。从国际经验看，境外市场普遍对量化交易（特别是高频交易）实施更为严格的监管，以防范其对市场秩序造成负面影响。

四、行为分析法重视研究人们的心理与行为

行为分析法主要基于行为金融学理论，以A股市场的各类参与主体为研究对象，从利益动机和预期分析入手，研究市场参与主体的行为模式特征、对事件的反应及心理预期，从而预判对行情趋势和股价波动的影响。目前A股市场参与主体包括制定政策的相关政府部门、监管机构、上市公司及其控股股东或大股东、中央汇金、保险资金、社保基金、养老基金、公募基金、私募基金、券商、外资以及中小投资者等，研究对象相对广泛。由于各类市场参与主体的目标或利益动机不同，行为模式特征存在显著的差异，即使对同一事件也会产生不同的心理预期，进而作出不同的反应和行为。

行为金融学是一门新兴的学科，它在原有金融学的框架下引入心理学的研究成果，试图从人的心理预期、行为偏差，也就是从非理性的角度来解释金融市场出现的现象，尤其是那些在理性框架下没有办法解释的异常现象。

对行为金融的关注可以追溯到一百多年前，约翰·梅纳德·凯恩斯（1936）是最早强调心理预期在投资决策中的作用的经济学家。20世纪60至80年代中期是行为金融学高速发展的阶段，丹尼尔·卡尼曼和阿莫斯·特沃斯基（1974）总结出“认知偏差”的现象，并提出“期望理论”。20世纪80年代中期至今，金融市场因频发异象而受到普遍关注，行为金融学的研究得以与实践紧密结合，取得突破性进展。

传统的金融学以有效市场假说和理性预期为主要特征，并在金融领域一直占据着统治地位。但大量的实证研究和观察结果表明，人们并不总是以理性态度进行决策，在现实中存在诸多认知偏差，这些偏差不可避免地影响着投资行为和资

产定价，使得股票的价值与价格逐渐背离。耶鲁大学经济学教授罗伯特·席勒将1870—1979年美国股票市场基础价值与真实价格进行比较后发现，基础价值与真实价格重合的时间屈指可数，这样的现象无法从传统金融学中获得完美解释。

罗伯特·席勒教授在1980年提出了行为金融学研究的重要基础，即资本市场价格的变化要远远超出资本市场基本面变化的趋势。罗伯特·席勒教授因为自己对行为金融学的研究与芝加哥大学的金融学教授尤金·法玛和拉尔斯·皮特·汉森一起分享了2013年诺贝尔经济学奖。行为金融学有别于传统金融学，它以心理学成果为基础对人们的实际决策进行行为研究，诸多传统金融学无法合理论证的市场异象都能在其中得到解释，因而逐渐发展成为金融学研究中的一个重要分支。

CHAPTER 第二章 各类分析方法优劣比较及应用范围

上一章主要介绍了当前主流的证券投资方法，即基本分析法、技术分析法、量化分析法以及行为分析法等。众所周知，任何事物都具有两面性，前文介绍的证券投资分析方法也一样具有两面性，针对不同行情属性、不同行情阶段、不同周期以及不同的研究分析对象等，各类证券投资分析方法在实际使用过程中都具有优势和劣势。本章主要介绍一下各类投资分析方法的优缺点。

一、各类证券投资分析方法的优劣比较

（一）基本分析法的优劣

1.优点

信息数据的获取渠道相对比较权威，而且数据来源相对稳定，数据相对客观、全面。

2.缺陷

适用于周期相对较长的价格分析，对短线的指导作用比较有限。进行基本面价值分析时，需要警惕以下风险：上市公司可能通过虚构业务虚增营收和利润，刻意提前或推迟项目进度来调节营收及利润，或者通过调节计提存货减值、商誉减值、应收账款坏账，以及利用关联交易或并购重组虚增营收和利润等进行财务造假，从而导致基本分析法的失灵；上市公司信息披露不规范，导致信息不对称等。

（二）技术分析法的优劣

1.优点

技术分析法主要通过图表或技术指标，再根据股价本身的变化，推测未来价格的变动趋势，与基本分析法相比更加直观易懂，而且十分成熟，进入门槛低，在股价短期波动时具有较强的指导意义。

2.缺陷

用技术分析法考虑问题的范围相对狭窄，在长期趋势分析预测方面往往存在缺陷；无论是K线理论、切线理论、形态理论、技术指标理论、波浪理论还是循环周期理论，由于过于贴近市场，其分析的结果都只能接近市场的局部现象，甚至会诱导股民追涨杀跌。技术指标或形态都可能成为主力设置的圈套，例如“假突破”“假破位”“假摔”等，通过资金对倒制造资金大幅流入的假象等。

（三）量化分析法的优劣

1.优点

量化分析法基于大量数据通过数学建模和算法进行综合分析研判，可以大大减少人为主观因素或情绪的干扰，更加理性、全面、客观，从而提高研究分析与决策的准确性、有效性。

2.缺陷

技术依赖性强，前期数据收集、清洗、建模以及参数设计过程都比较复杂，且面临数据质量、准确性和模型参数等方面的风险。

（四）行为分析法的优劣

1.优点

行为分析法认为信息本身不能对股价涨跌产生直接影响，股价涨跌主要受人们的心理预期和行为偏差影响。用该方法能很好地解释人们的心理行为偏差即非理性角度的股价波动现象，这些现象是理性框架下无法解释的。行为金融学认为，人可以是非理性的，这种非理性是人的本性和情绪化导致的，且正是这种非理性的决策行为影响了价格的波动。行为分析法是现代行为金融理论与中国传统文化及辩证理论融合的产物，乔治·索罗斯推崇的反身性理论揭示了人性非理性行为导致的周期波动，并通过利益动机博弈与预期分析来揭示市场的必然趋势。其比基本分析法更重视市场非理性，比技术分析法更强调事物内在联系。行为分析体系紧扣两个核心来展开：利益博弈和预期分析。利益博弈决定了事物发展的方向，预期分析决定了事物发展的潜在空间。

2.缺陷

行为分析法通过洞察人们的心理活动及预期行为偏差，尤其是大众心理行为偏差，来预测周期或趋势的拐点。在大多数情形下，市场运行还是相对有序或者平稳的，可采取动量策略或反转策略来应对市场节奏。行为分析法的应用范围相对狭窄且带有较强的主观性。

二、各类投资分析方法的实战应用

从投资实践角度看，在具体的研究分析过程中，通常会综合运用上文所介绍的投资分析方法。我们尝试从搭建研究分析流程体系中涉及的各个环节出发，来阐述各类分析方法的实际应用场景。以下是笔者从业多年总结的研究分析框架。

通常而言，在筛选投资标的的过程中，应自上而下，先从宏观分析入手，寻找政策扶持的、景气度上升的行业和板块，这里就会用到基本分析方法或价值分析方法。从产业资本视角辨别某家上市公司是否被低估，除了使用数量化工具分析重置成本外，还可以使用行为分析法观察大股东或控股股东的行为是否存在巨资增持等，毕竟上市公司的经营情况大股东或控股股东掌握得更多，通过大股东或控股股东的行为表现，可以在一定程度上推导出公司当前的股价是否存在被低估的情形，其中的增持或回购价格在投资实践中可以作为构建安全边际的重要参考之一。

构建研究分析框架，通常会利用直观的技术分析工具，比如通过技术形态特征来判断行情所属的阶段、运行趋势；从博弈角度，会结合盘面特征并利用情绪周期理论，分析股价所处的情绪周期阶段。研究分析框架的搭建流程如图1-2-1所示。

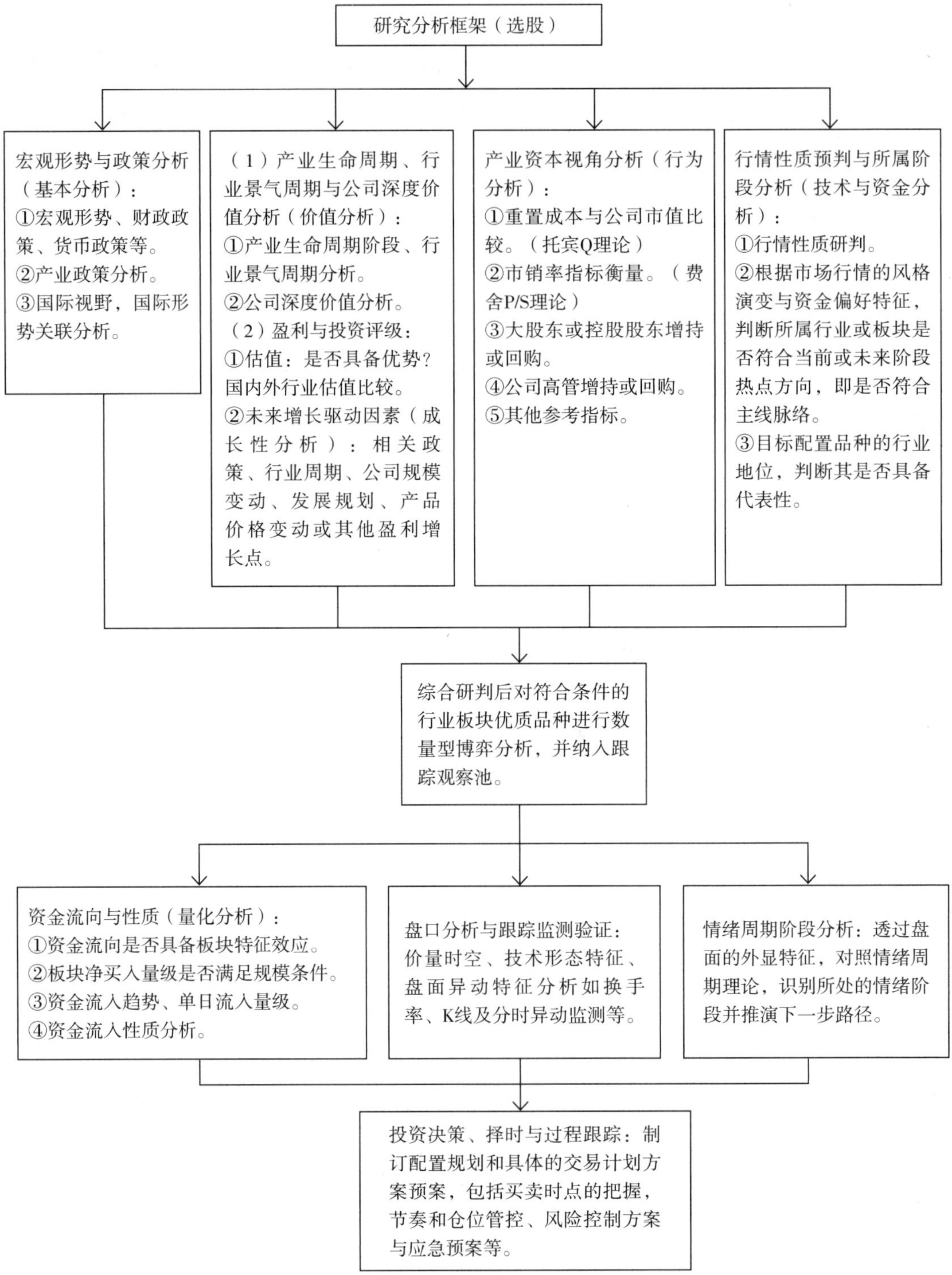

图1-2-1　研究分析框架图

总之，在整个研究分析框架的构建过程中，需要综合运用各种分析方法，不过需要注意的是，各种分析方法都会假设某些条件作为前提，也经常以过去的数据作为参数进行静态研究，当上述假设条件发生变化时，就需要重新评估分析，尤其是在实战中必须拥有应变能力，及时进行调整。

CHAPTER 第三章 市场异象与行为金融学

一、关于行为金融学的起源

行为金融学起源于对金融市场“异象”的解释，这些金融市场的“异象”包括股票的溢价现象、股价的过度波动、日历效应、小微市值股票效应以及“羊群行为”等。行为金融学在试图解释上述“异象”时，借助心理学对人类心理和行为模式的研究结果，使得行为金融理论的前提假设更加逼近现实。因此，行为金融学是伴随着经济心理学、实验经济学的产生而逐渐发展起来的，它综合运用了心理学、决策科学和社会学等相关领域的理论与方法，对个体和群体的决策和行为模式进行研究，并在此基础上对金融市场的价格发生机制进行解释，从而改变了现代金融理论的理论基础。

传统金融理论在以“理性人”和有效市场为其理论假设的基础上，发展出了现代资产组合理论（MPT）、资本资产定价理论（CAPM）、套利定价理论（APT）、期权定价理论（OPT）等一系列经典理论。这些理论承袭了经济学“理性范式”的研究思路，取得了重大成功。但从另外一方面来看，它们忽视了对投资者实际决策行为的研究。随着行为金融学的发展，行为经济学家和实验经济学家提出了许多悖论，如“股权风险溢价之谜”（历史上，平均股本回报率远远超过无违约风险的短期贷款的回报率。在1889—1978年这90年之间，标准普尔500指数的平均真实收益率是7%，而短期贷款收益率只有不到1%）、“羊群效应”、“阿莱斯悖论”（阿莱斯悖论由经济学家莫里斯·阿莱斯于1952年提出，指人们在决策时，在确定的收益面前，更倾向于选择确定的收益，而在不确定的收益面前，人们更倾向于选择期望值更高、概率更低的那一边）等。传统的“理性人”假设已经无法解释现实生活中人们的经济生活与行为，预期效用理论也受到怀疑。

正是基于现代经典金融学的困境与缺陷，行为金融学将金融学、心理学、行为学、社会学等多学科有效融合，对大量“异象”进行了解释，从而拓宽了金融学的发展空间。从其发展轨迹来看，行为金融学是伴随着行为经济学的发展而诞生的。心理学家研究发现在某些情况下人的决策与经济学的理性假设有系统性偏差，行为经济学正是伴随心理学在金融领域的拓展研究而产生的，它是运用心理学、社会学、决策科学等理论和方法研究个人或者群体的经济行为规律的科学。

行为金融学是行为经济学的一个分支，它研究人们在投资决策过程中的认知、情感、态度等心理特征，以及由此而引起的市场非有效性。大多数学者趋于把心理学与金融学相结合的起点作为行为金融学的开端。凯恩斯是最早强调心理预期在投资决策中的作用的经济学家，他强调心理预期在投资决策中的重要性，认为决定投资者行为的主要因素是心理因素，投资者是非理性的，其投资理论是建立在“空中楼阁”之上的。真正意义上的行为金融理论是由美国奥瑞格大学商学教授Burrel和金融学教授Bauman于1951年最先提出来的，他们认为，金融学家在衡量投资者的投资收益时，不仅应建立和应用量化的投资模型，而且还应对投资者传统的行为模式进行研究。

随着其影响的日益扩大，行为金融学逐渐被主流经济学家关注。2002年10月，美国普林斯顿大学的丹尼尔·卡尼曼和乔治梅森大学的弗农·史密斯共同获得了诺贝尔经济学奖，他们把心理学的研究成果和经济学融合到一起，尤其是在不确定情况下的人的判断和决策方面作出了突出贡献。两人展示了人们的决策是如何异于标准金融学理论预测的结果，这激发了经济学家运用心理学来研究经济学的积极性，使金融学理论更加丰富。

二、行为金融学的理论基础

（一）理论基础

1.期望理论

期望理论是行为金融学的重要基础理论。Kahneman和Tversky通过实验对比发现，大多数投资者并非标准金融投资者而是行为投资者，他们的行为不总是理性的，也并不总是回避风险的。期望理论认为投资者对收益的效用函数是凹函数，而对损失的效用函数是凸函数，表现为投资者在投资账面值损失时更加厌恶风险，而在投资账面值盈利时，随着收益的增加，其满足程度逐渐降低。投资者面对等量损失时的痛苦程度往往比获得等量收益时的喜悦程度要更为强烈。如图1-3-1所示，相较于凸函数，凹函数具有天然的稳定性，小球在凹函数中具有稳定性，而小球在凸函数中，稍微移动就会快速滚落，小球移动可以形象地说明投资者情绪的变化。

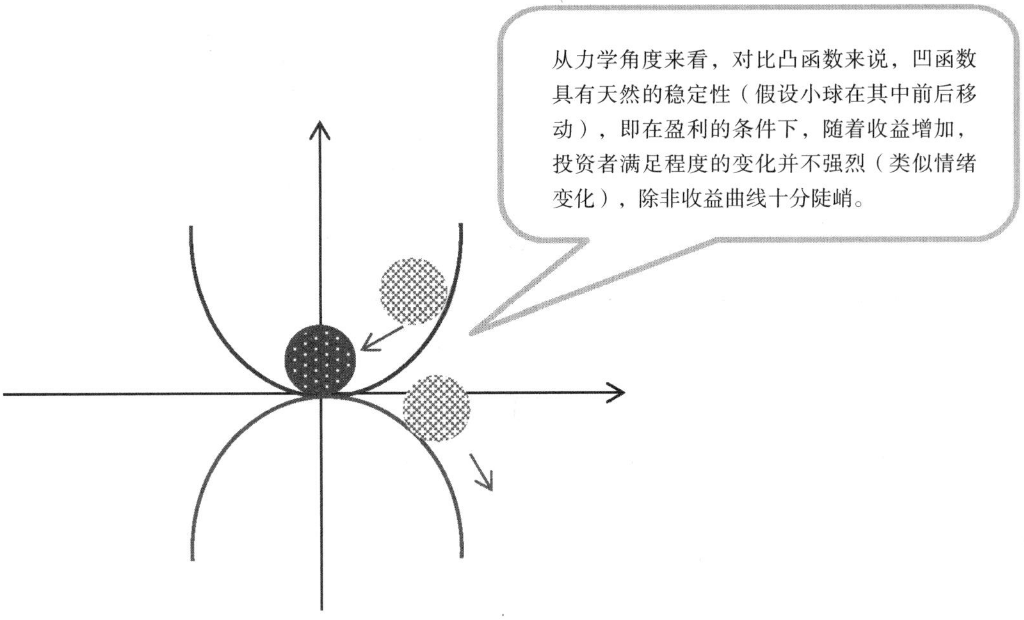

图1-3-1　凹凸函数的特性

由此，期望理论成为行为金融研究中的代表性学说，解释了不少金融市场中的“异常”现象，如阿莱斯悖论、股价溢价之谜以及“期权微笑”等。然而，由于Kahneman和Tversky在期望理论中并没有给出如何确定价值函数的关键参考点以及价值函数的具体形式，在理论上存在很大缺陷，这在一定程度上阻碍了期望理论的进一步发展。

2.行为组合理论和行为资产定价模型

一些行为金融理论研究者认为，将行为金融理论与现代金融理论完全对立起来并不合适。将二者结合起来，对现代金融理论进行完善，成为这些研究者的研究方向。在这方面，Statman和Shefrin提出的行为组合理论（BPT）和现代资产组合理论（MPT）引起了金融界的注意。BPT是在MPT的基础上发展起来的。MPT认为投资者应该把注意力集中在整个组合上，最优的组合配置处在均值方差有效前沿上。BPT认为现实中的投资者无法做到这一点，他们实际构建的资产组合是基于对不同资产的风险程度的认识以及投资目的所形成的一种金字塔式的行为资产组合，位于金字塔各层的资产都与特定的目标和风险态度相联系，而各层之间的相关性被忽略了。行为资产定价模型（BAPM）是对资本资产定价模型（CAPM）的扩展。与CAPM不同，BAPM中的投资者被分为两类：信息交易者和噪声交易者。信息交易者是严格按CAPM行事的理性交易者，不会出现系统偏差；噪声交易者则不按CAPM行事，会犯各种因认知偏差导致的错误。两类交易者互相影响且共同决定资产价格。事实上，在BAPM中，资本市场组合的问题仍然存在，因为均值方差有效组合会随时间而改变。

现代金融理论认为人们的决策是建立在理性预期、风险回报、效用函数最大化的假设上，认为所有理性投资者都有较好的认知水平，其所进行的投资决策都是完全合理的，并追求效益最大化，但从现实情况来看，实际投资决策并非如此。实际进行投资决策的过程中，还存在行为因素和心理因素等影响着投资者，例如过度自信、回避损失、心理账户、减少后悔和推卸责任等，这些都对金融活动具有一定的影响。

（二）投资行为模型

1.BSV模型

BSV模型（Barberis, Shleffer and Vishny, 1998）认为，人们进行投资决策时存在两种错误范式：其一是选择性偏差，即投资者过分重视近期数据的变化模式，而对这些数据的总体特征重视不够，这种偏差导致股价对收益变化的反应不足；另一种是保守性偏差，即投资者不能及时根据变化了解情况修正自己的预测模型，导致股价过度反应。

2.DHS模型

DHS模型（Daniel, Hirsheifer and Subramanyam, 1998）将投资者分为有信息和无信息两类，认为投资者在作决策时存在过度自信和归因偏差。不掌握信息的投资者不存在判断偏差，掌握信息的投资者存在着过度自信和有偏的自我归因。所谓有偏的自我归因，是指人们将正确事件归因于自己的能力，而将错误事件归因于外部噪音。过度自信导致投资者夸大自己对股票价值判断的准确性；有偏的自我归因则使他们低估关于股票价值的公开信号。对个人信息的过度反应和对公共信息的反应不足，就会导致股票回报的短期连续性和长期反转。所以法玛认为DHS模型和BSV模型虽然建立在不同行为前提的基础上，但二者的结论是相似的，即投资者通常会对个人信息过度反应，对公开信息反应不足。

3.HS模型

HS模型（Hong and Stein, 1999），又称统一理论模型（Unified Theory Model）。统一理论模型与BSV模型和DHS模型的不同之处在于：它把研究重点放在不同作用者的作用机制上，而不是认知偏差方面。该模型把作用者分为“观察消息者”和“动量交易者”两类。“观察消息者”根据获得的关于未来价值的信息进行预测，其局限是完全不依赖于当前或过去的价格；“动量交易者”则完全依赖于过去的价格变化，其局限是他们的预测必须是过去价格历史的简单函数，在上述假设下，该模型将反应不足和过度反应的原因统一归结为关于基本价值信息的逐渐扩散，而不包括其他的对投资者情感刺激和流动性交易的需要。

HS模型认为，由于最初“观察消息者”对私人信息反应不足的倾向，使得“动量交易者”力图通过套期策略来利用这一点，而这样做的结果恰好走向了另一个极端——过度反应。

4.羊群效应模型

该模型认为投资者的“羊群效应”是群体压力等情绪下产生的非理性行为，可被分为序列型和非序列型。在某些情况下，投资者会观察前面投资者的行为，并进行模仿。序列型模型由Banerjee提出，他认为投资主体通过典型的贝叶斯过程从市场噪音以及其他个体决策中获取自己决策的信息，这种依次决策的过程形成了市场中的“信息流”。而非序列型模型也是基于贝叶斯法则，但假设任意两个投资者之间的模仿倾向是固定相同的，当模仿倾向较弱时，市场主体的表现是收益服从高斯分布；当模仿倾向较强时，市场主体的表现是市场崩溃。

“羊群效应”常出现在缺乏投资经验的投资者中，如果大部分人都购买了一只股票，缺乏投资经验的投资者很容易跟风购入这只股票，从而很可能购买了不符合其财务目标或者风险承受能力的投资标的。

CHAPTER 第四章 错误认知结出投资“苦果”

前文我们简要介绍了行为金融学的基本理论。金融学研究的是金融运行的规律，心理学研究的是人的行为规律和心理，行为金融学正是借助了心理学对人类心理和行为模式的研究，来解释金融领域的一些“异象”。因此，行为金融学作为心理学和金融学相交叉的学科，在实战应用过程中应重点分析人的心理、情绪以及行为对人的投资决策、产品价格波动以及市场趋势的影响。

情绪是一种心理体验，反映人们对事物的一种态度。不同的情绪状态会直接影响人们作出不同的行为决策。所谓“出门看天色，入门看脸色”，脸色就是人们情绪状态的外在表现，通过观察一个人脸色的好与坏，大概率可以推测出这个人当时的情绪状态。

一、负面情绪就像背负的沉重包袱

情绪ABC理论(ABC Theory of Emotion)由美国心理学家阿尔伯特·埃利斯在20世纪50年代创建（见图1-4-1）。该理论认为，激发事件A（Activating event的第一个英文字母）只是引发情绪和行为结果C（Consequence的第一个英文字母）的间接原因，而引起行为结果C的直接原因则是不同个体对激发事件A的认知和评价而产生的信念B(Belief的第一个英文字母）。人的消极情绪和行为结果C，不是由某一激发事件A直接引发的，而是由经受这一事件的个体对它不正确的认知和评价所产生的错误信念B所直接引起的。

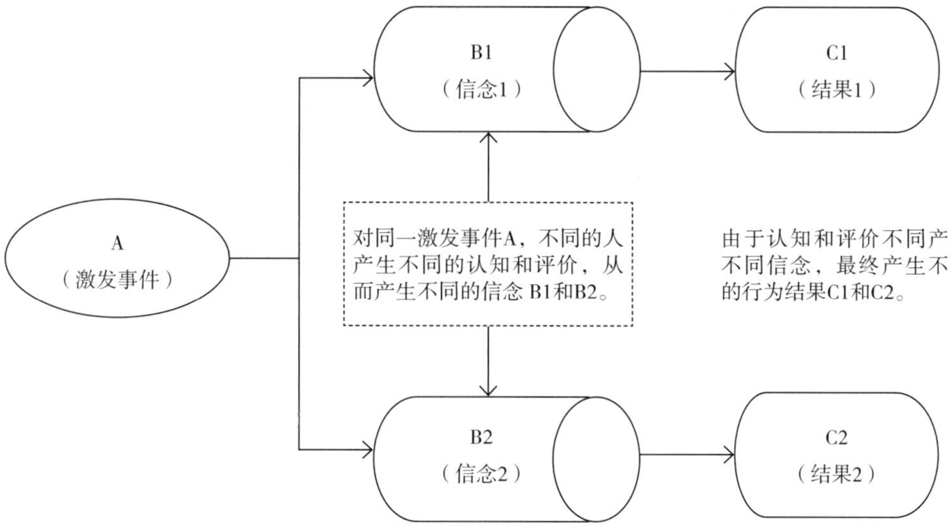

图1-4-1 情绪ABC理论

资料来源：阿尔伯特·埃利斯提出的情绪ABC理论。

情绪ABC理论的创建者阿尔伯特·埃利斯认为，正是我们常有的一些不合理的信念使我们产生情绪困扰。也就是说，一个人的消极情绪不是由某一事件直接引发的，而是经历这一事件的个体对它产生不正确的认知和评价，进而产生了错误的信念而引发的。这种错误的信念也被称为非理性信念。因此，错误的认知产生了负面情绪，在负面情绪影响下动作变形，从而导致结果大相径庭（见图1-4-2）。

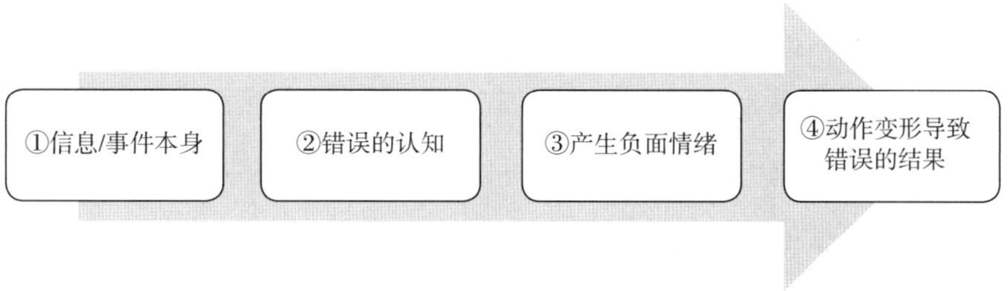

图1-4-2 错误认知导致错误结果

A股市场上几乎每天都在重复上演多空博弈，即使面对同一种行情、同一只股票，也是有人看涨有人看跌，这种分歧每天都会发生。也正因为不同群体的认知能力有差异，对事件的评价不一样，才会产生不同的预期，进而作出不同的决策，最终导致有人赚钱有人亏钱。如果投资者在认知能力方面没有得到足够的提升，恐怕永远都难以打破股市“721定律”。

事实上，我们在分析、思考某一事件的具体影响时，同样要区分以下几个层次（见图1-4-3）：

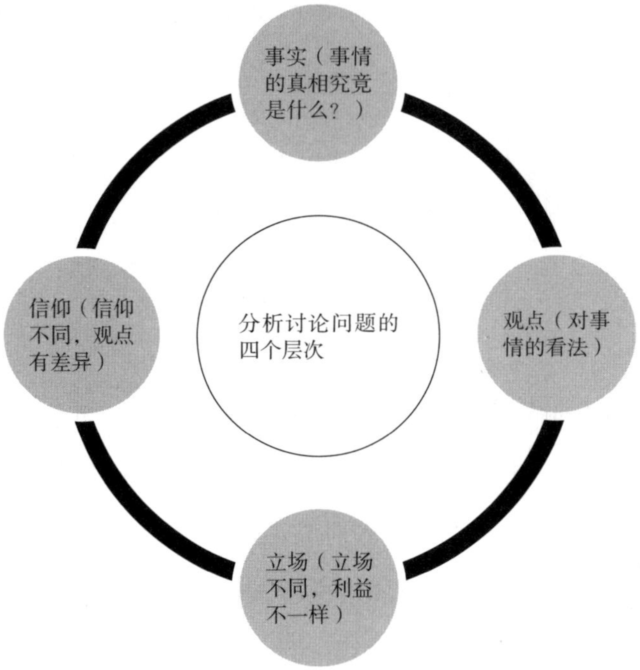

图1-4-3　分析讨论问题的四个层次

首先要搞清楚事情的真相，就是事实是什么，这是独立于人的主观判断的客观存在，事情存在真假，而观点本身并无对错，因为持有不同观点的人，立场和信仰可能不一样。因此，在分析具体某一事件的影响时，要建立系统思维，才能透过事件本身找到事件之间的联系，洞察事件背后的本质。

看待事情的角度不同，得到的结果也不同，甚至可能截然相反。如图1-4-4所示，同一个圆柱体A，在同一种情景下，从光影投射的不同角度观察，我们可以看到圆形和矩形两种完全不同的影子；从B处这个侧面投影得到的是矩形的影子B′，而从C处投影则得到圆形的影子C′。这提示我们，从不同的视角看待事情可能会产生不同的解读和认知，只从一个角度观察分析只能得出一个片面的认知，只有全面、多角度去观察和分析，才能接近事物的本质，防止“一叶障目，不见泰山”。

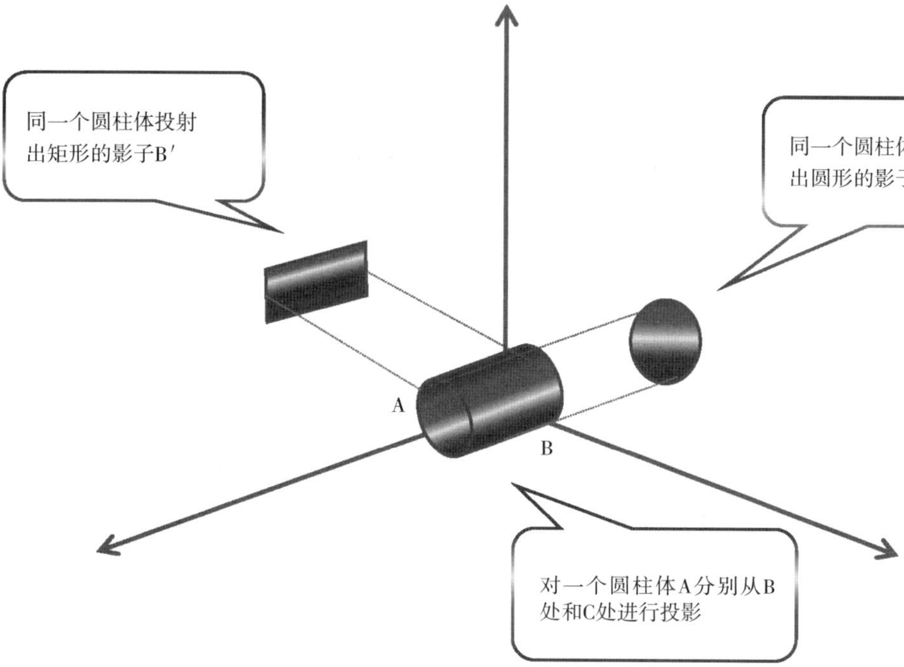

图1-4-4　光影投射成像

日常生活和工作中也一样，人们看待事物的角度或立场不同，会产生不同的预期和情绪。片面看待事物时甚至可能得出与真相截然相反的错误认知，错误认知则会进一步产生负面情绪。而负面情绪就像是前行路上背负的沉重包袱，负面情绪越大，包袱就越重，成为提高自身认知能力的“绊脚石”和“拦路虎”。

二、错误认知结出“苦果”

行为金融学的奠基人之一，诺贝尔经济学奖得主、认知心理学家丹尼尔·卡尼曼指出，人类是非理性的，都会犯下很多不合理的错误，而情绪直接影响着个人智力水平和思维活动的发挥。他在《思考，快与慢》一书中将人们的思考模式分为两种系统（见图1-4-5），其中系统1作为直觉系统，具有简单快捷、自动化、受情绪驱动、被习惯和经验支配、很难控制或修正等特点。系统2作为深思熟虑系统，具有缓慢、理性、有意识等特点，它耗费资源但不容易出错。通常情况下，系统1自主运行，它依赖情感、记忆和经验，能够迅速作出反应和判断。但它只是凭借记忆和经验去判断，容易落入直觉的“陷阱”而犯错。

图1-4-5　快思考与慢思考

资料来源：丹尼尔·卡尼曼所著《思考，快与慢》。

如果投资者对信息或事物本身形成了错误的认知，就必然会作出错误的决策，产生错误的结果。显然，对信息的认知能力，直接决定了投资结果的好坏。行为金融学十分重视对信息价值的分析挖掘，因为不同投资者对同一信息会产生不同的预期。而对信息进行解读时，需要特别全面的专业知识作为支撑，尽量避免对信息产生误解。只有准确、全面、客观地去识别信息的价值，以及信息对市场、对个股的影响，才能作出正确的评价与判断。

对于普通投资者而言，最缺的就是时间和精力，或者是正确的方法体系，在非理性行为的驱使下追涨杀跌，完全是凭感觉随意操作，这样容易受情绪的干扰导致投资行为完全走样。从行为分析角度出发，首先就是要对信息作出专业、客观、全面的分析解读，借助专业能力尽可能还原事情的真相，避免对信息的理解产生不合理预期和行为偏差，规避非理性的决策。那么，如何对信息进行客观全面的评价分析，进而作出合理的判断呢？这就涉及认知能力的问题了。

所谓认知，是指人们获得知识、应用知识和进行信息加工的过程，这是人的最基本的心理过程。它包括感觉、知觉、记忆、思维、想象和语言等。人脑接受外界输入的信息，经过头脑的加工处理，转换成内在的心理活动，进而支配人的行为，这个过程就是信息加工的过程，也就是认知过程。

认知能力是指人脑加工、存储和提取信息的能力，即我们所讲的智力，包括观察力、记忆力、想象力等。人们认识客观世界，获得各种各样的知识，主要依赖于人的认知能力。我们必须承认，人的知识结构、思维方式等方面的差异决定了人的认知能力的不同。如果我们想在复杂的投资市场中获取收益，就要不断提升认知能力。

从笔者长期做投资咨询的实践经验来看，大部分中小散户亏损的原因主要是其在两个方面存在认知偏差。一是自我认知层面，容易产生“情绪性错误”。人容易情绪化，人性中的贪婪与恐惧往往会被股价波动或市场噪音所干扰而放大。部分投资者对自己的性格特点和行为习惯可能不是十分了解，没有深入了解自己的个性特质、风险承受能力等级和投资风格偏好，最后无法控制自己的情绪，产生“情绪型错误”，在自制力缺失的情况下作出非理性的决策。

二是对市场的认知偏差。大部分投资者由于缺乏系统的专业知识，对市场行情所处阶段、所选的股票以及其所属行业和产业并没有深入的了解，从而产生“认知型错误”，常常把高位追涨当成价值投资，对本该做短线题材的标的死死抱住不放，在该止损时却心存侥幸，被深度套牢后无法承受压力最终亏损出局。或者是本该拿长线的优质潜力股却天天盯盘做T，一不小心就T飞了，结果痛失大牛股，后悔不已。投资的本质是反人性的，投资业绩是认知变现的结果。要想成功就要持续学习，努力克服人性的弱点，不断提高认知能力。否则，就会如图1-4-6所示，错误认知产生错误情绪，最终会结出错误“苦果”。

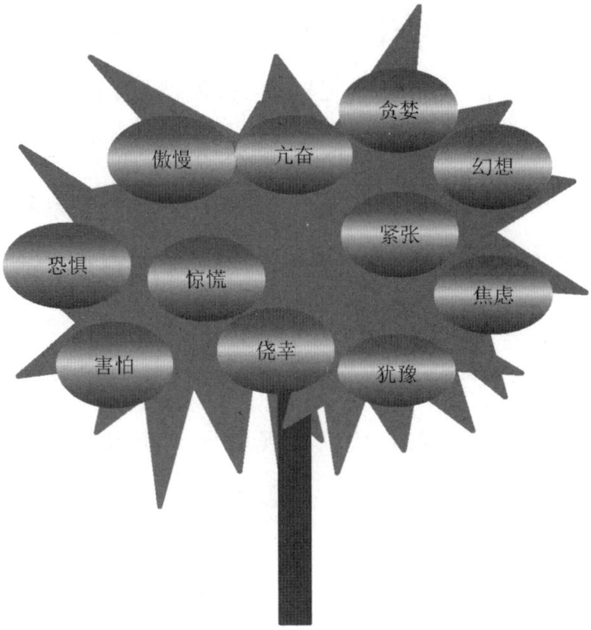

图1-4-6 错误认知产生错误情绪

在投资决策过程中，认知偏差是无法消除的。不同个性的投资者天然存在不同的认知或理解偏差，不同个性的投资者会有不同的态度和行为习惯，即使面对同样的行情、同样的个股也会有不同的预判。股票市场最能反映“人性的弱点”，把人性中的贪婪、自以为是体现得最全面、最透彻、最淋漓尽致。金融交易可以将人性的弱点成倍放大，甚至会造成毁灭性的后果。因此，要想投资成功，就应该敢于向自身的人性弱点宣战。

能够在投资市场上成功的人，都有一个共同特征，就是能够通过不断学习提高自己的认知水平。从某种程度上讲，交易的过程就是一个不断学习、升维和进阶的过程，这个过程没有终点。我们唯有持续学习、终身学习，才能适应市场的不断变化。

“共同基金之父”罗伊·纽伯格，在他长达68年的投资生涯中，共经历了26次熊市，包括1929年和1987年两次历史上最惨烈的股市崩盘，但他没有赔过一次钱，他也因此被业内称为股市“不倒翁”“世纪炒股赢家”，这个纪录很可能是“前无古人，后无来者”。而令罗伊·纽伯格受益匪浅的可能就是他总结的成功投资十大原则，其中的第一条就是“认识自己”。罗伊·纽伯格认为，投资者应首先对自己诚实，在开始研究股票之前，必须先研究自己。成功的投资者应能灵活运用知识和经验，并专注于其已有特定知识的某个领域。投资者应该保证自己的身心健康，因为它是保证作出明智决策的前提。

行为金融学认为，信息本身不会对股价涨跌产生直接影响，而是人们因为知识结构、专业能力及认知层面的差异对所获得的信息产生了不同的预期和情绪变化，进而影响到其日常买卖决策行为，最终导致价格的波动，即信息产生预期，预期决定行为，如图1-4-7所示。例如，在某个交易日，某家上市公司股价强势涨停，人们习惯于去追问：“这家公司是不是有什么利好？”反过来也一样，当股价跌停的时候，人们的第一反应是“这家公司是不是出现重大利空了”。这里提到的所谓利好和利空，其实就是人们对信息作出了分析和预判，从而产生了乐观或悲观的预期。

信息传导股价的基本路径是：信息（或事件）→识别为利好消息→对上市公司业绩产生正面影响→股价上涨预期（情绪）→买入→股价上涨甚至涨停。而反推路径就是：股价涨停（现象或结果）→资金大举买入（行为）→预期股价上涨（预期或情绪）→利好消息。

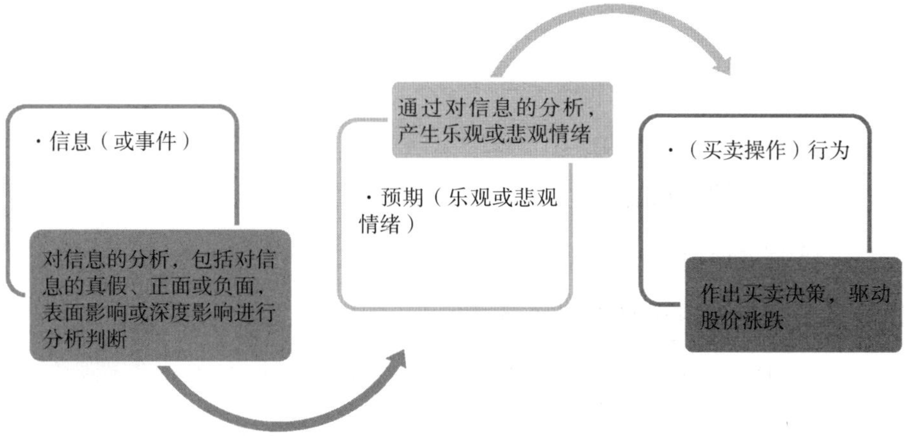

图1-4-7　信息、预期与行为的关系

不可否认的是，A股市场的信息不对称历来是多空博弈的焦点。从图1-4-7演示的股价涨跌的逻辑链条来看，信息始终是影响股价波动的主要因素。面对瞬息万变的博弈市场，及时掌握有价值的信息往往能快人一步。在信息化时代，有价值的线索往往隐藏在海量的信息中，学会去除噪音，挖掘出真正有价值的信息是十分关键的。本书在交易体系战法篇会专门分析影响股价上涨的关键因素。

三、有效信息的收集

如何从海量信息中收集真正有价值的信息，并进行加工整理、分析研究，最终形成决策依据，是普通投资者日常研究分析过程中面临的一个重要问题。尤其是在互联网时代，各种信息纷繁复杂，稍不注意，那些真正有价值的信息就会被淹没。

究竟什么样的信息才是有价值的信息呢？通常我们认为，有用的、有效的、真实的、会对股价产生重要影响的信息就是有价值的。

信息是具有时间价值的。投资大师斯利普说过："信息像食物一样，都有保质期，但有的特别容易腐烂，有的保质期则很长。"随着通信技术的发展，信息交流的速度显著提高，谁先获得第一手信息，谁就掌握了主动权。毫不夸张地说，长期以来A股的多空博弈，核心问题就是信息的不对称。信息价值的时效性有短期和长期的区别，信息价值的短期性表现为信息出现后，可能需要在当天或短期内作出决策，而信息有效期一过，该信息的价值就将归零。信息价值的长期性表现为信息价值在较长的时间范围内存在，其价值或随时间递减或基本保持不变。

信息的真实性是信息价值的关键所在，不真实的信息毫无价值甚至会带来负面影响，不利于投资决策。世界质量管理领域的奠基人之一约瑟夫·朱兰认为低质量信息的成本占销售收入的比例高达20%～40%，因此信息研究工作一定要客观。信息准确性不仅包括信息来源的可靠性，还包括研究分析的客观性。为保证信息的准确性，需要在信息传输的流程上设置质量控制点，在时间性、内容性及信息背景等方面进行严格审核，防止受到各种伪劣数据信息的干扰。在信息的研究分析方面，应排除各种利益干扰，做到公正客观。

从信息的传导路径来看，首先是要对影响股价涨跌的有效信息进行全面收集、整理，其次是根据逻辑框架或分析模型对信息的真实性进行识别，如图

1-4-8所示，需要辨别信息的真伪。最后是对信息的分析，即对信息进行归类，从实际操作层面来说大概可以分为利好或利空，所造成的是表面影响还是根本性影响。需要注意的是，信息需要长期积累，需要通过对信息的汇总、整合、分析才能充分梳理出事件的发展趋势，从而加深对事物本身的认识和理解。

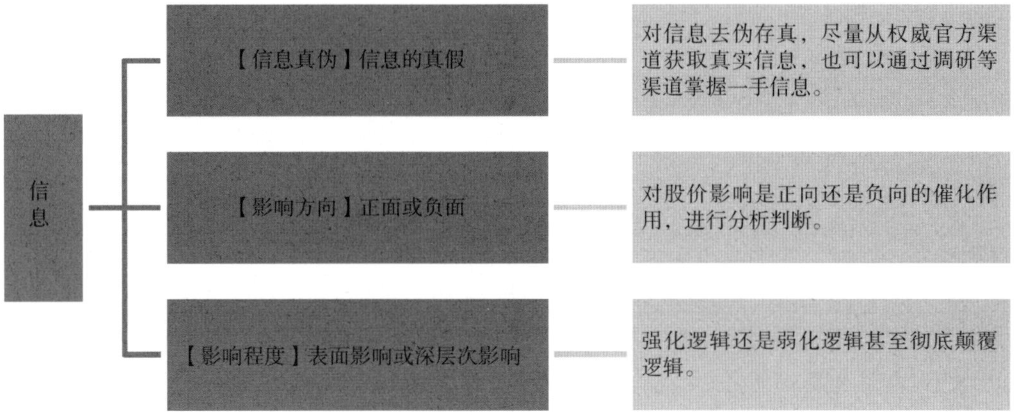

图1-4-8　从信息分析的角度辨别信息真伪

归根结底，投资研究工作的第一步就是信息的收集整理和加工处理，而这一切的前提是掌握优质的信息来源。信息来源的质量直接决定了投资研究的质量。投资研究是一项信息处理工作，本质上是在纷繁复杂的海量信息中寻找到关键线索。但在移动互联网高度发达的时代，信息过载问题十分突出。在这样的背景下，高质量的信息源显得极其重要。因此，做研究的第一件大事，应该是管理好信息源，不断总结所获取的信息的来源，同时不断优化信息来源。

根据笔者二十多年的从业经验，以下渠道可以获得相对权威、可靠、真实的信息（见表1-4-1）。

表1-4-1　信息获取的主要权威渠道

信息渠道	网址
上海证券交易所	http://www.sse.com.cn
深圳证券交易所	https://www.szse.cn/index/index.html
上证e互动	https://sns.sseinfo.com/index.do
深交所互动易	https://irm.cninfo.com.cn

续表

信息渠道	网址
北京证券交易所	https://www.bse.cn
中国证券登记结算有限责任公司	http://www.chinaclear.cn
中证数据有限责任公司	https://www.csdata.cn
中证指数有限公司	https://www.csindex.com.cn/#/
中国证券报·中证网	https://www.cs.com.cn
上海证券报·中国证券网	https://www.cnstock.com
中华人民共和国国家发展和改革委员会	https://www.ndrc.gov.cn
中华人民共和国财政部	https://www.mof.gov.cn/index.htm
中国人民银行	http://www.pbc.gov.cn
国务院国有资产监督管理委员会	http://www.sasac.gov.cn
国家统计局	https://www.stats.gov.cn
国家外汇管理局	https://www.safe.gov.cn
中国证券监督管理委员会	http://www.csrc.gov.cn
中国证券业协会	https://www.sac.net.cn
中国上市公司协会	https://www.capco.org.cn
中国证券投资基金业协会	https://www.amac.org.cn

CHAPTER 第五章 股市分析流派与代表人物特征

由于各种研究分析方法包含的各种理论知识是相对抽象的，所以下面我们结合不同分析流派的代表性人物作一些具象化的分析。表1-5-1中，归纳了不同分析流派的代表性投资大师、相关理论以及相应的性格特点等。

表1-5-1 股市分析流派与代表人物

分析流派	代表性人物（理论）	投资名言	性格特点	克服人性弱点与借鉴
心理行为分析（情绪博弈，把握流行偏见/偏差，投机派）	乔治·索罗斯——反身性理论。乔治·索罗斯认为，市场参与者的预期和行为会对市场产生影响，这种影响反过来又会影响参与者的预期和行为，形成一种循环。这种反身性理论是索罗斯投资决策的基础	股票市场运作的基础不是逻辑层面，而是基于群体本能的心理层面，理解金融市场中混乱的根源正是其挣钱的良方。 【把握群体/流行偏差】 揭露市场偏见，市场天生就不稳定，我们的偏见或有缺陷的认知导致市场波动	急躁、冒进、善变	及时止损（性格优势）；永远不要孤注一掷
技术分析（短线投机派）	杰西·利弗莫尔——技术分析理论（价格沿最小阻力方向运动）。杰西·利弗莫尔主张只在关键时刻进行交易，避免过早介入，以确保最小阻力线与交易方向一致	优秀的投机客总是在等待，总是有耐心，等待着市场证实他们的判断	活泼、激进、频繁操作	善于等待（克服了性格弱点）。 控制自己的情绪是成功投机的关键。贪婪、恐惧、希望常常隐藏在投机者心中，在市场外等待机会。唯有冷静、理智，才能在市场波动中保持稳健

续表

分析流派	代表性人物（理论）	投资名言	性格特点	克服人性弱点与借鉴
成长投资（困境反转+成长）	彼得·林奇——成长投资理论。彼得·林奇将公司划分为六种类型：缓慢增长型、稳定增长型、快速增长型、周期型、困境反转型以及隐蔽资产型。能够在投资组合中真正承担赚钱重任的是快速增长型、困境反转型以及隐蔽资产型公司	股市波动的历史规律告诉我们，所有的大跌都会过去，股市永远会涨得更高。 【不害怕波动】试图通过选时来躲开熊市的同时，往往也错过了与牛市共舞的机会。 持有股票就像养育孩子，不要超出力所能及的范围。业余投资者大概有时间追踪8～12家公司，但不要同时拥有5只以上的股票。股票上涨的真正原因只有一个：公司从做得不好到做得好，或者小公司成长为大公司。 【注重逻辑/言简意赅】如果你没办法在一两分钟内跟一个10岁小孩说清楚你买那只股票的理由，你就不应该买它	理性、稳重、重逻辑、过度追求完美	热衷于调研、持续验证、有耐心
价值投资（安全边际，价值明显低估的品种）	沃伦·巴菲特——有“护城河”的企业更有投资价值。安全边际：用50美分买价值1美元的股票。长坡厚雪理论：人生就像滚雪球，最重要之事是发现湿雪和长长的山坡。 巴菲特说：“我成功的秘诀不在于智商，而在于性格、习惯和脾气。”	当别人害怕时，你要贪婪；当别人贪婪时，你要害怕。 安全边际没有例外。即使对于最好的企业也不能出价过高。 在巴菲特的投资理念中，安全是投资的第一要义。他认为，投资最基本的三条要义是：第一，保住本金；第二，保住本金；第三，时刻牢记前两条	犹豫、谨慎、不喜欢冒险、不喜欢投资科技创新型企业	特别注重本金安全； 价值投资的标志是研究驱动。核心能力是对商业本质的洞察力
量化分析	西蒙斯（数学家）——科学是世界组成的最底层基础。无论讨论任何问题，他都喜欢用科学逻辑和数据加以阐述和证明	1974年，西蒙斯与陈省身联合发表了论文《典型群和几何不变式》，创立了著名的“陈-西蒙斯理论”。这个定律相当于挖掘到了复杂事物中的不变量，是一个可用于理解世界的非常重要的思维模型。西蒙斯认为，在市场上一定可以用更符合统计学的规律模型赚到钱	理性型	克服人性的主观化。 （1）市场过度反应策略。该模型针对的是市场对于新的消息常常反应过激的现象。背后的原理是人是感性动物，作为一个群体，总是会高估短期消息对资产带来的影响。 （2）套利策略。赚取套利，套取这种均值回归的机会。 （3）寻找趋势和动能。通过对大数据的分析，寻找中长期的一种趋势

CHAPTER 第六章 驱动股价上涨的内在逻辑与八大催化剂

不可否认，信息不对称是股市多空博弈的核心焦点，一部分成功的投资者正是利用了信息差的优势提前埋伏进场而获利，毕竟有价值的信息始终是影响股价的主要因素。而行为分析法认为，信息本身不会对股价涨跌产生直接的影响，而是人们因为知识结构、专业能力及认知层面的差异产生了不同的预期和情绪变化，进而影响到其日常买卖决策行为，最终导致股价的波动。

比如某上市公司披露增持公告，投资者最直接的反应就是这属于利好消息，利好消息的扩散对股价形成正面驱动：

正面消息→部分投资者产生乐观预期→买入后股价出现上涨→股价上涨推动乐观情绪扩散→乐观预期进一步强化，吸引资金跟风买入→各方资金一致做多（产生群体流行偏差）→市场出现“羊群效应”，对利好反应过度→乐极生悲，股价见顶后开始下跌。

以上就是利好消息带来的一系列连锁反应。上述消息被视作利好消息，使投资者产生乐观预期，最终驱动股价上涨。笔者从多年的实践总结中发现，有几类消息大概率会驱动股价上涨，属于驱动股价上涨的重要催化剂。

一、股价上涨的内在逻辑

从本质上看，驱动股价上涨的最根本的动力在于上市公司的业绩增长。

行为分析十分讲究对信息价值的挖掘，因为不同的人对同一信息会产生不同的预期，而对信息本身的解读就特别需要具备足够的专业能力，才能尽量准确、全面、客观地识别信息的价值以及信息对市场的影响。

在日常投资实战中，投资者通常会采用相对估值法对上市公司进行估值。相对估值法主要结合股价和一些财务指标之间的相互关系来进行估值，常见的包括市盈率（PE）法、市净率（PB）法以及市值回报增长比（PEG）法等。

在实际运用中，由于每个行业都有相对独特的估值方法，比如市盈率法主要适用于成熟期的行业和已经盈利的企业；市净率法主要适用于周期性公司和重组型公司；市值回报增长比法适用于一些成长型的公司。

从相对估值法的计算公式看，根据股票定价模型：

P（股价）↑=PE（市盈率）↑ × EPS（每股净利润）↑

可以看出，股价的变动一方面来自市盈率的变动，另一方面来自每股净利润的变动，即估值的提升或每股净利润的增加能够驱动股价的上涨。

影响上市公司估值的因素很多，包括宏观经济因素、行业因素、公司经营情况以及投资者的心理预期等，因此，我们在日常进行投资决策的时候，需要特别地关注哪些因素可能会提升公司估值，或者增加公司的净利润。而这些能够使投资者产生上述预期的因素或信息，在一定程度上会驱动股价上涨，我们称之为催化剂或正向催化剂。

从行为分析角度看，信息传导的基本路径如下（见图1-6-1）：

正向催化剂消息（可能导致估值提升或净利润增加的因素）→乐观预期形成→市场开始反应（股价上涨）→乐观预期自我强化（加速上涨）→乐观预期一致（群体流行偏差）→“羊群效应”充分反应利好消息→过度反应利好消息，乐极生悲。

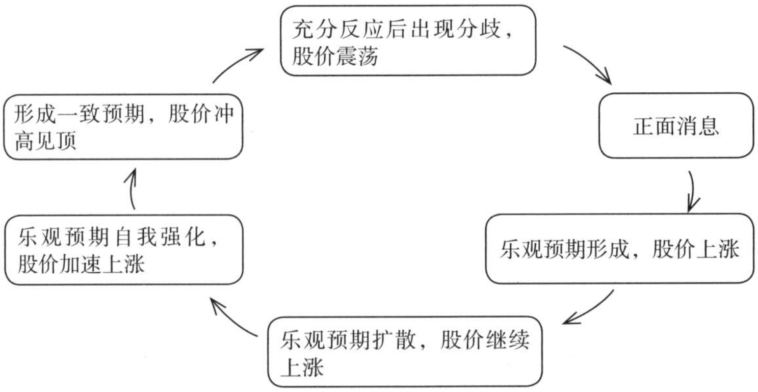

图1-6-1　信息传导路径

二、驱动股价上涨的八大催化剂

（一）资产收购

收购优质资产、收购股权、股权转让以及被优质公司借壳等消息，会使投资者产生上市公司利润增加的预期，刺激股价大幅上涨。我们知道，一家上市公司的业绩增长，既可能体现在内涵式增长，也可能体现在收购资产的外延式增长。而通过收购优质资产，或被其他优质公司借壳，都会给上市公司带来质的变化，最终会使净利润大幅增加。因此，收购优质资产成为企业快速成长的重要途径，在业界流行"十亿靠业务，百亿靠并购"的说法。

一些企业手中如果有大量现金，可能会产生并购重组的急切意愿。从历史上看，很多牛股都是伴随着公司并购重组而产生的。类似收购优质资产的并购重组不仅能吸引资金，并购成功后还能使公司业绩实现外延式快速增长，在短期内使公司业绩出现爆发式增长，这也是诞生超级大牛股的重要催化剂。这种收购优质资产的个股往往在短期内涨幅惊人。下面笔者将简要分析两个案例。

案例1

中航电测收购中航工业成飞集团100%股权

2023年1月11日晚间，中航电测（300114）发布公告，筹划发行股份购买实控人中国航空工业集团有限公司持有的成都飞机工业（集团）有限责任公司（以下简称"成飞集团"）100%的股权。成飞集团的前身为创建于1958年的国营132厂，是我国航空武器装备研制生产和出口的主要基地，也是民机零部件的重要制造商。军机方面，成飞集团先后研制生产了歼-5、歼-7、枭龙、歼-10、歼-20等数十个系列的数千架飞机，实现了我国航空武器装备的自主创新、跨越发展；

国外军机用户覆盖十多个国家。民机方面，成飞集团与中航成飞民用飞机有限责任公司一道承担大型客机C919和CR929、新支线客机ARJ21、大型水陆两栖飞机AG600机头的研制生产；同时也是国际一流的民机大部件供应商，是波音公司等国际主流整机企业8个项目的唯一供应商、空客公司全球重要机体供应商，累计生产交付民机转包产品一万多架份。在无人机方面，成飞集团以中无人机为依托，形成了以“翼龙”系列为代表的无人机产品。

从交易方案看，成飞集团100%股权的交易作价为扣除国有独享资本公积后的174.42亿元。交易完成后，成飞集团成为中航电测全资子公司，新增航空装备整机及部附件研制生产业务。成飞集团作为我国重点航空装备承制单位，持续盈利能力较强。根据公司发布的草案，成飞集团2021年营收533.9亿元，归母净利润18.5亿元；2022年营收672.91亿元，归母净利润13.13亿元；2023年1—8月营收510.43亿元，归母净利润23.5亿元，如表1-6-1所示。交易完成后，上市公司归属于母公司所有者净资产及净利润规模显著增加，每股收益及净资产收益率大幅提升。

表1-6-1　成飞集团的财报数据

单位：万元

项目	2022年/2022.12.31		2023年1—8月/2023.8.31	
	交易前	交易后	交易前	交易后
资产总额	365338.63	13870080.88	394874.42	13120473.65
负债总额	131215.56	12522454.61	154675.91	11622535.82
归属于母公司股东所有者权益	229949.17	1258750.64	236213.12	1403747.73
营业收入	190500.09	6919177.44	106245.54	5104347.2
归属于母公司所有者净利润	19286.94	150553.39	7726.97	234968.02
基本每股收益（元/股）	0.33	0.56	0.13	0.88
稀释每股收益（元/股）	0.33	0.56	0.13	0.88
加权平均净资产收益率	8.72%	12.45%	3.32%	17.65%

数据来源：深圳证券交易所上市公司公告。

从二级市场的走势看，在发布收购资产的公告复牌后，股价从停牌前的10.58元，连续走出8个一字板，经11个交易日冲高至56.85元，最大涨幅

437.33%，如图1-6-2所示。

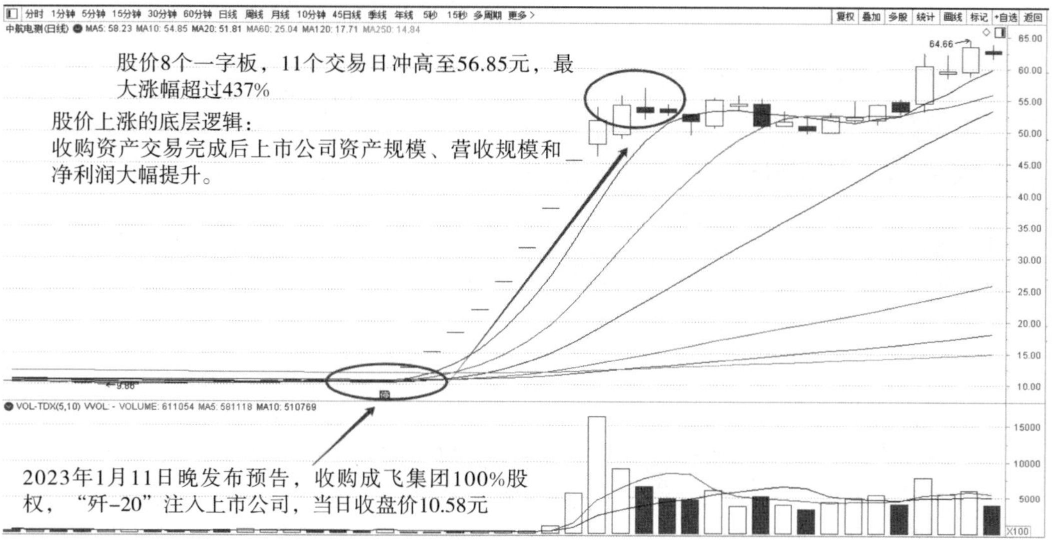

图1-6-2　中航电测（300114）日K线图

案例2

高新发展（000628）拟收购华鲲振宇70%股权

2023年9月26日晚间，高新发展（000628）发布公告称，正在筹划发行股份购买资产事项，具体计划是收购四川华鲲振宇智能科技有限责任公司（以下简称“华鲲振宇”）70%的股权。高新发展的股价在2023年10月19日复牌后，连续走出11个一字板，短短20个交易日内股价从停牌前的16.33元最高上涨至66.33元，最大涨幅达到306%，如图1-6-3所示。

华鲲振宇是一家算力产业企业，主要业务是基于数据中心、人工智能处理器的自主品牌计算、存储等系列产品的设计、研发、生产、销售及服务，该公司是华为“鲲鹏+昇腾”处理器的供应商。目前，华鲲振宇基于鲲鹏和昇腾已经推出了30多种算力产品，包括通用计算、AI计算、边缘计算以及融合计算，规模应用于金融、运营、互联网、电力、能源、交通、医疗等多个行业；华鲲振宇在北

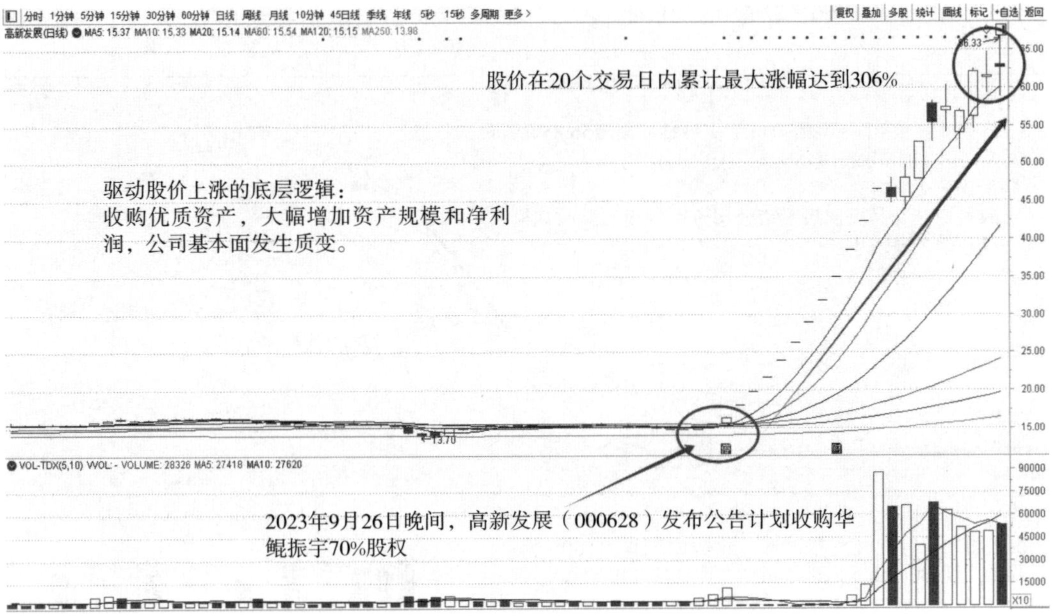

图1-6-3　高新发展（000628）日K线图

京、深圳和成都设立了研发中心，建立了覆盖全国32个省和主要城市的销售服务网络。

《成都高新发展股份有限公司发行股份及支付现金购买资产并募集配套资金暨关联交易预案》显示，高新发展将通过发行股票和支付现金的方式，购买成都高投电子信息产业集团有限公司（简称“高投电子集团”）持有的华鲲振宇30%股权、共青城华鲲振宇投资合伙企业（有限合伙）（简称“共青城华鲲”）持有的华鲲振宇25%股权、平潭云辰科技合伙企业（有限合伙）（简称“平潭云辰”）持有的华鲲振宇15%股权，合计购买华鲲振宇70%的股权。

华鲲振宇的净资产被评估为2亿元（截至2023年9月30日），该公司成立于2020年6月，注册资本金1亿元。财务数据显示，华鲲振宇2021年、2022年、2023年1—9月分别实现营业收入10.86亿元、34.24亿元、39.49亿元（见表1-6-2），实现的净利润分别为0.11亿元、0.43亿元、0.47亿元（未经审计）。因此，在完成股权收购后，上市公司的总资产、净资产、营业收入及净利润等指标实现大幅增长。

表1-6-2　华鲲振宇财务数据

单位：万元

项目	2023年9月30日/2023年1—9月	2022年12月31日/2022年度	2021年12月31日/2021年度
资产总额	648,398.25	377,605.56	132,433.96
负债总额	627,766.19	361,939.11	123,501.94
所有者权益	20,632.06	15,666.45	8,932.02
营业收入	394,864.33	342,425.82	108,580.57
利润总额	5,053.04	4,565.32	1,112.41
净利润	4,697.25	4,340.97	1,143.02

数据来源：深圳证券交易所上市公司公告。

由于上市公司与交易对方未能就交易作价达成一致意见，高新发展于2024年4月18日召开第八届董事会第七十五次临时会议、第八届监事会第八次临时会议，审议通过了《关于终止发行股份及支付现金购买资产并募集配套资金暨关联交易事项的议案》，并与交易各方签署了相关终止协议。但上市公司在2024年4月20日举行的终止重大资产重组投资者说明会上提及，高新发展和高投电子集团的控股股东都是成都高新投资集团公司。目前，高投电子集团已完成收购四川长虹电子控股集团有限公司持有的华鲲振宇22%的股权及四川申万宏源长虹股权投资基金合伙企业（有限合伙）持有的华鲲振宇3%股权事项的全部对价支付。该次收购完成后，高投电子集团持有标的公司55%的股权，成为华鲲振宇的控股股东。高新发展将推动相关股权的收购，取得华鲲振宇的公司控制权。未来，高新发展将坚定科技转型升级战略，结合战略规划、行业发展趋势、华鲲振宇的经营情况等因素，并考虑华鲲振宇各方股东意向，在不违反已作出承诺的原则下，继续和其他股东谈判，持续推动后续资产的收购工作。届时，高新发展将按照相关法律法规、规范性文件及公司章程的规定执行必要的决策和审批程序，并及时履行信息披露义务。

（二）引入战略投资者

证监会发布的《证券期货法律适用意见第18号》中关于战略投资者认定的相关要求如下：具有同行业或者相关行业较强的重要战略性资源，与上市公司谋求双方协调互补的长期共同战略利益，愿意长期持有上市公司较大比例股份，愿意并且有能力认真履行相应职责，提名董事实际参与公司治理，提升上市公司治理水平，帮助上市公司显著提高公司质量和内在价值，具有良好诚信记录，最近三年未受到中国证监会行政处罚或者被追究刑事责任的投资者。

战略投资者还应当符合下列情形之一：

（1）能够给上市公司带来国际国内领先的核心技术资源，显著增强上市公司的核心竞争力和创新能力，带动上市公司的产业技术升级，显著提升上市公司的盈利能力。

（2）能够给上市公司带来国际国内领先的市场、渠道、品牌等战略性资源，大幅促进上市公司市场拓展，推动实现上市公司销售业绩大幅提升。

因此，从监管角度定义的战略投资者，是指为了谋求战略发展利益而收购并长期持有目标公司较多股份，并积极参与目标公司的治理的法人投资者。对于目标公司而言，战略投资者不仅具有资金、技术、管理、市场、人才优势，能够促进企业产业结构升级，增强企业核心竞争力和创新能力，拓展企业产品市场占有率，而且在改善公司治理结构以及新技术、新专利的研发方面能够提供丰富的管理经验。

引入战略投资者（尤其是全球巨头、行业巨头、国家大基金等）能带来流量、渠道、品牌等战略性资源，显著增强上市公司的核心竞争力和创新能力，实现业务协同效应和持续稳定发展。

战略投资人，特别是国际战略投资人的产业运作经验和战略资源，可以帮助企业更快成长，同时引入战略投资者更有可能产生立竿见影的协同效应，从而在比较短的时间内改善企业的收入成本结构，提高企业的核心竞争力并最终带来企业业绩和股东价值的提升。

案例

东安动力（600178）引入战略投资者福田汽车

东安动力（600178）隶属于中国兵器装备集团有限公司，是一家同时拥有汽车发动机、手动变速器、自动变速器、增程动力系统的国有控股上市公司。东安动力前身为国营120厂，始建于1948年，是以生产航空轻型动力及其衍生产品、直升机传动系统为主的军工企业。公司目前主营业务包括汽车发动机、变速器、相关零部件的研发、生产、销售及整车销售等；主要客户包括长安汽车、福田汽车、理想汽车、东风汽车等大型整车生产企业，部分产品出口意大利等海外市场。

为推动长期稳定战略合作，福田汽车以战略投资者身份参与东安动力向特定对象发行股票，并签署了《附生效条件的股份认购协议》以及《战略合作协议》。按照发行价格5.52元/股，福田汽车以自有资金不超过3.5亿元认购东安动力本次发行股票6340.58万股，成为东安动力的战略投资者。福田汽车承诺发行结束之日起36个月内不转让本次认购股份。

福田汽车成立于 1996年8月，是我国规模较大的商用车企业，其生产的车型涵盖轻型卡车、中型卡车、重型卡车、轻型客车、大中型客车，此外还生产核心零部件如发动机、变速箱等，目前拥有欧曼、欧航、欧马可、奥铃、智蓝新能源等业务品牌。福田汽车的控股股东为北京汽车集团有限公司，北京汽车集团有限公司持有福田汽车40.40%股权，实际控制人为北京市国资委。东安动力引入福田汽车作为战略投资者后，双方会产生协同效应，同时借助战略投资者的品牌影响力、行业地位、市场渠道和技术等战略性资源，特别是借助其在商用车领域的技术优势、稳定的市场渠道资源提升公司综合竞争力。东安动力可以通过高效混动专用发动机、混动传动系统产品的不同组合，整合其集团内外资源及电机电控战略供应商资源，以满足福田汽车的新能源业务需求。而福田汽车作为国内领先的轻卡企业，也是东安动力最大的商用车发动机客户，双方通过强强联合，可以进一步巩固和稳定东安动力商用车发动机市场的领导地位。

2023年11月7日，东安动力发布定向发行股票募集说明书（申报稿）及上市保荐书后，从二级市场走势看，股价于2023年11月9日异动，涨停启动，经过短期的横盘蓄势后出现9连板的强势上攻行情，股价从11月9日的开盘价7.01元快速封板，到12月6日最高点20.23元，在一个月内最大涨幅超过188.58%，如图1-6-4所示。

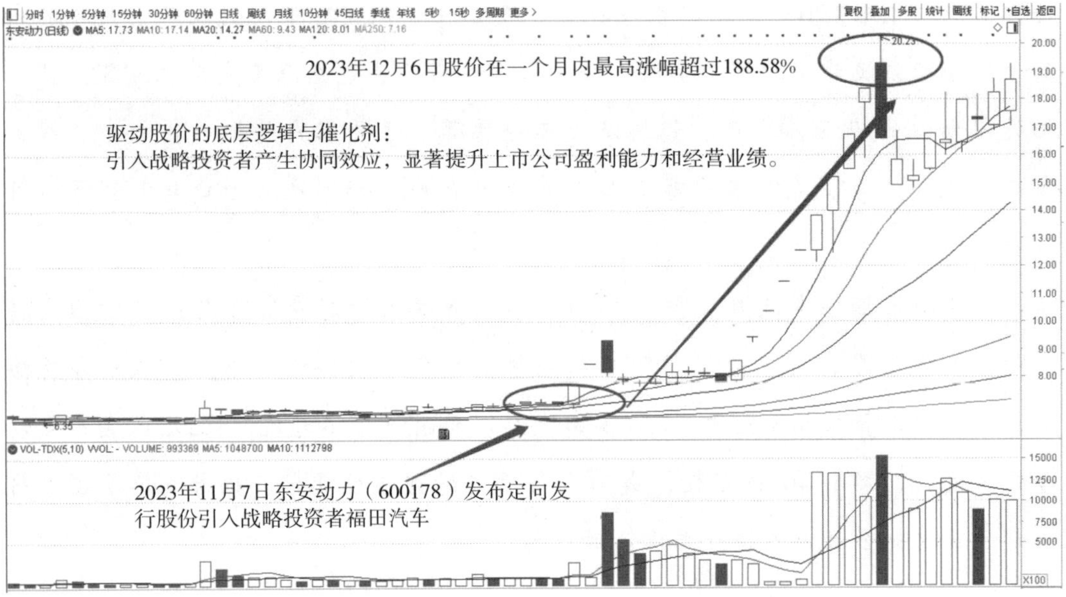

图1-6-4　东安动力（600178）日K线图

在上述案例中，福田汽车符合证监会对战略投资者的定义，具体包括：（1）福田汽车在汽车制造业具有与东安动力同行业或相关行业较强的重要战略性资源，愿意与东安动力谋求双方协调互补的长期共同战略利益；（2）福田汽车拟长期持有东安动力较大比例股份，愿意并有能力认真履行相应职责，提名董事实际参与东安动力公司治理，提升公司治理水平，帮助东安动力显著提高公司质量和内在价值；（3）东安动力引入福田汽车作为战略投资者，能够切实有效地为东安动力带来国际国内领先的核心技术、市场、渠道、品牌等战略性资源。

（三）股份回购

通常来说，彰显信心、提振股价是上市公司回购股票的重要原因。上市公司可以通过回购股份释放出积极信号，并将之传递至二级市场，对股价带来正面影响。上市公司回购股份的主要目的包括：（1）减少公司注册资本；（2）将股份用于员工持股计划或股权激励；（3）维护公司价值及股东权益；（4）将股份用于转换上市公司发行的可转换为股票的公司债券等。其中第（3）点的量化指标为：公司股票收盘价格低于最近一期每股净资产；连续20个交易日内公司股票收盘价格跌幅累计达到20%；公司股票收盘价格低于最近一年股票最高收盘价格的50%。

针对上市公司回购股份，监管层制定了基本条件，具体包括：（1）股票上市已满6个月；上市公司为维护公司价值及股东权益必须回购股份并未减少注册资本的，不满6个月也可以。（2）公司最近1年无重大违法行为。（3）回购股份后，上市公司具备债务履行能力和持续经营能力。（4）回购股份后，上市公司的股份分布原则应当符合上市条件。

回购股份用于员工持股计划、股权激励、转换可转债和维护公司价值及股东权益的，应当通过集中竞价或要约方式进行。

2023年12月15日，为了更好地顺应市场实际和上市公司的需求，增强回购制度的包容度和便利性，证监会修订发布了《上市公司股份回购规则》，对部分条款予以优化完善。例如，取消部分禁止回购的窗口期；上市公司年度报告、半年度报告、季度报告、业绩预告或业绩快报公告前十个交易日不再属于禁止回购窗口期；优化了回购交易申报的禁止性规定，原规定在收盘前半小时不得进行回购申报，现缩短为仅在收盘集合竞价阶段（即14:57至15:00）不得进行回购股份申报；取消每日回购股份数量限制，原规定每五个交易日回购股份的数量不得超过首次回购股份事实发生之日前五个交易日公司股票累计成交量的25%（维稳型回购及每五个交易日回购数量不超过一百万股的除外），新规取消了该项数量限制。

上市公司回购股份有积极意义。首先，上市公司进行大手笔回购是因为看好公司成长性，体现了公司对自身成长价值的认可，同时向市场传递出积极信号。

尤其是在市场环境相对弱势的格局下，为彰显对上市公司价值的认可，回购股份成为上市公司最常规、最直接的表达方式。上市公司出于维护股价、提振投资者信心的需要，股份回购成为其最佳选择之一。其次，回购股份用于股权激励是上市公司维护市值的积极举措之一。通过股权激励的深度“绑定”，公司骨干、核心员工从被动的“执行者”变成公司价值创造的“经营者”，更有利于激发公司的活力。最后，回购股份本身是上市公司实力的一种体现，而回购股份用于股权激励，则更能彰显上市公司对自身价值和潜力的认可。好的股权激励，既能激发企业核心团队的潜能，又能把企业的发展和个人的成长结合起来，形成个人与公司相互促进、共同发展的良性循环。

案例

格力电器（000651）斥资30亿元回购股份

2023年10月31日，格力电器（000651）发布回购股份方案和回购报告书，以集中竞价交易方式回购公司股份，回购金额不低于15亿元不超过30亿元，回购股份用于股权激励或员工持股计划，回购价格不超过50元/股。

回购报告书提出，基于对公司未来发展前景的信心和对公司价值的高度认可，公司董事长兼总裁董明珠女士提议公司推出第四期回购公司部分社会公众股份方案，适时将回购股份用于减少公司注册资本及股权激励或员工持股计划，以提升长期股东回报、促进管理团队长期激励与约束机制的形成，推动员工与股东的利益一致与收益共享，提升公司整体价值。为维护广大股东利益，公司将积极构建多元化、长效的股东回报机制，吸引稳定的长期投资者，以完善公司治理结构，提升公司整体价值，增强投资者信心。

格力电器在推出股份回购方案一周后陆续以集中竞价方式回购股份，截至2023年12月29日，公司累计买入股份9189.7967万股，买入价格区间为30.81～33.78元/股，累计成交金额为2999997275.61元（接近30亿元，不含交易费用），完成了第四期股份回购。

在回购方案实施后，即使在同期大盘遭遇异常波动出现剧烈调整的背景下，格力电器股价仍然出现了明显的上升行情，逆势上涨超过20%，如图1-6-5所示。

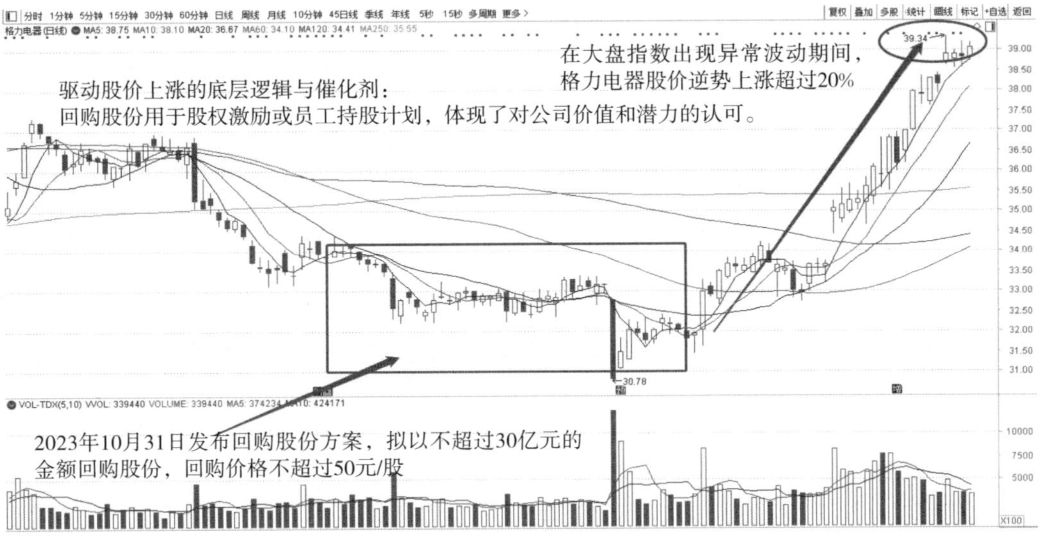

图1-6-5　格力电器（000651）日K线图

（四）重要股东增持

股份增持，特别是重要股东（或叫“关键少数”）的增持有利于向市场传递信心，改善市场情绪，往往会给股价带来较大的正面影响。

回购与增持虽然都是买入股份，但还是有明显区别，即行为主体不一样。股份回购的行为主体是上市公司本身，而增持的行为主体通常是上市公司的重要股东。

增持动机包括以下几个方面：一是股东看好公司中长期发展前景以及认可公司长期价值；二是大股东为强化控制权而进行增持，比如上市公司经过多轮资本运作后，重要股东的持股比例下降，因此大股东会结合行业、市场变化等因素进行增持；三是因公司股价出现非理性大幅下跌而采取主动或被动增持。因为股价大幅下跌会影响股东利益（比如股价下跌引发潜在的股权质押风险），且股价下跌会严重影响投资者信心，此时进行增持，在提振市场信心的同时也能化解潜在的风险。

因此，重要股东的增持行为带来的积极信号要引起重视，尤其是增持金额较大的大手笔主动增持行为，大概率会驱动二级市场股价上涨。前面提到，控股股东或大股东的巨资增持，以及管理层的增持动机，主要是基于对公司未来前景的看好或是其自身的信息优势，比如公司手上有大量的订单，以及未来一段时间可能有潜在订单。毕竟公司管理层更加了解公司自身的经营情况，进而认为公司股价明显被低估。

上海证券交易所和深圳证券交易所，针对上市公司符合条件的股东及其一致行动人、控股股东、持股比例在5%以上的大股东和董监高的增持行为制定了一系列规范和指引，对增持股份的适用主体、适用情形、增持期限、增持承诺以及特殊情形进行了约束。上市公司股东增持需要注意“股权分布不具备上市条件”的情形，即20个交易日内流通股比例需要满足以下两个条件：4亿元以下≥25%，4亿元以上>10%，如表1-6-3所示。

表1-6-3　上海、深圳证券交易所制定的增持行为规范

板块	增持股份的适用情形	信息披露要求	增持承诺	特殊情形
上海证券交易所（主板、科创板）	（1）在一个上市公司中拥有权益的股份达到或者超过30%但未达到50%的，自上述事实发生之日起1年后，每12个月内增持不超过该公司已发行的2%的股份。 （2）在一个上市公司中拥有权益的股份达到或者超过50%的股东及其一致行动人，继续增加其在该公司拥有的权益不影响公司的上市地位	（1）后续拟继续增持股份的，应当在首次增持行为发生之日，将后续增持计划一并通知上市公司；公司应当在股东增持公司股份公告中披露相关股东后续增持计划。 （2）期限过半相关股东实际增持数量或者金额未过半或者未达到区间下限50%的，披露公告。 （3）期限过半仍未实施增持计划的，应当公告说明原因和后续安排，并于此后每月披露1次增持计划实施进展。 （4）增持计划实施完毕或者实施期限届满后及时向上市公司通报增持计划的实施情况	必须作出承诺，并在增持计划期限内完成，未完成的视为违反承诺。增持期间不得减持股份	（1）相关股东增持前持股比例在30%以上的，还应当聘请律师就本次增持行为是否符合《中华人民共和国证券法》《上市公司收购管理办法》等有关规定发表专项核查意见。公司应当及时披露增持计划实施结果公告和律师核查意见。 （2）持股比例在50%以上的，集中竞价增持达2%当日至公告披露期间，不得再增持。 （3）定期报告披露时，若增持计划未实施完毕或期限未届满，应当在定期报告中披露增持实施情况。 （4）资金来源应当明确，可能采用非自有资金实施增持的，应当披露相关融资安排。拟通过资产管理计划实施增持的，应当披露资产管理计划的类型、金额及存续期限等

续表

板块	增持股份的适用情形	信息披露要求	增持承诺	特殊情形
深圳证券交易所（主板、创业板）	（1）在一个上市公司中拥有权益的股份达到或者超过30%但未达到50%的，自上述事实发生之日起1年后，每12个月内增持不超过本公司已发行的2%的股份。 （2）在一个上市公司中拥有权益的股份达到或者超过50%的，继续增加其在本公司拥有的权益不影响公司的上市地位。 （3）上市公司控股股东、持股比例在5%以上的股东、董监高披露股份增持计划	（1）后续拟继续增持的，需披露增持计划。 （2）期限过半在次一交易日前披露进展公告。 （3）增持完成披露结果公告:在公告前，该增持主体不得减持本公司股份。 （4）期限过半计划还未实施的，应当说明原因和后续安排	（1）披露增持计划的，相关增持主体应当同时作出承诺，将在上述实施期限内完成增持计划。 （2）相关增持主体承诺在增持期间及法定期限内不减持公司股份	（1）持股达到30%未达50%的，每12个月增持不得超过2%。达到2%或者增持完毕、期限届满(以上按孰早时点)需聘请律师3日内出具核查意见。 （2）达到50%以上的，增持完成后聘请律师3日内出具核查意见。同时，采取集中竞价的每增持达2%需披露进展，在事实发生之日至进展披露之日不得再增持。 （3）定期报告披露时，若增持计划未实施完毕或期限未届满，应当在定期报告中披露增持实施情况

资料来源：根据上海证券交易所和深圳证券交易所规则整理。法律依据《深圳证券交易所上市公司自律监管指引第10号——股份变动管理》。

案例

华工科技（000988）重要股东增持释放积极信号

2023年3月6日，华工科技披露《关于股东增持公司股份的自愿性信息披露公告》，公司股东武汉润君达企业管理中心（有限合伙）（以下简称“润君达”）以自有资金通过深圳证券交易所交易系统以集中竞价方式增持股份。值得注意的是，润君达是由公司董事长马新强作为普通合伙人以及其他38名公司管理团队成员、核心骨干员工共同出资设立的合伙企业。润君达增持该公司股份是基于对公司未来发展的信心和对公司长期投资价值的认可。从二级市场走势看，华工科技股价从披露增持公告日（2023年3月6日）的21.65元上涨至7月17日的46.39元，期间最大涨幅超过114.2%，如图1-6-6所示。

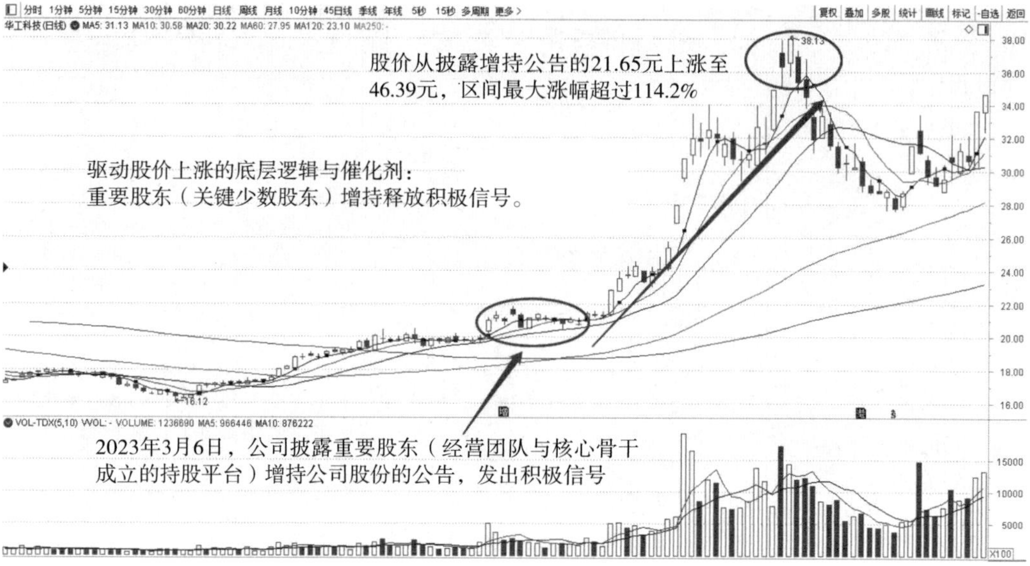

图1-6-6　华工科技（000988）日K线图

2021年，华工科技（000988）经营管理团队及核心骨干通过润君达平台参与了公司校企改制过程，使经营团队和核心骨干员工与公司及股东利益有效绑定，同时通过日常经营考核措施，彰显出增量绩效考核和鼓励增长的效果，公司、股东、团队及核心骨干员工同频共振，使华工科技真正成为公司团队和核心员工干事业的平台及命运的共同体。改制之后，公司团队和核心骨干员工连续两年增持公司股票，表达了对公司长期发展的信心和决心，公司呈现出持续快速发展的态势。

（五）业绩预告超预期增长

股价上涨的最根本动力来源于上市公司真实的业绩增长。前面提到，根据股票定价模型$P=PE\times EPS$可知，股价的上涨一方面来自市盈率（PE）的提升，另一方面来自每股净利润（EPS）的增加。而市盈率（PE）受无风险利率、风险溢价、预期增长等多种因素影响，每股净利润（EPS）则反映企业的盈利水平。可以说，市盈率（PE）与每股净利润（EPS）共同决定了股价的涨跌方向。因此，业绩确定性增长或超预期增长是支撑股价上涨的核心因素。

根据《深圳证券交易所股票上市规则（2024年修订）》第五章——定期报告，上市公司预计年度经营业绩和财务状况将出现下列情形之一的，应当在会计年度结束后1个月内进行预告：一是净利润为负值；二是净利润实现扭亏为盈；三是实现盈利，且净利润与上年同期相比上升或者下降50%以上；四是利润总额、净利润或者扣除非经常性损益后的净利润三者孰低为负值，且按照规定扣除后的营业收入低于3亿元；五是期末净资产为负值；六是公司股票交易因触及规定情形被实施退市风险警示后的首个会计年度；七是交易所认定的其他情形。

《上海证券交易所上市公司自律监管指南第2号——业务办理（2024年5月修订）》第六号——定期报告，明确了业绩预告的披露时限。《上海证券交易所股票上市规则（2024年修订）》规定，上市公司预计全年可能出现亏损、扭亏为盈、实现盈利，且净利润与上年同期相比上升或者下降50%以上、扣除非经常性损益前后的净利润孰低者为负值，且扣除与主营业务无关的业务收入和不具备商业实质的收入后的营业收入低于1亿元、期末净资产为负值等五类情形之一的，应当在当期会计年度结束后1个月内（即1月31日前）披露业绩预告。公司预计半年度经营业绩将出现前三项情形之一的，应当在半年度结束之日起15日内进行预告。按照《股票上市规则》第5.1.2条规定属于豁免情形的除外。上述规定的预告期限届满后，公司发现存在上述情形的，也需要在第一时间作出预告。

业绩预告、业绩快报都是投资者关注的重大事项。达到规定披露情形的上市公司应当披露业绩快报，其他未达到规定披露情形的可以自愿披露。业绩快报强制披露的情形主要包括：向有关部门报送业绩数据预计无法保密；业绩泄露或市场业绩传闻导致股价异常波动；拟披露第一季度业绩预告但尚未披露上年年报。沪主板、科创板另外规定，如披露高送转方案时还未披露该报告期的业绩，需要同时披露该报告期的业绩预告或业绩快报，见表1-6-4。

表1-6-4 业绩快报披露情形

板块	业绩快报披露情形
深主板	根据《深圳证券交易所股票上市规则（2024年修订）》5.1.5，上市公司出现下列情形之一的，应当及时披露业绩快报： （一）在定期报告披露前向有关机关报送未公开的定期财务数据，预计无法保密； （二）在定期报告披露前出现业绩泄露，或者因业绩传闻导致公司股票及其衍生品种交易异常波动； （三）拟披露第一季度业绩但上年度年度报告尚未披露。 出现前款第三项情形的，公司应当在不晚于第一季度业绩相关公告发布时披露上一年度的业绩快报。 除出现第一款情形外，公司可以在定期报告披露前发布业绩快报
深创业板	根据《深圳证券交易所创业板股票上市规则（2024年修订）》6.2.4，本所鼓励上市公司在定期报告公告前披露业绩快报。 上市公司在定期报告披露前向国家有关机关报送未公开的定期财务数据，预计无法保密的，应当及时披露业绩快报。 上市公司在定期报告披露前出现业绩泄露，或者因业绩传闻导致公司股票及其衍生品种交易异常波动的，应当及时披露业绩快报。 根据《深圳证券交易所创业板上市公司自律监管指南第1号——业务办理（2023年12月修订）》，自愿发布第一季度报告业绩预告但其上年年报尚未披露的，上市公司应当在发布业绩预告的同时披露其上年度的业绩快报
沪主板	根据《上海证券交易所股票上市规则（2024年4月修订）》5.1.6，上市公司可以在定期报告公告前披露业绩快报。出现下列情形之一的，公司应当及时披露业绩快报： （一）在定期报告披露前向有关机关报送未公开的定期财务数据，预计无法保密的； （二）在定期报告披露前出现业绩泄露，或者因业绩传闻导致公司股票及其衍生品种交易异常波动的； （三）拟披露第一季度业绩，但上年度年度报告尚未披露。 出现前款第三项情形的，公司应当在不晚于第一季度业绩相关公告发布时披露上一年度的业绩快报。 根据《上海证券交易所上市公司自律监管指引第1号——规范运作（2023年12月修订）》6.5.19 上市公司披露高送转方案时，尚未披露本期业绩预告或者业绩快报的，应当同时披露相应的业绩预告或者业绩快报
沪科创板	根据《上海证券交易所科创板股票上市规则（2023年8月修订）》6.2.2，上市公司预计不能在会计年度结束之日起2个月内披露年度报告的，应当在该会计年度结束之日起2个月内按照本规则第6.2.5条的要求披露业绩快报。 6.2.5 上市公司可以在定期报告披露前发布业绩快报，披露本期及上年同期营业收入、营业利润、利润总额、净利润、总资产、净资产、每股收益、每股净资产和净资产收益率等主要财务数据和指标。 上市公司在定期报告披露前向国家有关机关报送未公开的定期财务数据，预计无法保密的，应当及时发布业绩快报。 定期报告披露前出现业绩提前泄露，或者因业绩传闻导致公司股票交易异常波动的，上市公司应当及时披露业绩快报。 根据《上海证券交易所科创板上市公司自律监管指引第1号——规范运作（2023年12月修订）》7.4.4，科创公司披露高送转方案时，尚未披露本期业绩预告或业绩快报的，应当同时披露业绩预告或业绩快报

资料来源：根据上海证券交易所和深圳证券交易所规则整理。

案例

达安基因预告2020年一季度业绩超预期增长558%～608%

2020年4月14日晚，达安基因（002030）发布业绩预告，预计2020年一季度净利润为1.86亿元～2亿元，同比增长558%～608%。业绩预告披露后达安基因股价连续两天涨停，股价从4月15日19.30元开盘，后短期快速拉升，至4月21日最高冲高至28.80元，期间股价最大涨幅接近50%，如图1-6-7所示。

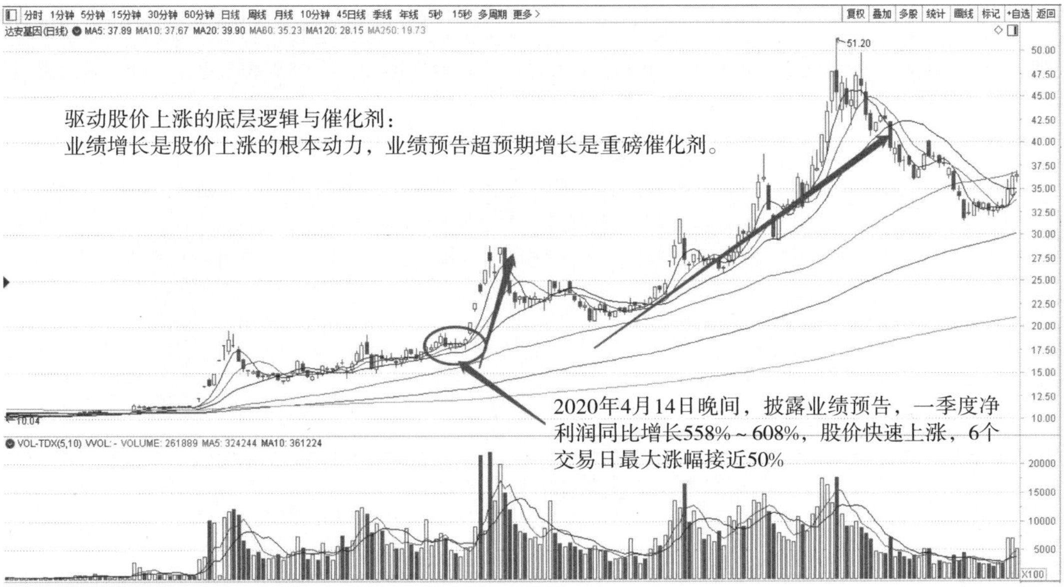

图1-6-7 达安基因（002030）日K线图

（六）签订重大合同

上市公司签订重大合同，往往会对公司业务发展和经营业绩带来积极影响，使投资者对未来股价走势产生乐观预期，致使股价产生较大波动。根据监管要求，上市公司签署日常经营相关合同时，达到相应标准就应当及时履行信息披露义务。根据沪深交易所的股票上市规则，上市公司发生的与日常经营相关的交易类型一般包括：（1）购买原材料、燃料和动力；（2）接受劳务；（3）出售产品、商品；（4）提供劳务；（5）工程承包；（6）与日常经营相关的其他交易。上市公司签署日常交易相关合同，见表1-6-5所列情形，达到下列标准之一的，应当及时披露。

表1-6-5　签订重大合同时应当及时披露的情形

板块	标准
深沪主板	根据《深圳证券交易所股票上市规则（2024年修订）》6.2.2，上市公司签署日常交易相关合同，达到下列标准之一的，应当及时披露： （一）涉及购买原材料、燃料和动力，接受劳务的，合同金额占上市公司最近一期经审计总资产50%以上，且绝对金额超过5亿元； （二）涉及出售产品、商品，提供劳务，工程承包的，合同金额占上市公司最近一个会计年度经审计主营业务收入50%以上，且绝对金额超过5亿元
深创业板	根据《深圳证券交易所上市公司自律监管指引第2号——创业板上市公司规范运作（2023年修订）》7.3.1，上市公司签署与日常经营活动相关合同，达到下列标准之一的，应当及时披露： （一）涉及购买原材料、燃料、动力或者接受劳务等事项的，合同金额占公司最近一期经审计总资产50%以上，且绝对金额超过1亿元； （二）涉及销售产品或商品、工程承包或者提供劳务等事项的，合同金额占公司最近一期经审计主营业务收入50%以上，且绝对金额超过1亿元
沪科创板	根据科创板《上海证券交易所科创板股票上市规则》7.1.15，上市公司发生日常经营范围内的交易，达到下列标准之一的，应当及时进行披露：（不区分日常经营合同类型） （一）交易金额占上市公司最近一期经审计总资产的50%以上，且绝对金额超过1亿元； （二）交易金额占上市公司最近一个会计年度经审计营业收入或营业成本的50%以上，且超过1亿元； （三）交易预计产生的利润总额占上市公司最近一个会计年度经审计净利润的50%以上，且超过500万元

资料来源：深圳证券交易所和上海证券交易所相关公告。

案例

翰宇药业（300199）与某客户签订重大合同

2023年9月20日，翰宇药业发布《关于签订日常经营重大合同的公告》，公司及全资子公司翰宇武汉与海外客户签署了日常经营重大合同。根据合同约定，客户预计向公司及翰宇武汉合计采购累计金额 3000.00万美元（约合人民币2.19亿元）的GLP-1多肽原料药。该合同累计金额占2022年经审计总收入的31.11%，占2022年经审计原料药业务的244.23%。该合同的履行将对公司未来财务状况及经营成果产生积极影响，有利于促进公司未来业务发展及经营业绩提升。合同的签订有利于提升公司产品海外知名度，巩固和提升公司的市场竞争力，促进公司长远发展。

从二级市场走势看，在披露签订重大合同的消息后，翰宇药业股价于2023年9月20日以12.55元开盘后快速封板，当日上涨19.96%，随后继续保持强势上攻势头，在11月7日创出20.88元的阶段新高，期间累计涨幅超过66.37%，如图1-6-8所示。

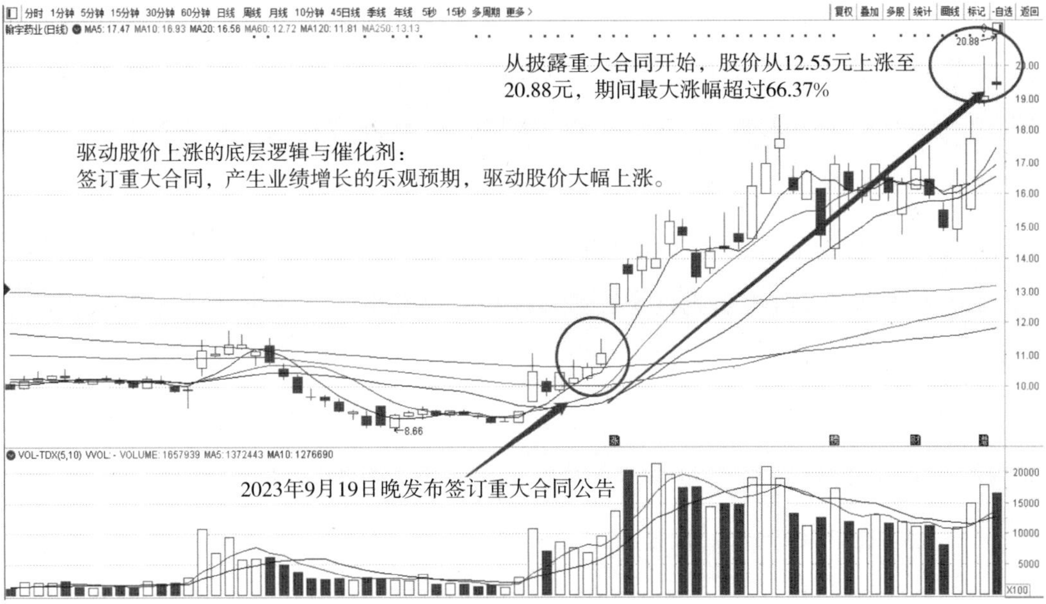

图1-6-8　翰宇药业（300199）日K线图

（七）推出重磅专利产品或创新药研发取得重大进展

推出重磅专利产品或公布创新药的关键性临床试验取得重大进展和成果，能令市场对上市公司潜在销售收入产生积极预期，从而对股价形成正向催化效应。

案例

常山药业（300255）公布重磅产品Ⅲ期临床研究试验结果及疗效结论

常山药业（300255）是国内少数拥有完整肝素产品产业链，能够同时从事肝素粗品、肝素原料药和肝素制剂药品研发、生产和销售的领军企业之一。该公司主要肝素类产品有：肝素钠粗品、肝素钠原料药、肝素钠注射液、低分子量肝素钙原料药和低分子量肝素钙注射液、依诺肝素钠原料药和依诺肝素钠注射液、那屈肝素钙原料药和那屈肝素钙注射液、达肝素钠原料药和达肝素钠注射液。该公司是国内少数同时拥有四种低分子量肝素制剂批件的生产企业。与此同时，该公司在公开信息披露中提到正在积极推进创新药研发工作和原料药产能提升工程建设，正在研发的包括1类新药治疗2型糖尿病的 GLP-1 长效制剂艾本那肽，两个抗肿瘤靶向原研新药等。

2023年9月18日，常山药业发布《关于控股子公司收到艾本那肽Ⅲ期临床研究总结报告的提示性公告》，公布了治疗2型糖尿病药物艾本那肽注射液（CJC-1134-PC注射液）的Ⅲ期临床研究试验结果及疗效结论。艾本那肽是一种长效胰高血糖素样肽-1受体激动剂（GLP-1RA），是利用药物亲和力偶合物（DAC™）技术，将艾塞那肽进行化学修饰后，与重组人血白蛋白结合形成的一个全新的稳定化合物，每周注射一次。艾本那肽是常山凯捷健进行研发注册的1类创新药，用于治疗2型糖尿病。糖尿病是一种以高血糖为主要特征的代谢性疾病，由胰岛素分泌缺陷或其生物作用受损，或两者兼有引起。艾本那肽完成临床试验，有利于促进常山药业向创新药研发企业转型。如果能够获批并上市销售，将改善公司产品收入高度依赖肝素业务的局面，提高公司的盈利能力和抗风险能力。

从二级市场走势来看，在发布重磅创新药的临床进度后，该公司股价进入持续拉升阶段，从2023年9月18日的开盘价6.77元最高上涨至2023年10月16日的17.98元，短短30个交易日内股价最大涨幅超过166%，如图1-6-9所示。

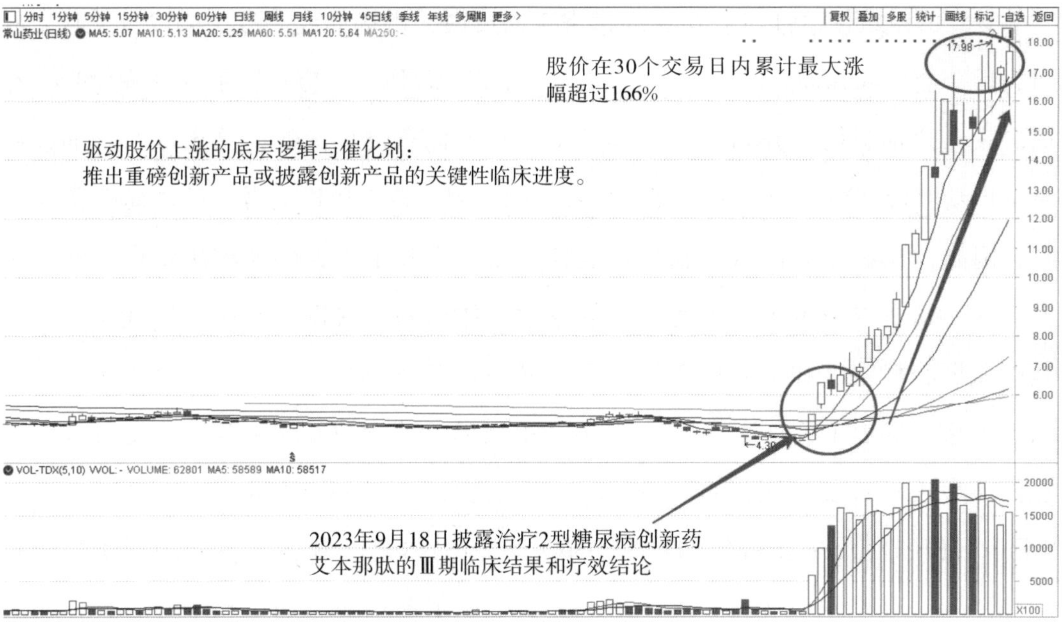

图1-6-9　常山药业（300255）日K线图

（八）突发重磅政策

政策对于整个A股市场的走势至关重要。作为建设金融强国的重要组成部分，资本市场一直以来受到国家政策的引导和支持。无论是宏观政策的变化还是重大行业政策的改变，都会对A股市场和相关板块走势产生明显影响，其中宏观政策涉及面相对比较广泛，如果是战略级别的重磅产业政策，会衍生出重大主题投资机会，比如数据要素产业政策、卫星互联网产业政策、智能网联汽车产业政策、新型工业化战略等。

在A股市场上，类似北京雄安新区建设、"一带一路"倡议、碳中和战略、海南自贸区建设、上海自贸区建设、新疆自贸区建设等政策都催生了重要主题性投资机会，主题板块的龙头股受益最为直接，受各方资金追捧，股价走势十分强势。

综合来看，重磅政策所带来的投资机会，主要是国家政策推出后带来的政策或制度红利，尤其是国家在发展战略层面推出的制度和政策，往往代表了未来一段时期的政策导向，比如"一带一路"、数字经济等。

突发的政策性事件对公司业绩带来正向反馈，市场形成一致预期以及一致交易行为后，会出现脉冲型的股价上行。第一批参与者作为反应迅速的先知先觉者，在信息发布之前就已经开始布局；第二批参与者拥有资金优势，是市场节奏的控制者，推动股价脉冲上行；第三批参与者为趋势型、技术型投资者，助推局面发展。

例如，2017年4月1日，新华社受权发布：中共中央、国务院决定设立河北雄安新区。这是以习近平同志为核心的党中央作出的一项重大的历史性战略选择，是继深圳经济特区和上海浦东新区之后又一具有全国意义的新区，是千年大计、国家大事。在2017年4月5日A股市场开市以后，当日100只左右的雄安新区个股涨停，表现在雄安新区指数连续3个一字板涨停，其中先河环保（300137）连续7个一字板，股价从2017年3月31日的收盘价15.45元，最高上涨至2017年5月4日的38.34元，期间最大涨幅达到148.16%，演绎了独特强势的主题牛市行情，如图1-6-10所示。

案例

先河环保（300137）受益于设立雄安新区政策走出7连板

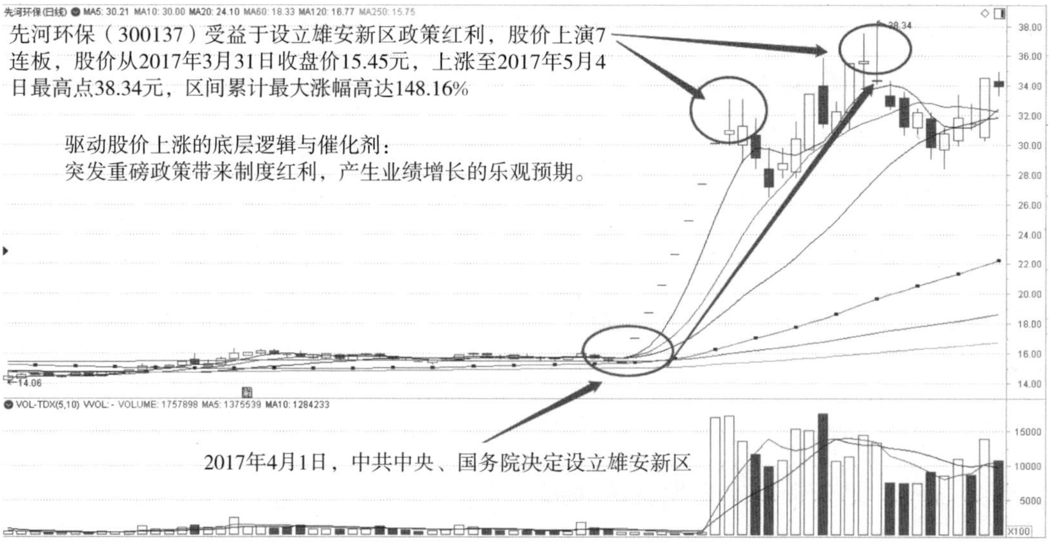

图1-6-10　先河环保（300137）日K线图

CHAPTER

第七章 好股票的共同基因特征

一、牛股的基因特征与选股标准

追随成功者的足迹，是投资成功的捷径。自股市诞生，无论是投资大师还是股市的各路高手，都在不断地通过投资实践总结大牛股的基因特征和选股标准。追随成功投资大师的足迹，是我们在股票市场里获得成功的捷径之一。

（一）本杰明·格雷厄姆与价值型股票

1934年，被誉为价值投资开山鼻祖的本杰明·格雷厄姆和戴维·多德合著的《证券分析》出版，开启了价值投资新时代。《证券分析》被誉为投资者的“圣经”，为选股奠定了方法论的基础。格雷厄姆在《证券分析》一书中明确了投资的定义：投资就是价值回归或者价值发现的过程。价值投资方法是测算公司的内在价值，并且以低于其内在价值的市场价格买入，当市场充分反映公司内在价值时卖出获利。本杰明·格雷厄姆总结了两种寻找价值型股票的方法：

1.价值五法

（1）股票的盈利回报率（市盈率倒数）应大于美国AAA级债券收益的两倍。例如，某只股票的市盈率为10倍，则盈利回报率为10%，如AAA债券收益率为4%，则该只股票的盈利回报率满足条件。

（2）股票的市盈率应小于其过去五年最高市盈率的40%。

（3）股票派息率应大于美国AAA级债券收益率的2/3。

（4）股价要低于每股有形资产净值的2/3。

（5）股价要低于每股净流动资产（流动资产–总负债）的2/3。

2.安全五法

（1）总负债要小于有形资产净值。

（2）流动比率（流动资产/流动负债）要大于2。

（3）总负债要小于净流动资产的2倍。

（4）过去10年的平均年化盈利增长率要大于7%。

（5）过去10年中不能有超过2次的盈利增长率低于-5%的情况。

上述价值五法和安全五法，格雷厄姆将其称之为“物超所值的个股策略”，目标就是努力寻找价值被低估的股票。上述选股标准是比较苛刻的，格雷厄姆更关注企业的清算价值，扮演了破产清算人的角色，是以一种债券思维去选股的。实际上，格雷厄姆在《证券分析》中的价值投资理念也正是发轫于20世纪30年代股市大萧条时期。如果按格雷厄姆的标准去选股，即使在A股市场，很多时候都可能找不到一家符合上述标准的上市公司，除非出现灾难性的行情。

1948年，利亚家族因为家庭原因考虑处置盖可保险公司股份①，格雷厄姆·纽曼公司出资71.25万美元买下了按净资产作价的盖可保险公司50%的股份，格雷厄姆担任公司董事长。10年之后的1958年，盖可保险公司市值增长至6700万美元，意味着这笔投资的收益变成了3350万美元，10年间增长了47倍，即年化收益率接近47%，1971年77岁的格雷厄姆退出盖可保险董事会时，公司的市值已经接近3亿美元，他的初始投资增值高达200多倍，23年间折合年化收益率超过25%。这是格雷厄姆一生最辉煌的一笔投资。

后来，格雷厄姆的忠实门徒、其价值投资理念的继承者、格雷厄姆·纽曼公司的证券分析师沃尔特·施洛斯对价值型选股标准进行总结改进，主要包括以下几点（见图1-7-1）：市值低于净资产；没有负债或者很少；管理层诚信可靠，且持有公司股份，以股东利益为重。沃尔特·施洛斯认为，以低于每股净资产的价格买入股票能给投资者带来足够的安全边际。在1955年至2002年，近50年的投资生涯中，施洛斯经历过17次经济衰退，却取得了20%的年复合回报率。

① 盖可保险公司，由利奥·古德温夫妇于1936年创立。利奥·古德温夫妇获得银行家克莱夫·利亚的资金支持，利亚家族出资占股75%，利奥·古德温夫妇出资并作为经营者占股25%，盖可保险公司主要为政府部门人员提供汽车保险业务。

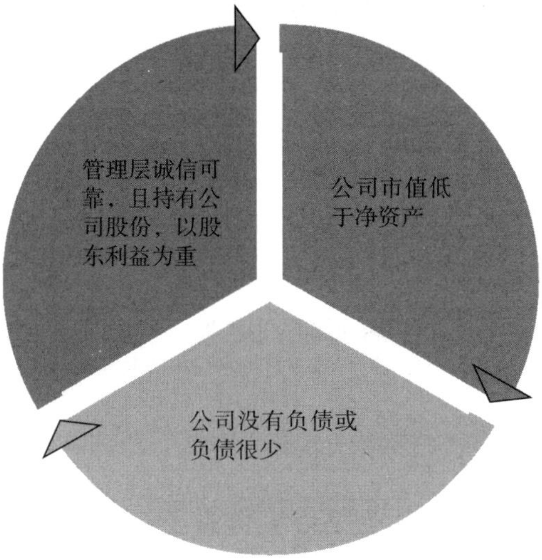

图1-7-1　沃尔特·施洛斯的价值选股标准

（二）菲利普·A.费舍与成长型股票

1958年，菲利普·A.费舍出版了名著《怎样选择成长股》，开创了成长型投资理念。这本书体现了费舍一生的投资哲学，他自己也身体力行深入实践，从20世纪40年代开始，对摩托罗拉、德州仪器等成长型企业进行了长达30年的投资，获得了增长数十倍的惊人业绩。成长型投资也因此成为与价值型投资并列的主流投资理念之一。

为了挖掘成长股，费舍提出了15个要点。他认为，一家公司如果能够符合其中大部分要点，就可以称之为成长股。费舍强调的这15个要点如下：

（1）公司的产品或服务有没有充分的市场潜力，至少几年内营业额能否大幅增长？

（2）为了进一步提高总体销售水平和产品潜能，管理层是不是有决心继续开发新产品或新工艺？

（3）和公司规模相比，公司的研究工作成效如何？

（4）公司有没有高水平的销售团队，是否建立销售体系将产品转化为利润？

（5）公司利润率高不高？销售收入是否能转化成利润？

（6）公司做了哪些事情来维持或提高利润率？

（7）公司的人事关系、团队氛围是不是很好？

（8）公司的高级管理层之间关系很好吗？有无团队协作精神？

（9）公司管理层的深度够吗？

（10）公司的成本分析和会计控制是否理想？

（11）公司是不是在所处领域有独到之处，例如成本控制、专利技术、客户口碑等？

（12）公司有没有短期或长期的盈余展望？

（13）在可预见的将来，公司是否会大量发行股票，获取足够资金，以利于公司发展？现有持股人的利益是否因预期中的成长而大幅受损？

（14）公司管理层是不是向投资人报喜不报忧？管理层是否愿意和投资人坦诚交流？

（15）公司管理层的诚信及正直态度是否毋庸置疑？

由上述15个要点可知，费舍非常看重企业长远的盈利能力，也一直在追寻那些净利润率持续高于行业均值的公司。在所有的标准中，费舍把公司管理层的诚信状况作为最后一条，也是最重要的一条。他曾写道："不管在其他要点上得到多高的评价，如果管理层在对股东有无强烈的责任感一事上令人深感怀疑，投资人就绝对不要考虑投资这样一家公司。"

菲利普·A.费舍除了总结出成长股的15个要点之外，还归纳了以下8大投资哲学：

（1）买进的公司，应该是那种有竞争壁垒（特许经营权）的公司。

（2）集中全力买进那些"失宠"的公司的股票。也就是说，由于整体市况或当时市场误判一家公司的真正价值，使得其股价远低于真正价值时，应该果断买进。

（3）抱牢股票，直到公司性质发生根本变化或者公司成长到不再能够高于整体经济发展水平。除了上述两个因素外，除非有非常确凿的证据，否则绝对不轻易卖出。

（4）投资者对股利不应持有太高的兴趣，在那些发放股利比例最高的公司中，难以找到理想的投资对象。

（5）要明白，投资者犯下错误是不可避免的成本。重要的是尽快承认错误，并从中吸取教训。

（6）真正出色的公司，数量相当少，其股票往往也难以以低廉价格买到。因此，在某些特殊的时期，当有利的价格出现时，应充分掌握时机，集中在最有利的机会上买入那些创业公司或小型公司的股票，必须小心地进行分散化投资。花费数年时间，慢慢将投资集中在少数几家公司上。

（7）对持有的股票要进行卓越的管理：基本要素是不盲从当时金融圈的主流意见，也不要只是为了反其道而行，便排斥当时主流的观点。相反，投资者应该拥有更多的知识，应用更好的判断力来判定当时的情形，并有勇气在你的判断结果告诉你是对的时，坚持下去。

（8）投资和人类其他大部分工作一样，想要成功，必须努力工作、勤奋不懈、诚实正直。

（三）彼得·林奇与快速成长型股票

彼得·林奇被誉为“历史上最传奇的基金经理”，在1977—1990年，他担任富达公司麦哲伦基金的经理人，管理的资产从1800万美元增加到140亿美元，年复合报酬率高达29%，基金持有人超过100万人。

《彼得·林奇的成功投资》一书讲述了13条选股准则：“公司名字听起来很可笑”“公司业务枯燥乏味”“公司业务令人厌恶”“公司从母公司分拆出来”“机构没有持股、分析师不跟踪”“公司处于零增长的行业之中”“人们不断购买公司产品”“公司内部人士在回购公司股票”等。彼得·林奇把公司分为六种类型：“缓慢增长型”“稳定增长型”“快速增长型”“周期型”“困境反转型”以及“隐蔽资产型”。其中，彼得·林奇对快速增长型公司最感兴趣。所谓快速增长型公司，通常是新成立不久，规模小、成长性强，业绩年均增长率在20%～25%，这种类型的公司通常会出现很多大牛股。研究这类公司时，我们更应该关注的是公司的战略，即行业的驱动力在哪里，公司打算往哪些市场扩张以及如何经营管理才能继续保持快速增长。

值得关注的是，彼得·林奇提出了著名的成长股选股方法，即PEG选股法，其理念在国内外被众多基金经理和专业投资人运用。他认为，一家公司的估值应该与这家公司的增长率相匹配，否则就会出现价格被高估或被低估的情况。PEG这一抽象的指标被具象为：

$$PEG=PE/G$$

上述公式中：

（1）PE为上市公司/指数的市盈率指标。

（2）G为上市公司/指数的盈利增长率指标。

PEG越高，意味着该公司股价被高估的可能性越大，不建议买入。反之，PEG越低，说明该公司股价被低估的可能性越大，可以考虑买入。在《彼得·林奇的成功投资》一书中，关于市盈率和收益增长率及估值的描述如下：任何一家公司的股票如果定价合理的话，市盈率就会与收益增长率相等。

在具体的投资实战中，彼得·林奇的股票投资流程包括：第一步，首先要判断公司属于哪种类型，即判断该公司究竟是属于缓慢增长型、稳定增长型、快速增长型、困境反转型、隐蔽资产型、周期型公司这六种类型中的哪一种。第二步，通过前面所述的13条选股准则，逐一了解该公司的各种细节，看公司如何经营运作才使得增长更加强劲，或者有其他预期产生的良好效果，从而预测公司未来的发展趋势。第三步，根据股票的市盈率倍数和增长速度，判断当前股价水平相对于公司未来的发展前景的估值情况。彼得·林奇正是运用这套方法论，选出过很多牛股，比如克莱斯勒、房利美、沃尔玛等，如图1-7-2所示。

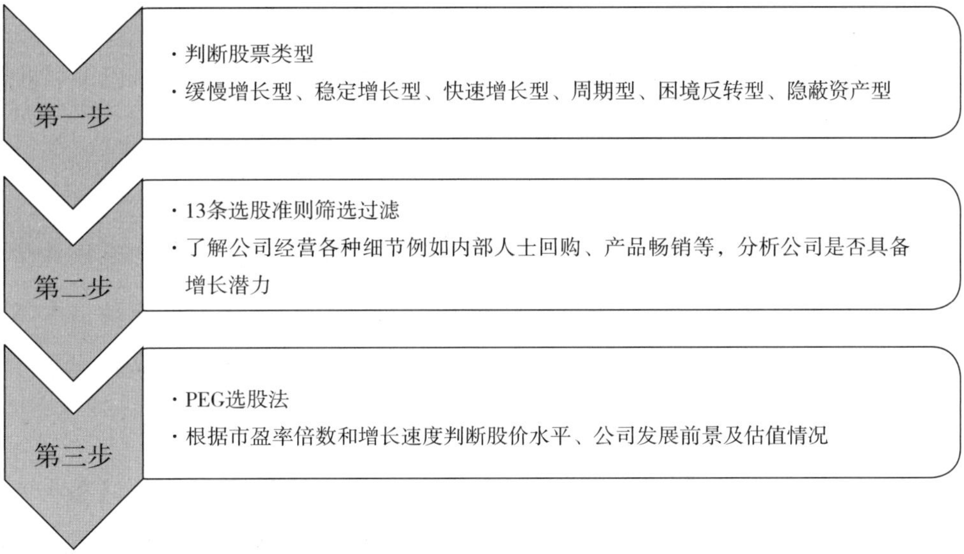

图1-7-2　彼得·林奇的选股流程

彼得·林奇强调了投资的艺术性、科学性和经验性，并提出了蜡笔原则、有限分散原则和逆向选股原则。蜡笔原则强调投资应该是一个简单直观的过程，应基于个人生活经验和观察来选择股票。他认为应当投资那些业务容易理解、用蜡笔就能描述清楚的企业。彼得·林奇鼓励投资者运用日常生活中的观察和体验，而不是追求复杂的概念框架。有限分散原则主张在投资中不盲目地追求平均，而是把资金集中在那些自己真正有把握的投资标的上。逆向选股原则的核心思想是：在股市中，投资者应关注那些处于低迷阶段的行业里的领头羊型股票，而不是追逐热门行业的高估值股票。

（四）沃伦·巴菲特的选股原则

沃伦·巴菲特融合了传统的价值投资理论和成长投资理论，成为集大成者，将价值投资带入了全新的高度，这也成就了巴菲特的投资传奇。巴菲特认为，价值型投资与成长型投资的理念是相通的，价值是一项投资未来现金流量的折现值，而成长只是用来决定价值的预测过程。价值投资理念、成长投资理念，本质上都属于基本面分析的投资理念，即试图通过基本面的研究来战胜市场、获取超额收益。巴菲特曾说：“我有15%像费舍，85%像格雷厄姆……尽管格雷厄姆和费舍的投资方法不同，但他们在投资界缺一不可。”

在《巴菲特致股东的信：投资者和公司高管教程》的摘要中，巴菲特把投资归纳为以下三类：

低估类——基于产业资本视角。主要通过定量分析判断股票是否被低估，但是也非常重视定性分析。一般来说，低估类的投资，几乎看不出来或根本不知道短期内怎么能上涨。被低估的股票不光鲜，市场不喜欢。它们唯一的好处就是价格低廉，经过审慎分析可以看出，公司的市值远远低于产业资本所能给予的估值。这里要强调一下，虽说定量是第一位的，但定性也很重要。我们喜欢优秀的管理层、喜欢好的行业，我们希望有一定的“催化剂”刺激不作为的管理层或股东，但是我们要买得值。低估类股票的表现和道指有很强的同步性，道指大幅下跌时，低估类股票也会跟着大跌。反之亦然，在市场强劲上涨时，低估类股票的表现最抢眼。我们认为，从长期来看，低估类股票能实现我们跑赢道指的目标。

套利类——套利类投资有时间表可循。套利投资机会出现在出售、并购、重组、分拆等公司活动中。做套利投资不听传闻或“内幕消息”，只看公司公告。在白纸黑字上读到了，才出手。套利类投资有时也受大盘影响，但主要风险不是大盘涨跌，而是中途出现意外，预期的进展没有实现。常见的意外包括反垄断等政府干预、股东否决、税收政策限制等。许多套利类投资的毛利润看起来很低。一位朋友说，套利类投资是在别人已经赚了9角9分后，再去赚最后的几分钱。但是，套利投资的确定性高、持有时间短，年化收益率是相当不错的。套利类投资每年贡献的绝对利润比低估类投资稳定。在市场下跌时，套利类投资积少成多，能给我们带来很大的领先优势；在牛市中，此类投资会拖累我们的业绩，从长期来看，我认为套利类股票能和低估类股票一样跑赢道指。

控制类——控制类投资比较少见，但这类投资只要做了，就是大规模的。控制类投资有的是一开始就通过大宗交易买入，有的是从低估类股票发展而来的。有的低估类股票，价格在低位徘徊的时间很长，能买到很多，实现了部分或完全控股，有能力对公司施加影响，投资就从低估类转到了控制类。这时候，我们根据对公司前景以及管理层能力的评估，决定是采取主动还是保持相对被动。最近几个月，我们在大量买入一只被低估的股票，这家公司的管理层很优秀，公司的策略也很合理。我们会继续买入，如果将来实现了控股，可能会保持非常被动的状态，不会干预公司的经营。我们不愿为了主动而被动。在其他条件一样的情况下，我更愿意放手让别人做。不过，大家可以放心，如果必须采取主动，才能让资本得到合理运用，我们不会袖手旁观。不管主动还是被动，投资控制类必须做到，投资时就把钱赚到。控制类投资的必要条件是物美价廉。取得控股权后，我们的投资价值几何，就不再取决于经常失去理智的市场报价，而是取决于企业价值的本身。我们有意愿、有财力实现控股，这样我们低估类的许多股票可以进退有余。如果市场转而看好，股价会随之上涨。如果市场仍然看淡，我们可以继续买入，最后公司是我们的了，不必再听市场对我们的评价。衡量控制类的投资收益，至少要看几年时间，按部就班地买入需要时间。另外，可能还要改善管理层、重新配置资本、寻求出售或并购等，控制类投资的这些工作都需要时间，所以此类投资不能看几个月，要看几年。因为投入时间长，在控制类投资中，我们要求获利空间一定要大。如果赚不了多少就不做。

在巴菲特看来，一个好企业具有六大特征，如图1-7-3所示。

第一，好企业具有不错的资本回报率。资本回报率的计算方法是净收入扣除税收后除以总资本。很多人喜欢用利润增长率来挑选好企业，巴菲特认为利润增长率很容易被做手脚，而资本回报率则没有这方面的问题。资本回报率衡量的是股东和债权人投入的本钱到底获取了多少回报。

第二，好企业应该创造现金利润，而不是账面利润。巴菲特认为到手的现金才是最可靠的，账面利润有不翼而飞的可能。现金利润是指公司真正赚到的钱，即已经收到的或可以随时收到的现金，而非现金利润则是指账面上的利润，例如通过应收账款、存货等方式获得的利润。

第三，好企业有快速的库存周转率，有可预测的利润。库存周转率是企业一定时期内营业成本与平均存货余额的比例。库存周转天数=360天/库存周转率。

库存周转指标用于反映存货的周转速度，即存货的流动性及占用资金的合理性。库存周转率指标可以反映企业库存管理水平的高低，理论上库存周转率越高越好，库存周转天数越少越好。但这个指标没有绝对的评价标准，其与行业、企业的商业模式有密切关系。

第四，好企业有优秀的管理层——这些管理者品格优秀，同时不过分介入企业技术方面的细节。这就确保了其他品格优秀的管理者，后续可以顺利对接工作，而不会因为其在技术方面的短板，导致产品品质下滑。这些品格优秀的管理层，可以让投资者对自己的资金感到安心。

第五，好企业在无形资产方面非常强势——其他企业即使可以完成好企业的工作内容，但是没有好企业的无形资产，它们就无法复制好企业的业务模式。所谓无形资产，是指企业拥有或者控制的没有实物形态的可辨认的非货币性资产。无形资产具有广义和狭义之分，广义的无形资产包括货币资金、金融资产、长期股权投资、专利权、商标权等，因为它们没有物质实体，而是表现为某种法定权利或技术。但是，会计上通常将无形资产作狭义的理解，即将专利权、商标权等称为无形资产。

第六，好企业的产品特性稳定，没有短周期更新换代的需求——比如可口可乐的配方可以用很多年，而一台新手机，最多保持半年的新鲜度，很快就会被更新一代的手机所取代。

巴菲特曾说："如果非要我用一个指标来进行选股，我会选择净资产收益率（ROE）。那些ROE能常年持续稳定在20%以上的公司都是好公司，投资者应当考虑买入。"

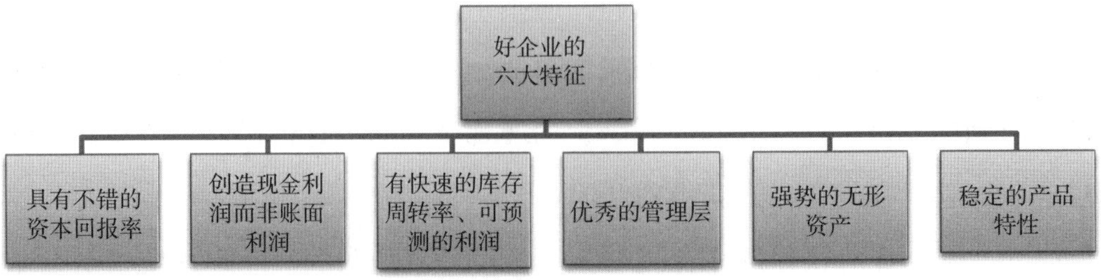

图1-7-3　好企业的六大特征

净资产收益率（Return on Equity,ROE），它是公司净利润与平均股东权益的比值，反映的是上市公司拿股东的钱赚取了多少利润，是一个常用来衡量企业盈利能力的指标。一般来说，ROE越高，企业的盈利能力越强。

$$ROE = \text{每股净利润} / \text{每股净资产} = E / B \times 100\%。$$

ROE是巴菲特最为看重的财务指标，它可以反映公司的经营效益和盈利能力。巴菲特认为净资产收益率是衡量企业长期业绩的最佳指标。

（五）国内机构投资者的选股标准

前文主要讲了投资大师们的价值投资理念、成长投资理念以及他们的选股原则、方法和标准。从国内的投资实践来看，无论是机构投资者、职业投资者还是普通投资者，都会试图去寻找适合自身风格特征的各种投资理念、选股方法和标准。彼得·林奇认为，选股根本无法简化为一种简单的公式或诀窍，根本不存在依葫芦画瓢、一用就灵的选股公式或诀窍。选股既是一门科学，又是一门艺术，但又不能过于强调其中任何一个方面。

从国内基金机构投资者反馈的情况看，针对价值股和成长股的选择标准较多，涉及管理层、公司治理、盈利模式的核心竞争力等方面，比如国内一些基金等机构投资者归纳了6个标准：

（1）广阔的成长空间：行业销售总额较大且持续增长、公司市场份额持续提升、市值较低。

（2）优秀的商业模式和独特的竞争优势：产业链地位有利、盈利能力强、存在行业壁垒（品牌、渠道、技术、资源等）。

（3）卓越的企业家精神：核心人物威望高、具有正确的战略眼光、管理团队稳定、执行力强。

（4）良好的公司治理结构：股东和管理层利益一致。

（5）良好的沟通关系：公司公开透明，与投资者保持良好关系。

（6）合理的估值水平：市盈率（PE）、市净率（PB）、市销率（PS）等较低。

确定企业符合这些基本标准后，还需要进行深入的调查研究，通过走访竞争对手、上下游企业和企业内部各层级的人员，更深层次地了解企业运营情况，分析判断企业竞争优势的可持续性等。

此外，国内一些知名的投资人在长期的投资实践过程中，也提炼归纳出成长股的两个非常重要的特征：一是具有鲜明的时代特征；二是有优秀的管理层和良好的体制。管理层和体制是决定一家公司能否在同行中脱颖而出、能否在经济波动中持续成长的关键因素。

判断成长股的成长性和持续性是进行成长型投资的关键。发现处于生命周期早期的成长股并以较低价格买入是通过成长型投资获得超额收益的关键，而在成长增速放缓时及时卖出是防范成长股风险的重要手段。

通过复盘A股历史上的大牛股可以发现，它们一般都具备良好的公司“质地”、优秀的业绩以及相对稳定的估值。这些大牛股的股价甚至能够穿越经济周期、产业周期和市场周期，不断创出新高。这些大牛股的基因特征概括起来包括以下八个方面：

（1）具备鲜明的时代特征、所在行业市场空间大、至少有三到五年的高景气成长期。

（2）良好的治理结构（包括有影响力的重大股东、投资机构等）。

（3）核心团队的企业家精神。

（4）是行业龙头或细分行业的龙头，具有行业竞争优势。

（5）主营业务突出，有深厚的“护城河”或较高的竞争壁垒，包括成本、技术、资源、品牌、渠道等优势。

（6）行业一般有10%以上的复合增长。

（7）营收、毛利润及净利润有20%以上的复合增长。

（8）财务质量良好(合理的资产负债、充沛的自由现金流），ROE一般在20%以上。

国内某知名媒体统计了10倍牛股所具备的共性，也总结出一些典型的特征，如低市值、低股价、业绩持续高增长等。在A股市场上，股价大起大落的并不少见，即便是大牛股也不例外。不少牛股在市场热点的催化下，吸引各路资金涌入，股价在短期内爆发式走高，但随着市场情绪进入退潮期，股价很快又被打回原形。而真正能够长期走牛的股票，都有一个显著特征，就是公司具备持续盈利能力。

CHAPTER 第八章 复盘经典案例揭秘牛股的基因特征

前文总结了好股票的基因特征与选股标准，通过复盘A股市场的大牛股可以发现，这些大牛股的股价之所以能够穿越经济、产业和市场牛熊周期持续创出新高，是因为它们往往都具备共同的成长与价值基因特征。但需要强调的是，大牛股并不是买入之后就一路上涨的，如图1-8-1所示。真正的长期投资、价值投资必定是一路荆棘，用“过五关斩六将”来形容也毫不夸张，投资没有捷径，赚大钱靠坚守。这种坚守本质是对成长与价值投资体系的坚守，如图1-8-2。

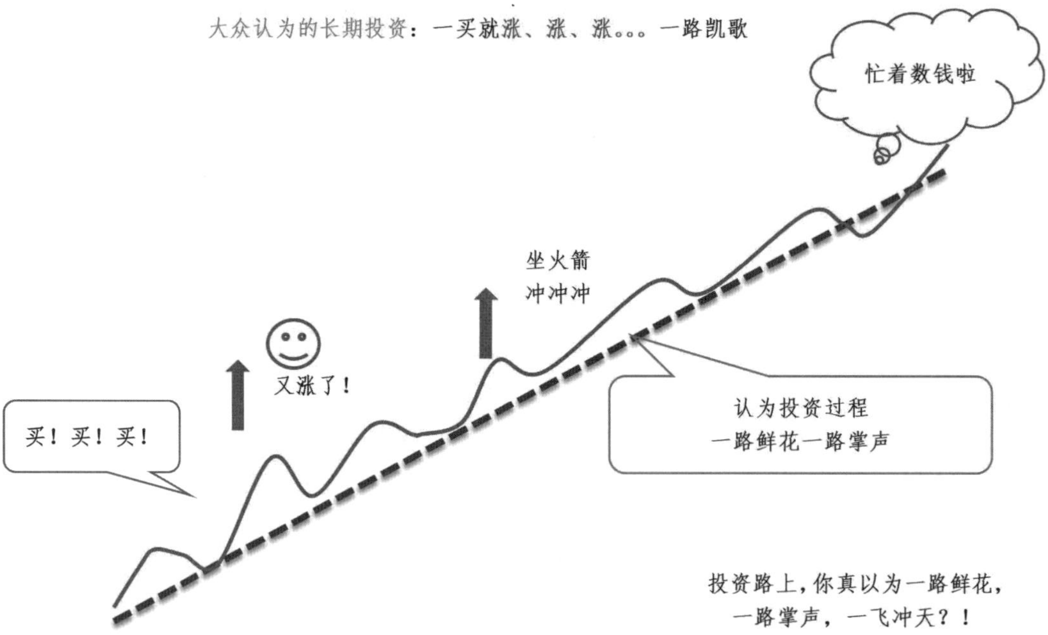

图1-8-1　大众认为的长期投资

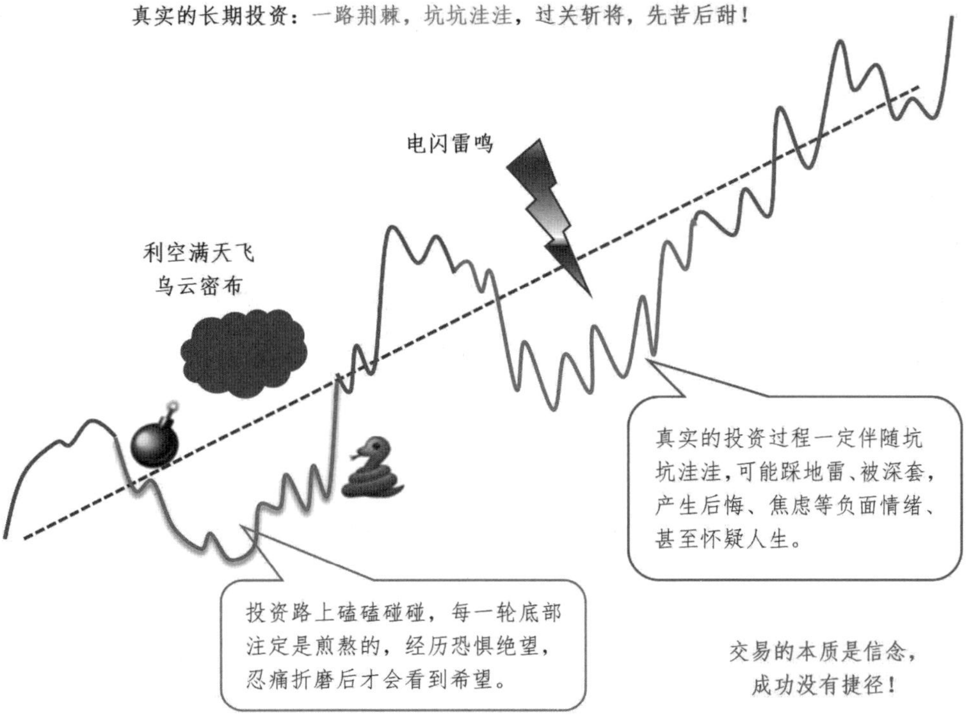

图1-8-2　实际的长期投资

一、兴齐眼药十年涨幅超36倍究竟有什么样的基因特征

（一）兴齐眼药的基因特征分析

1.受产业政策支持

该公司专注于眼科药物领域，是一家主要从事眼科药物研发、生产、销售的专业企业，主要产品是眼科处方药物，包括眼用抗感染药、眼用抗炎/抗感染药、散瞳药和睫状肌麻痹药、眼用非类固醇消炎药、缩瞳药和抗青光眼用药等，覆盖十个眼科药物细分类别，建立了“系列全、品种多”的眼科药物产品体系。该公司拥有眼科药物批准文号55个，有34种产品被列入国家医保药品目录，6种产品被列入国家基本药物目录。

医药产业是国民经济的重要组成部分，与人民群众的生命健康和生活质量等切身利益密切相关，得到国家产业政策的有力支持。国家发展改革委将医药行业列为鼓励类发展行业，尤其是对拥有自主知识产权的新药开发和生产、新型药物制剂技术开发与应用等行业。

眼睛是人类获取信息的主要途径，眼睛结构复杂，致病因素及疾病种类众多。眼疾患者对疾病诊治较为重视，眼疾诊治率相对较高。由于眼科用药专业性强，眼疾患者需要找专业医疗机构的执业医师进行诊断，使用其开具的处方药物治疗相关疾病。因此，眼科处方药物在眼科药物市场中具有重要地位。

2.行业市场空间大

近年来，随着我国人口老龄化和人们工作及生活方式的转变，工作强度增大，过敏原增加，再加上用眼不当等各类因素的影响，眼感染、角结膜炎、干眼病、角膜损伤溃疡、视频终端综合征、白内障、青光眼等各种眼疾罹患率逐年增高，眼科药物市场增长较快。在社会竞争日益激烈的背景下，人们（特别是白领群体）的工作压力和竞争压力不断加大。同时，以笔记本电脑、智能手机为代表的数字化信息终端普及率提高，人们长时间面对数字面板，处于紧张工作状态，使得眼疲劳加剧，进而诱发近视、干眼病等眼科疾病。此外，过敏原增加也导致我国眼科疾病呈多发态势，促使眼科药物市场较快增长。2010—2013年我国眼科处方药物市场销售额分别为16.67亿元、20.28亿元、24.34亿元、28.52亿元。据IMS预测，我国眼科处方药物的市场规模将保持20%的复合增长率。未来眼科处方药物需求将持续增长，行业具有广阔的发展空间。根据研究数据显示，2019年美国眼科用药市场规模为150亿美元，而我国眼科用药市场规模仅为28亿美元（约合人民币196亿元）。然而，我国眼病患者数量远超美国，因此我国眼科用药市场仍存在较大的发展潜力。

3.公司成长初期规模不大，具备内生和外延成长潜力

我们从上市公司发布的招股说明书提供的公开信息可以看到，上市前，兴齐眼药的营收规模和利润都相对较少，如表1-8-1所示。

表1-8-1 兴齐眼药财报数据

单位：万元

项目	2016年1-6月	2015年	2014年	2013年
营业收入	16,541.78	28,743.95	25,465.28	21,863.14
营业利润	3,080.18	2,157.85	1,806.98	5,194.84
利润总额	3,814.45	2,629.50	3,760.10	5,535.78
净利润	3,204.28	2,197.96	3,101.02	4,609.73
其中：归属于母公司所有者净利润	3,204.28	2,197.96	3,101.02	4,609.73
非经常性损益	624.14	400.90	1,660.09	289.26
扣除非经常性损益后归属于母公司所有者的净利润	2,580.15	1,797.06	1,440.93	4,320.47

数据来源：上市公司招股说明书。

兴齐眼药首次公开募股前，公司总股本为6000万股，公司发行新股和公司股东公开发售股份的数量之和不超过2000万股，占发行后总股本的比例不低于25%，发行后公司总股本不超过8000万股，如表1-8-2所示。

表1-8-2 兴齐眼药IPO说明书资料

股票种类	人民币普通股（A股）
每股面值	人民币1.00元
发行股数、股东公开发售股份，占发行后总股本的比例	本次拟发行股份数量不超过2,000万股，占发行后总股本的比例不低于25.00%。本次发行的股份来源为公司发行新股
每股发行价	5.16元/股
发行市盈率	17.23倍（发行市盈率=每股发行价格/发行前每股收益，发行前每股收益按照2015年度经审计的扣除非经常性损益前后孰低的归属于母公司所有者的净利润除以本次发行前总股本计算）
	22.97倍（发行市盈率=每股发行价格/发行后每股收益，发行后每股收益按照2015年度经审计的扣除非经常性损益前后孰低的归属于母公司所有者的净利润除以本次发行后总股本计算）
发行前每股净资产	7.03元/股
发行后每股净资产	6.01元/股
发行市净率	0.73（按每股发行价格除以发行前每股净资产确定）
	0.86（按每股发行价格除以发行后每股净资产确定）
发行方式	采用网上向社会公众投资者定价发行的发行方式
发行对象	本次A股发行对象为在深圳证券交易所创业板开户的境内自然人、法人等投资者（国家法律法规禁止购买者除外）
承销方式	余额包销

续表

募集资金总额	10,328.60万元
募集资金净额	7,268.60万元

数据来源：上市公司招股说明书。

公司在IPO招股说明书中明确了要通过外延并购增长的模式做大做强，如图1-8-3所示。

兴齐眼药　沈阳兴齐眼药股份有限公司首次公开发行股票并在创业板上市招股说明书

7、收购及兼并计划

公司上市成功后，随着规模扩大及实力增强，公司本着对股东有利、对公司发展有利的基本原则，将充分依托资本市场，在时机、条件和对象成熟的前提下进行适度的收购兼并，抓住行业发展机遇。公司将始终围绕眼科药物主营业务，纵向或横向收购相关企业或资产，并根据公司发展战略进行整合，以推动眼科药物行业的进一步健康发展。

资料来源：上市公司招股说明书。

图1-8-3　兴齐眼药收购及兼并计划

兴齐眼药上市首日公司总市值仅4.95亿元，截至2024年7月5日，公司总市值已经增长至283亿元，较上市首日增长超57倍。总股本从上市之初的8000万股，经过股权激励、股份转增和定向增发后，目前扩张到1.74亿股。

4.产品具有竞争优势，且拥有专利技术的保护

公司主要产品中，氧氟沙星眼膏、迪非滴眼液、迪善眼用凝胶、小牛血去蛋白提取物眼用凝胶及迪友眼用凝胶获得了境内专利保护。医药企业可依照《中华人民共和国专利法》，将药品的制备工艺等申请专利，发明专利可以获得二十年的保护期，实用新型专利可以获得十年的保护期。公司被授予发明专利和实用新型专利后，除非法律另有规定，任何单位或者个人未经专利权人许可，都不得实施其专利。

在产品销售渠道方面，公司建立了覆盖全国的营销渠道，拥有 120 人的 OTC 专业销售队伍，与华润医药、国药、上药、益丰、大参林、一心堂等大型医药流

通企业和连锁药店达成了长期稳定的友好合作。同时，公司加强与京东、阿里巴巴、拼多多等大型电子商务平台的合作，实现了各渠道销售的融合增长。

5.高效的管理团队，以股权激励实现利益绑定

公司的管理层和核心业务骨干大多为公司股东，管理团队自公司成立以来保持稳定。团队主要成员在行业内均有着十年以上的研究开发、生产、销售经历，其中公司董事长刘继东先生拥有20多年医药行业的从业经验。公司在上市两年后，推出股权激励方案，向公司董事、公司高级管理人员、中层管理人员及核心骨干人员共计49人授予245万股，每股价格8.30元，业绩考核条件是2019年、2020年、2021年公司营收分别不低于5亿元、6亿元和7亿元。公司通过长效激励机制，吸引和留住优秀人才，充分调动董事、高级管理人员、中层管理人员和核心骨干员工的积极性，将股东利益、公司利益和个人利益结合在一起，推动公司的长远发展。

6.持续创造现金流

2016年以来，公司的现金流量表中，公司销售商品与提供劳务获得的收益，以及经营活动产生的现金流金额保持稳步攀升的势头。巴菲特认为，到手的现金才是最可靠的，账面利润有不翼而飞的可能。现金利润是指公司真正赚到的钱，即已经收到的或可以随时收到的现金。而非现金利润则是指账面上的利润，例如通过应收账款、存货等方式获得的利润。

2011—2022年公司销售商品、提供劳务收到的现金如图1-8-4所示。

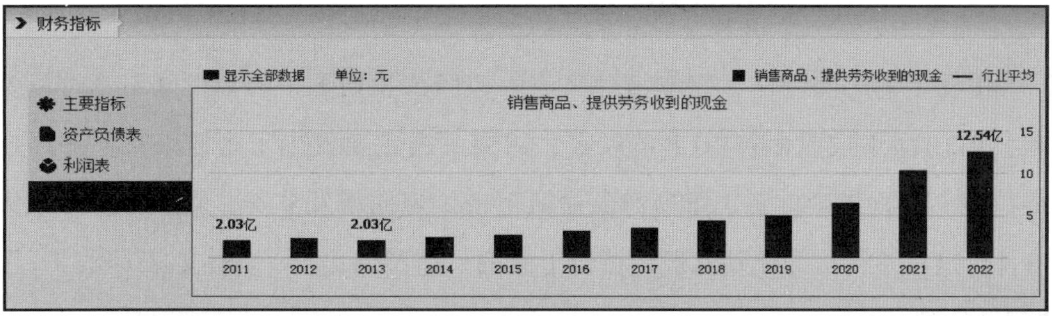

资料来源：上市公司财报数据。

图1-8-4　兴齐眼药现金流量表

2011—2022年公司净利润变化如图1-8-5所示。

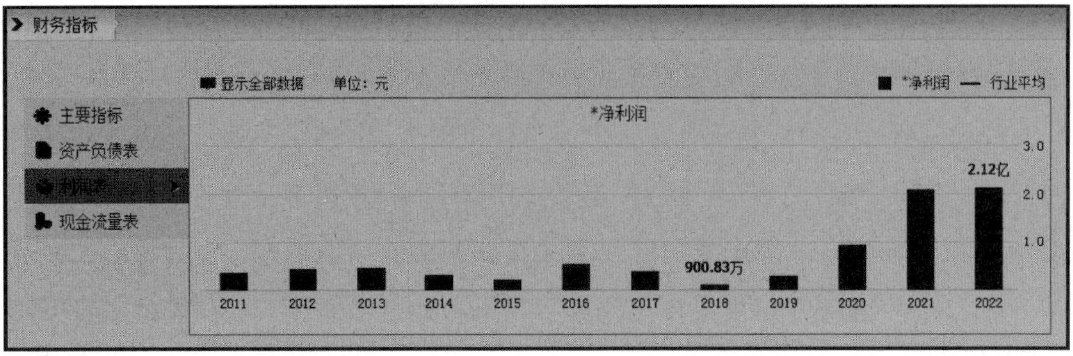

资料来源：上市公司财报数据。

图1-8-5　兴齐眼药利润表

2011—2022年公司资产负债表如图1-8-6所示。

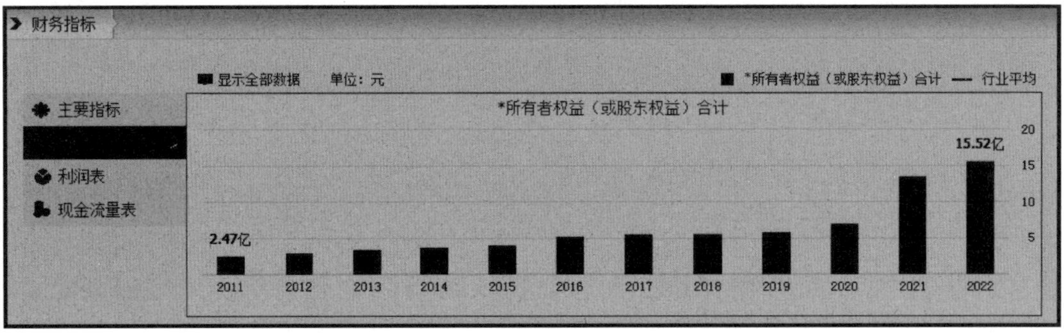

资料来源：上市公司财报数据。

图1-8-6　兴齐眼药资产负债表

（二）兴齐眼药重大事件节点

按发生的时间顺序，复盘梳理兴齐眼药股价长期走牛的主线脉络，可以发现，从2016年12月8日IPO上市以来，兴齐眼药主要发生了延伸眼科业务产业链、推出股权激励方案、重磅产品注册上市、定向增发募资、收购资产等重大事件。这些事件成为驱动其股价持续上涨的价值型催化剂，具体如表1-8-3、图1-8-7所列。

表1-8-3　兴齐眼药（300573）重大事件时间节点

序号	时间节点	重大事件	股价影响
1	2016年12月8日	兴齐眼药IPO上市，募集约1亿元资金用于生产基地建设，产能扩大一倍，有效提升市场供应能力	产品打开市场之后，兴齐眼药的一个重要任务就是规模化产能建设，这是企业成长阶段的重要特征之一，也为后续二级市场股价的长期走牛拉开序幕
2	2017年4月25日	延伸眼科业务产业链，在眼科医疗和眼科器械两个领域进行股权投资	股价处于调整趋势，而外延拓展有利于提升公司长期发展能力，提升公司核心竞争力；同时为后期股价的爆发积累上涨能量
3	2018年9月10日	推出股权激励方案，向公司董事、高级管理人员、中层管理人员及核心骨干人员共计49人，授予合计245万股，价格8.30元/股。业绩考核条件是2019年、2020年、2021年公司营收分别不低于5亿元、6亿元和7亿元	公司通过长效激励机制，吸引和留住优秀人才，充分调动董事、高管、中层管理人员和核心骨干员工的积极性，将股东利益、公司利益和个人利益结合在一起，推动公司的长远发展，如图1-8-7所示。此时，股价已进入筑底阶段
4	2018年10月29日	公司产品复方托吡卡胺滴眼液入选《国家基本药物目录（2018年版）》。同日，公司产品硫酸阿托品滴眼液获得国家药品监督管理局受理。硫酸阿托品滴眼液的临床适应证为：控制儿童近视进展。2018年中国儿童青少年总体近视率为53.6%，其中6岁儿童为14.5%，小学生为36%，初中生为71.6%，高中生高达81%	从驱动股价上涨的角度来看，推出重磅专利产品或公告创新药的关键性临床试验取得重大进展和成果，将对上市公司潜在销售收入产生积极预期，从而对股价形成正向催化效应。此时股价已经完成筑底，并初步呈现止跌回升的迹象
5	2019年4月8日到2020年6月29日	2019年4月8日，公司预告2019年一季度业绩扭亏为盈。同日，溶菌酶滴眼液（受理号：CXHS1300023 辽）注册申请在国家药品监督管理局网站的办理状态变更为“审批完毕-待制证”； 2019年4月11日，盐酸奥洛他定滴眼液（受理号：CYHS1500660 辽）注册申请在国家药品监督管理网站的办理状态变更为“审批完毕-待制证”； 2019年4月17日，溶菌酶滴眼液获得药品注册批件及新药证书； 2020年6月18日，新药伏立康唑滴眼液收到国家药品监督管理局下发的药品注册受理通知书； 2020年6月29日，曲伏前列素滴眼液收到国家药品监督管理局下发的药品注册受理通知书	上市公司业绩趋势出现重大拐点，极大提振投资者信心。与此同时，公司密集公告药品注册进展，获得国家药监局受理是商业化落地的重要里程碑事件，对未来公司营收增长带来良好预期，进一步强化投资者对业绩持续向好的信心。股价处于爆发启动阶段的敏感时间窗口
6	2020年9月8日	2020年9月8日，发布定向增发预案，募资项目包括单剂量生产线建设项目、研发中心建设及新药研发项目。其中，单剂量生产线建设项目可用于生产环孢素滴眼液等产品，适用中重度干眼病患者。研发中心建设及新药研发项目的推进，丰富公司产品结构，并提升新产品的研发效率。中国的干眼病发病率为21%~30%，显著高于美国等发达国家	通过定向增发募集资金，有利于加快研发进度，加大市场推广力度，有效提高产品市场竞争力。定向增发募集资金用于新项目研发及通过定向增发募集资金收购优质资产，是大牛股的关键基因特征之一，对股价形成正向催化作用。股价完成第一波主升浪后出现回调整理的特征
7	2021年9月30日	公司拟投资1.3亿元收购兴齐眼科医院33.2%的股权，收购完成后持有兴齐眼科医院100%股权。如图1-8-7所示	收购优质资产或收购股权，属于价值型催化剂，增加上市公司利润增加的良好预期，为第二波主升行情埋下了伏笔

资料来源：作者根据公开信息整理。

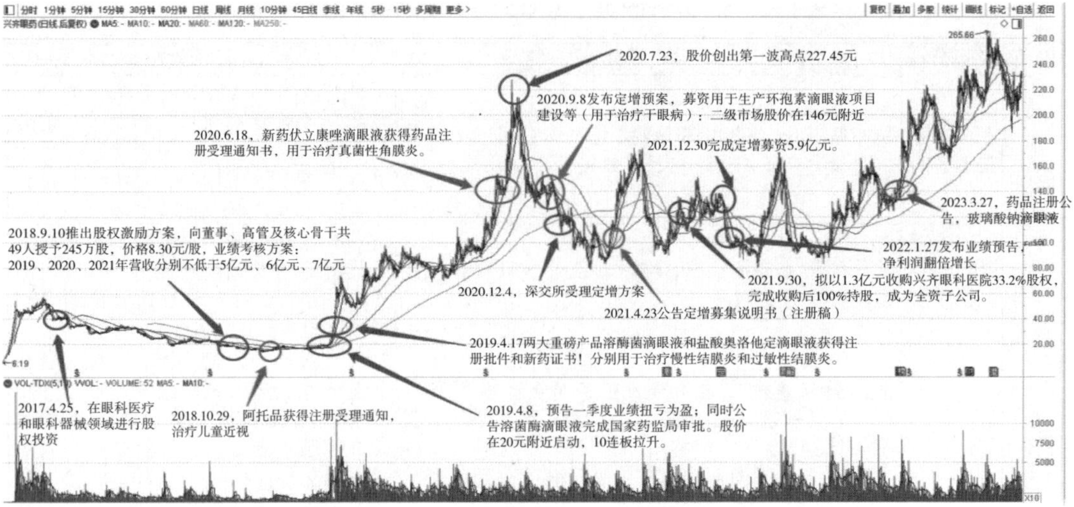

图1-8-7　兴齐眼药（300573）日K线图

（三）兴齐眼药（300573）基因特征总结（见图1-8-8）

特征一：受产业政策支持。	·国家鼓励类的发展行业，尤其是拥有自主知识产权的新药开发和生产、新型药物制剂技术开发与应用等。
特征二：行业市场空间大。	·我国眼科处方药物市场规模保持20%的复合增长率。 ·2019年美国眼科用药市场规模为150亿美元，而我国眼科用药市场仅为28亿美元（约合人民币196亿元）
特征三：公司成长初期规模不大，具备内生增长和外延扩张潜力。	·明确的收购兼并计划 ·上市首日总市值仅4.95亿元，目前总市值已增长至200亿元，增长近40倍。总股本从上市之初的8000万股，经过股权激励、股份转增和定向增发后，扩张到1.25亿股。
特征四：产品有竞争优势，且拥有专利技术的保护。	·医药企业可依照《中华人民共和国专利法》，将药品、制备工艺等申请专利，发明专利可以获得二十年的保护期，实用新型可以获得十年的保护期。
特征五：高效的管理团队，以股权激励实现利益绑定。	·股权激励业绩考核条件是2019年、2020年、2021年公司营收分别不低于5亿元、6亿元和7亿元。
特征六：持续创造现金流，健康的现金流支撑公司良性发展。	·公司销售商品与提供劳务收到的现金，经营活动产生的现金流金额保持稳步攀升的势头。

图1-8-8　兴齐眼药（300573）基因特征

二、中际旭创（300308）10年涨幅超27倍的基因特征

（一）中际旭创的基因特征

1.公司具有行业竞争优势，行业受政策支持

（1）IPO阶段——2016年9月30日。中际旭创作为国内电机绕组制造装备的领军企业之一，是国内最早从事电机绕组制造装备研发生产的厂家之一，是国内少数能为客户提供定子绕组制造系列成套装备的厂家之一，在国内电机绕组制造装备生产企业中，其研发能力、技术水平和生产规模均具有突出优势。产品主要应用于电机生产行业，特别是各类家用电器电机、工业用中小型电机、汽车电机等的电机定子绕组的大规模自动化生产。电机绕组是电机的核心部件，在电机各构成部件中，其制造难度最大，价值最高，被称为"电机心脏"。新能源汽车电机为电机绕组制造行业带来新的市场增量。公司于2009年开始接获深圳市比亚迪汽车有限公司的新能源汽车电机绕组制造装备订单，新能源汽车电机绕组制造装备成为公司新的利润增长点。

根据中国电器工业协会统计数据，2010年国内电机绕组制造装备的市场容量为18亿元，中际旭创2010年的营业收入为1.24 亿元，市场占有率为6.86%。作为国内唯一能为客户提供系列成套设备的厂家，中际旭创在国内电机绕组制造装备市场的占有率最高，也是全球电机绕组制造装备供应商中产品品种最齐全的厂家之一。

首次公开募股前，中际旭创已拥有自动叠厚调整装置、定子传送装置、自动完成定子顶出装置、分度转台升降旋转装置、定子嵌线动力装置等41项专利，其中5项专利为发明专利。

电机绕组制造装备行业属于典型的技术密集型行业。随着行业规模发展和技术进步，研发能力强、技术领先的企业竞争优势越来越突出、市场份额逐渐扩大，产业集中度不断提高。产业集中度的提高使得优势企业有足够的利润空间和更大的动力不断地进行前沿技术研究和新产品开发，有利于整个行业的发展和

壮大。

中国节能产业市场（包括节电、节油、节煤等产业）容量庞大。高效节能型电机及系统整体节能解决方案可以全面降低企业生产运营成本、降低局域微网的综合排碳量，高效节能型电机未来将在更大范围得到应用推广。国家相继出台了一系列鼓励政策，如《国家中长期科学和技术发展规划纲要（2006—2020年）》《节能中长期专项规划》《国务院关于加快振兴装备制造业的若干意见》《节能产品惠民工程高效电机推广实施细则》《装备制造业调整和振兴规划》《国务院关于加快培育和发展战略性新兴产业的决定》等，为电机行业提供了政策支持。在节能减排的大背景下，推广并使用高效节能型电机成为必然趋势。

（2）2016年9月30日收购苏州旭创后，中际旭创成为全球领先的数据中心光模块供应商，位于光模块第一梯队领先位置。公司集高端光通信收发模块的研发、设计、封装、测试和销售于一体，为云数据中心客户提供 100G、200G、400G和800G等高速光模块，为电信设备商客户提供5G前传、中传和回传光模块以及应用于骨干网和核心网传输光模块等高端整体解决方案。同时公司不断开拓光模块海内外市场，产品的市场占有率得到持续增长，在业内保持出货量和市场份额的领先优势。据 LightCounting① 发布的2021年全球光模块厂商排名数据显示，中际旭创与Ⅱ-Ⅵ②并列全球第一。

高速光通信模块是光通信领域的核心产品，是构建我国现代高速信息网络的基础设备之一，属于国家重点支持的高新技术产品，相关行业一直受到国家产业政策的大力扶持。

2.产品具有品牌、性价比优势，应用领域广泛

公司产品系列中有4项被列入国家重点新产品计划。公司研发生产的“高效节能电机用定子绕组高速自动生产线”获得2009年度“山东省首台（套）技术装备”称号，“中际牌嵌线机”和“中际牌绕线机”均获得“山东省名牌产品”称号，公司品牌被中国电器工业协会认定为中国电器工业最具影响力品牌。

---

① LightCounting 是一家专注于光通信市场的研究机构，提供关于光通信行业的专业分析报告。

② II-VI 是知名的激光与光电器件制造商。

与国外知名公司相比，中际旭创的产品质量和性能已接近国际先进水平，部分核心产品指标已经达到国际先进水平，但价格仅为国外产品的1/5～1/2，性价比优势显著，如表1-8-4所示。且产品综合毛利率较高（50%以上），呈现出良好的盈利能力。

表1-8-4　中际装备与国外主流电机绕组制造商产品对比

产品名称	中际装备的产品特点及价格对比	国外主要生产企业及产品特点
多槽型槽绝缘成型插入机	中际装备：采用机械传动、气动、变频调速系统由可编程控制器(PLC)综合控制，自动完成最多四种槽形的槽绝缘成形插入，生产节拍0.5秒/槽，价格仅为日本三工的1/4	日本三工：采用机械传动、气动、由可编程控制器(PLC)综合控制自动完成最多两种槽形的槽绝缘成形插入，生产节拍为0.7秒/槽，价格约为中际装备的4倍
立式绕线机	中际装备：采用交流伺服电机驱动，由高性能的运动控制器控制，自动完成绕线、沉模、线叉分度和工位转换，可连续高效地进行线圈绕制：采用人机界面触摸屏，便于修改各种参数，实现状态监控和自诊断功能;最高绕速2500rpm，价格仅为德国Elmotec Statomat的1/5	德国Elmotec Statomat：采用交流伺服电机驱动，由高性能的运动控制器控制，自动完成绕线、沉模、线叉分度和工位转换，可连续高效地进行线圈绕制，最高绕速3000rpm，价格约为中际装备的5倍
双工位定子嵌线机	中际装备：采用工业运动控制器综合控制，实现了双动力嵌线、槽楔制造、工位交换等双工位自动嵌线功能，采用人机界面触摸屏具有参数修改、故障显示、实时报警等功能。生产节拍13秒/扣，价格仅为韩国哉键的1/3	韩国哉键：编程控制器(PLC)综合控制实现了单动力嵌线、槽楔制造、工位交换等双工位自动嵌线功能，采用人机界面触摸屏具有参数修改、故障显示、实时报警等功能。生产节拍13秒/扣，价格为中际装备的3倍
定子端部整形机系列	中际装备：用液压、气动为动力驱动及电气综合控制对定子端部线圈的内孔、外圆、高度及槽内线圈按不同电机的制造要求进行整形。生产节拍12秒/扣，价格仅为德国Elmotec Statomat的1/5	德国Elmotec Statomat：用液压、气动为动力驱动及可编程控制器(PLC)对定子端部线圈的内孔、外圆、高度及槽内线圈按不同电机的制造要求进行整形生产节拍16秒/扣，价格约为中际装备的5倍
定子端部绑扎机系列	中际装备：采用高性能的运动控制器综合控制，完成定子端部自动绑扎动作，具备定子每槽绑扎、隔槽绑扎、起始位置多次绑扎等项绑扎功能，采用人机界面触摸屏具有参数修改、故障显示、实时报警等功能。生产节拍0.45秒/扣，价格仅为德国Elmotec Statomat的1/4	德国Elmotec Statomat：定子端部自动绑扎机性能先进，品质上乘，生产节拍0.4秒/扣，价格约为中际装备的4倍
定子绕组自动生产线	中际装备：自动完成一般及高效能电机定子铁芯上料、自动识别检测、印制标识、槽绝缘纸插入、多级多次线圈绕制、嵌线、整形、绑扎等全部工作，基本实现无人值守，价格约为德国Elmotec Statomat的1/4	德国Elmotec Statomat：自动完成一般及高效能电机定子铁芯上料、自动识别检测、印制标识、槽绝缘纸插入、多级多次线圈绕制、嵌线、整形、绑扎等全部工作，基本实现无人值守。性能稳定可靠，效率高。价格约为中际装备的4倍

资料来源：上市公司公告。

中际创旭是国内领先的电机绕组制造装备生产企业，其产品主要应用于微特电机和中小型电机绕组的生产，下游客户主要是国内各类电机生产企业。作为电气传动的基础部件，电机几乎遍布国民经济的各个行业，应用领域非常广阔，如图1-8-9所示。该公司所生产的电机绕组制造装备产品目前所服务的主要领域如下（着色部分）：

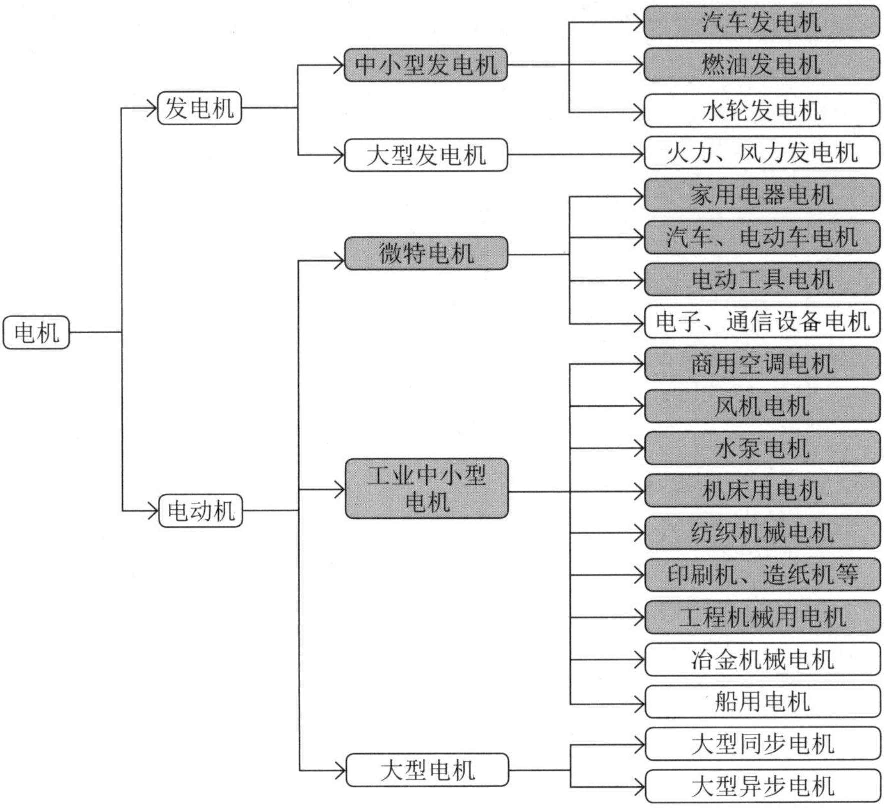

注：电机的应用领域非常广泛，上图只是对各种电机主要下游应用的列举，并不包括所有应用。另外，由于电机种类繁多，同一行业中所使用的电机中可能既包括微特电机，也包括中小型电机和大型电机，上图是对一些典型应用进行归类，不代表严格意义上的划分标准。

资料来源：上市公司招股说明书。

图1-8-9　中际旭创（300308）产品应用领域

3.公司研发实力雄厚，自主创新能力强，管理团队经验丰富

公司拥有一支优秀的专业研发团队，公司技术中心科技人员有58人，直接从事研发的人员有43人。其中，高级工程师12人，享受国务院政府特殊津贴的专家1人，公司核心技术人员多次荣获省部级以上科技奖项。公司董事长王伟修先生

为公司研发团队带头人，享受国务院政府特殊津贴，是山东省优秀专利发明者和中国机械制造工艺专家库高级专家。

公司拥有对行业认知深刻、知识结构互补的学习型高素质管理团队，团队成员拥有20年以上的电机绕组制造装备领域管理经验，管理团队具有强烈的创新意识和强大的创新能力，在深入研究行业发展规律、充分理解行业发展趋势的基础上锐意创新，在业内率先提出由“电机绕组制造装备提供商”逐步成为“电机绕组生产整体方案解决者”的发展战略并付诸实施。公司发展战略目标清晰，提出了上市三年内，国内市场占有率达到15%以上（上市前市场占有率为6.86%）的目标。

4.具有核心专利技术

中际旭创拥有具有创新特点的自主研发和生产制造体系，掌握了电机绕组领域核心技术。公司的核心技术均为自行研制和开发，公司拥有自主知识产权。首次公开募股前已拥有18项成熟的核心技术。

中际旭创创业团队以技术创新探索出电机绕组装备的国产化道路，始终将技术创新和工艺提升作为提升公司核心竞争力的关键。持续研发是公司保持领先优势的重要保障。

中际旭创与高校和科研院所密切合作，与山东省机械设计研究院、上海交通大学、清华大学电力电子与电机系统研究所、山东理工大学等建立了长期的“产学研”合作关系，利用各自的优势，共同研究开发拥有国际先进水平的新产品。

5.具备外延扩张潜力，公司有明确的收购及对外扩充计划

公司在招股说明书中明确提出，将根据发展战略，围绕自身核心业务，以增强公司中长期战略竞争能力为目的，积极寻求在主导产业上的稳步扩张，在时机、条件和对象等较为成熟的前提下采用兼并收购、资金投入、合作开发等多种形式扩张，丰富公司的产品结构，完善电机绕组制造装备行业的产业链，巩固公司电机绕组制造装备在国内的领先地位，提升公司整体竞争实力。

2016年9月29日，公司发布公告拟收购苏州旭创100%的股权，交易作价合计28亿元，占上市公司2015年经审计的合并财务会计报告期末净资产额的比例为

510.76%，且本次交易价格超过5000万元。根据《上市公司重大资产重组管理办法》中关于重大资产重组的确定标准，本次交易构成重大资产重组行为，并需通过中国证监会上市公司并购重组审核委员会审核。

6.股权激励与回购，凝心聚力促进公司长期发展

股权激励增强了核心团队的向心力。中际旭创在2017年和2020年分别开展了两次股权激励，旨在激励中层管理人员及核心技术(业务)骨干。截至2021年底，公司通过股权激励机制，共激励员工1000余人次。同时，公司启动股份回购计划，彰显发展信心。为了更好地促进公司业绩的长期健康持续发展，公司于2022年9月17日发布股票回购公告，拟以自有资金回购公司约750万股的股份，占公司总股本0.94%。股份回购充分展现了公司对于未来业绩发展持续向好的坚定信心。

（二）中际旭创（300308）重大事件时间节点

中际旭创的重大事件的时间节点，可以大致分为以下几个阶段，2012年3月23日IPO上市至2013年11月13日，大部分时间基本处于“破发”阶段。这个阶段股价几乎呈现震荡下行的态势（如图1-8-10），期间的主要事件就是与德国ELMOTEC STATOMAT进行战略合作和机构调研，具体如表1-8-5所示。

表1-8-5　中际旭创（300308）重大事件时间节点（一）

序号	时间节点	重大事件	股价影响
1	2012年4月10日	中际装备IPO创业板上市，发行1667万股，价格20元/股，发行后总股本6667万股	IPO上市后股价反复震荡走低
2	2013年3月19日	公司拟与德国ELMOTEC STATOMAT公司进行战略合作，通过领域内的新技术的使用、持续的技术支持等技术合作以及生产协作，实现协同效应	股价处于筑底阶段；与国际品牌企业开展战略合作，有利于开发全球市场，增强中长期竞争能力
3	2013年5月24日	2013年5月24日公司公告与德国ELMOTEC STATOMAT公司进行战略合作。签署《设备买卖合同》，突破装备技术瓶颈	股价基本围绕半年线附近震荡调整，整体处于底部蓄势整理阶段
4	2013年10月25日	接受机构现场参观调研	在2013年11月12日之前，股价经历长时间调整（20个月）下跌，并一度处于“破发”状态，最低跌至12.10元

资料来源：作者根据公开信息整理。

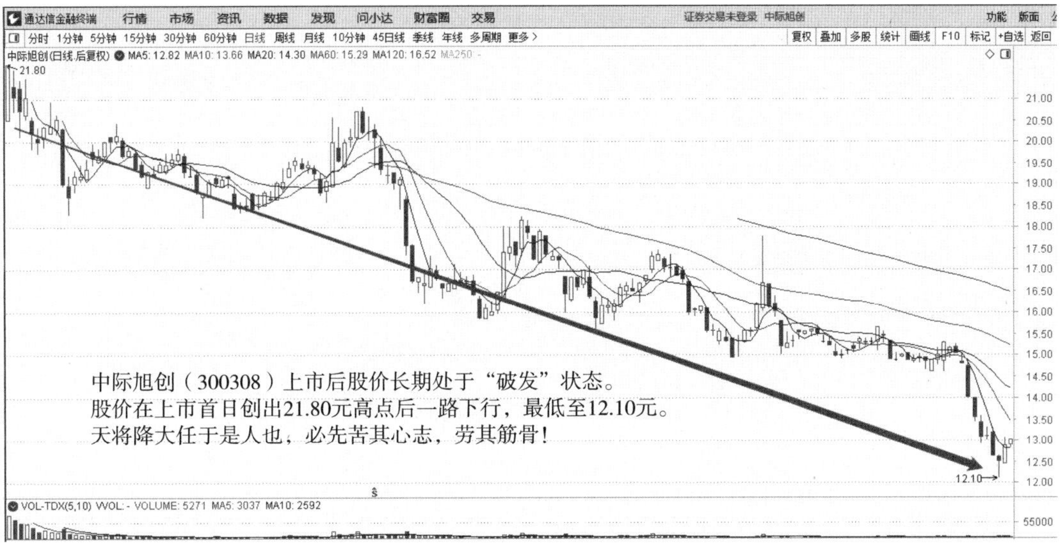

图1-8-10　中际旭创（300308）日K线图

在2014年11月10日至2015年7月9日，公司开始筹划重大事项，并推出员工持股计划、股权质押式回购交易以及关键少数股东多次购买公司股份和增持股份的事件，具体如表1-8-6所示，股价相应展开了一轮强势上涨行情，如图1-8-11所示。

表1-8-6　中际旭创（300308）重大事件时间节点（二）

序号	时间节点	重大事件	股价影响
1	2014年11月10日到16日	公司筹划重大事项停牌。停牌期间公司组织各方积极推进本次资产收购所涉及的各项工作	停牌，复牌一周后股价开始异动涨停
2	2015年2月12日	推出员工持股计划。发布《广发中际1号定向资产管理计划资产管理合同》，投资策略为：长期持有山东中际电工装备股份有限公司的股票，根据本合同约定进行管理，力争实现委托人资产的持续稳健增值	上市公司推出员工持股计划，有利于促进公司核心竞争力的提升，是十分关键的投资线索之一
3	2015年3月20日至4月19日	公司筹划重大事项停牌。2015年4月20日，发布《关于终止筹划重大事项暨复牌的公告》	从利益动机角度推测：终止筹划重大事项，原因可能是收购资产的资金还没到位，或者是相关方还没买到公司股票。此时，市场对于公司筹划重大事项的预期得到进一步发酵，股价稳步攀升。上述推测可以从2015年4月20日至2015年5月28日该公司与齐鲁证券、广发证券等相继签订《股票质押式回购交易协议书》办理质押融资的重要事件中得到验证

续表

序号	时间节点	重大事件	股价影响
4	2015年6月4日至7月9日	关键少数股东多次购买股份和增持股份。包括第一期员工持股计划“广发中际1号定向资产管理计划”于2015年5月27日至2015年6月3日通过二级市场集中竞价的方式累计购买公司股票合计353,810股,成交金额8,084,558.5元，交易均价为22.85元/股。 2015年7月8日，实控人王伟修的儿子王晓东先生通过深圳证券交易所交易系统以集中竞价的方式增持公司股份385,000股，占公司总股本的0.18%，增持均价为11.93元。 2015年7月9日至2016年1月9日，曹国熊先生通过深圳证券交易所交易系统以集中竞价方式增持公司股份，累计增持金额不超过10,000万元且不低于1,000万元	从投资线索角度看，上市公司重要股东增持公司股份的行为可以视作公司股价被低估或前景向好的“晴雨表”，是少数知情人对公司未来发展充满信心的重要标志。此时股价受系统风险拖累，经历快速下跌后逐步企稳

资料来源：作者根据公开信息整理。

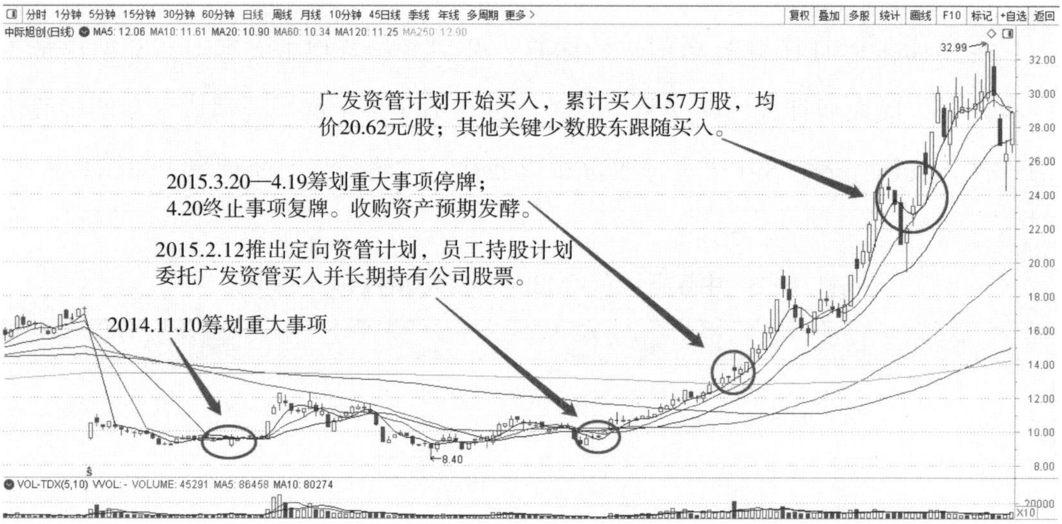

图1-8-11　中际旭创（300308）日K线图

2016年3月11日至2016年9月30日，公司停牌长达半年之久，拟发行股份购买苏州旭创100%股权，交易对价为28亿元，如表1-8-7所示。

表1-8-7　中际旭创（300308）重大事件时间节点（三）

序号	时间节点	重大事件	股价影响
1	2016年3月11日至2016年9月29日	公司持续停牌筹划重大事项，拟发行股份购买资产。2016年9月9日，公告拟投资28亿元购买苏州旭创100%股权，主营业务新增光模块设备制造	停牌时间长达半年之久

续表

序号	时间节点	重大事件	股价影响
2	2016年9月30日	公告发行股份购买资产修订案，发行价格为13.55元/股，配套资金总额不超过5亿元。股价复牌	2016年9月30日复牌，8连板一路冲高，从停牌前的12.36元快速飙升至31.36元。此后股价反复震荡上攻，最高上涨至2018年4月17日的82元，涨幅高达563.43%。公司实现了第一次质的飞跃，如图1-8-12所示

资料来源：作者根据公开信息整理。

2017年8月21日至2020年11月16日，公司两次推出股权激励计划和员工持股方案，同期出现了董事长及总裁增持股份、收购储翰科技67.19%的股权等重磅事件，如表1-8-8、表1-8-9图1-8-12所示。

表1-8-8　中际旭创（300308）重大事件时间节点（四）

序号	时间节点	重大事件	股价影响
1	2017年8月21日	推出第一期（2017—2021年）股权激励计划考核指标管理办法，2017年、2018年、2019年、2020年净利润分别不低于1.19亿元、3.07亿元、3.53亿元、4.06亿元。激励对象包括董事、高管、中层管理人员、核心技术骨干，共计359人	加速股价上涨，进入主升阶段
2	2018年9月10日	发布关于董事长及总裁增持股份的公告。王伟修先生及刘圣先生计划自2018年9月11日起6个月内（2018年9月11日至2019年3月10日），择机增持公司股份，每人累计增持金额不低于人民币3,000万元，且不超过8,000万元	股价经过一轮回调后进入阶段性低位
3	2019年6月6日	推出第二期员工持股计划草案。同时公告回购股份方案，回购资金总额不低于人民币7,500万元（含）且不超过人民币15,000万元（含）。回购价格不超过人民币48.92元/股（含）	当时二级市场股价为30.92元左右，处于阶段性低位
4	2020年2月14日	签署股权收购框架协议。公司拟以3.84亿元现金购买储翰科技67.19%的股权，交易完成后，储翰科技将成为公司的控股子公司，纳入公司合并范围	股价进入阶段性冲顶阶段
5	2020年11月16日	推出第二期（2021—2024年）股权激励计划考核管理办法，业绩考核指标为2021年、2022年、2023年、2024年净利润分别不低于8.85亿元、10.27亿元、11.81亿元、12.99亿元，股权激励对象名单共计149人	股价进入区间震荡阶段

资料来源：作者根据公开信息整理。

表1-8-9　中际旭创（300308）股权激励考核办法

归属期	业绩考核指标	归属比例
首次授予限制性股票第一个归属期	2021年度净利润不低于8.85亿元	15%
首次授予限制性股票第二个归属期/预留限制性股票第一个归属期	2022年度净利润不低于10.27亿元	20%/25%
首次授予限制性股票第三个归属期/预留限制性股票第二个归属期	2023年度净利润不低于11.81亿元	30%/35%
首次授予限制性股票第四个归属期/预留限制性股票第三个归属期	2024年度净利润不低于12.99亿元	35%/140%

资料来源：上市公司公告。

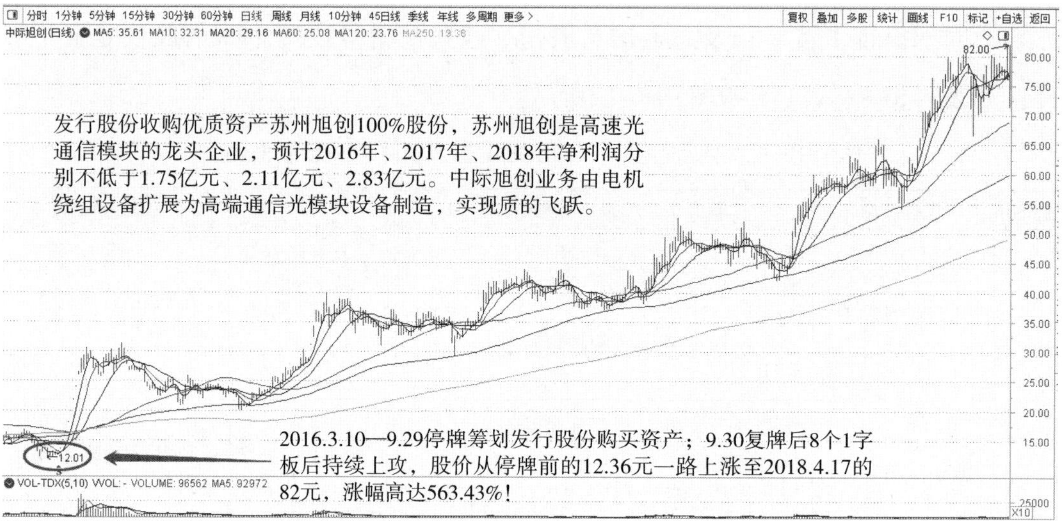

图1-8-12　中际旭创（300308）日K线图

2021年3月25日至2024年1月27日，中际旭创股价走势呈现先抑后扬的特征，期间公司推出核心员工增持股份的计划、定向增发募资、两次发布回购股份计划以及推行第三期员工持股计划等，在光模块风口的推动下，股价涨幅令人惊叹，如图1-8-13所示。

表1-8-10　中际旭创（300308）重大事件时间节点（五）

序号	时间节点	重大事件	股价影响
1	2021年3月25日	公告部分核心员工增持公司股份的计划。基于对公司股票长期投资价值的信心，部分核心员工自2021年3月25日至2021年9月24日以集中竞价交易的方式增持公司股份，合计增持金额为11,400万元～18,100万元	股价处于下跌阶段，增持股份有利于提振投资信心

续表

序号	时间节点	重大事件	股价影响
2	2021年5月8日	发布2021年度向特定对象发行A股预案。发行不超过2.1亿股，募集资金不超过27.77亿元，募集的资金主要用于苏州旭创光模块业务总部暨研发中心建设项目、苏州旭创高端光模块生产基地项目、铜陵旭创高端光模块生产基地项目、成都储翰生产基地技术改造项目和补充流动资金及偿还银行贷款项目	促进股价见底回升
3	2022年4月7日至2022年9月17日	公司两次发布回购报告书，用于实施股权激励计划或员工持股计划。2022年4月7日，公告回购股份资金总额不低于人民币10,000万元（含）且不超过人民币20,000万元（含），回购股份价格不超过人民币45.00元/股（含）。 2022年9月17日，公司再次发布回购报告书。回购股份资金总额不低于人民币15,000万元（含）且不超过人民币30,000 万元（含），回购股份价格不超过人民币40.00元/股	上市公司回购股份是重要的投资线索，是上市公司实力的一种体现，而回购股票用于股权激励，则更彰显了上市公司对自身价值和潜力的认可。此时公司股价处于相对低位
4	2022年12月29日	公告第三期员工持股计划（草案）	新一轮行情启动的重要时间窗口
5	2023年4月24日	公告未来三年（2023—2025年）股东回报规划。每年现金分红不少于当年实现的可分配利润的10%，且任意三个会计年度内，公司以现金方式累计分配的利润不少于该三年实现的年均可分配利润的30%	股价进入新一轮拉升阶段
6	2024年1月27日	发布业绩预告，预计盈利20～23亿元	业绩增长是股价上涨的根本动力，公司预告盈利，进一步提振了持股信心。上市公司的业绩确定性增长或超预期增长是驱动股价上涨的价值型催化剂

资料来源：作者根据公开信息整理。

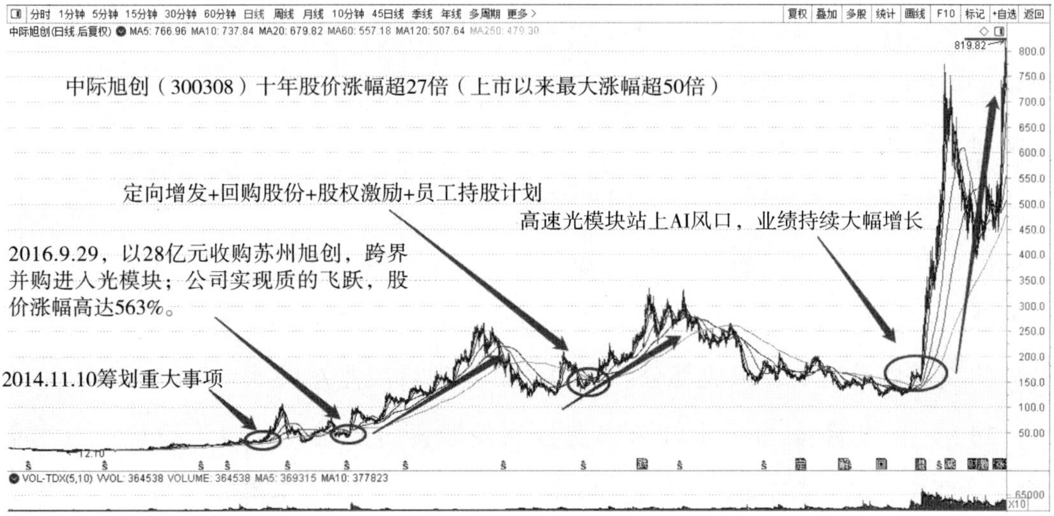

图1-8-13　中际旭创（300308）日K线图

回顾中际旭创的二级市场，在开展定向增发、回购股份、实施股权激励方案和员工持股计划等一系列资本运作的同时，叠加高速光模块站上AI风口，股价在十年间涨幅超27倍，而上市以来累计最大涨幅更是高达50倍，如图1-8-13所示。

三、万丰奥威（002085）3个月涨幅超260%的基因特征

万丰奥威3个月涨幅超260%的复盘总结如图1-8-14所示。

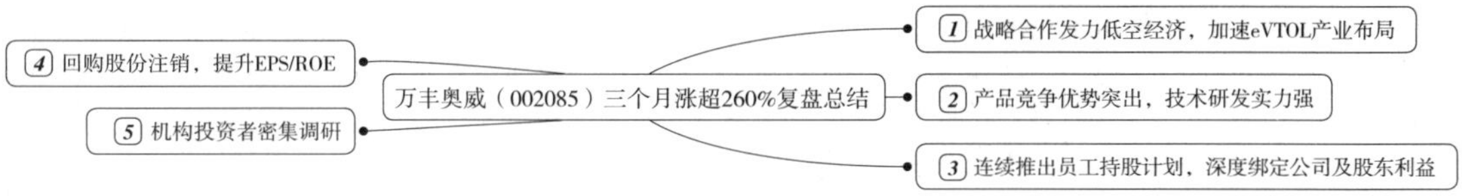

图1-8-14　万丰奥威（002085）复盘总结

（一）万丰奥威的基因特征分析

1.战略合作发力低空经济新质生产力

公司战略目标清晰。在通航产业方面，公司在推动全球适航认证、积极拓展全球市场的同时，推进飞机研究院建设，搭建全球工程技术资源共享平台，加强飞机设计研发技术路线图和飞机零部件国产化技术路线图建设，实现核心技术和关键技术有计划、有步骤地突破，并加快推进电动垂直起降飞行器（eVTOL）、电动发动机等项目的研发，抓住低空经济发展新机遇，持续推进 eVTOL 合作项目快速落地并实现商业化。

全球对于低空领域的开发应用正在加速推进。作为中国战略性新兴产业，低空经济正在成为经济发展新动能。电动垂直起降飞行器作为低空领域重要载体，在安全性、智能化、经济性和环保性等方面具备显著优势，是未来城市、城际综合立体交通体系的重要组成部分，将引领低空领域产业发展。

2024 年 2 月 4 日，浙江万丰奥威汽轮股份有限公司（以下简称“万丰奥威”）的子公司万丰飞机工业有限公司（以下简称“万丰飞机”）与战略合作方

签署了《关于成立合资公司的谅解备忘录》，双方通过战略合作拟共同成立合资公司，将在eVTOL领域开展深度合作。合资公司的经营范围为 eVTOL 研发、适航认证、产品销售、拓展产品在海外市场的商业潜力。双方在 eVTOL 原型机开发、电池系统、工业设计、航空工程、模具及工装制造、供应链及大规模量产、航空适航认证、品牌力和B2C、B2B 销售及售后网络资源等领域深度合作，并为合资公司提供支持。此次战略合作是基于双方多年的深度合作，并具备排他性。此次合作有助于双方在 eVTOL 领域的技术、供应链、渠道、品牌等多维度形成优势互补，有助于促进 eVTOL 产业在全球范围内的加速发展，有助于公司在 eVTOL 领域持续推进，力争将 eVTOL 业务打造成公司全新的业务增长点。

万丰飞机在低空领域通航整机设计研发、发动机制造、新材料开发应用和整机先进制造方面具备全球领先优势，致力于成为通用飞机创新制造企业的全球领跑者，公司战略布局eVTOL领域多年，积累了丰富的经验。公司及时签署电动垂直起降飞行器领域的战略合作，有助于充分利用双方在eVTOL领域的航空技术、供应链、整机设计制造和市场渠道等优势，形成优势互补、互利共赢、共同发展的战略合作伙伴关系。

2.产品竞争优势和技术研发优势突出

万丰奥威积极把握汽车市场尤其是新能源汽车市场的行业发展红利，聚焦铝镁合金轻量化业务，充分发挥轻量化技术应用优势，卡位新能源赛道，抓住传统汽车向新能源汽车转型的机遇，与主流新能源车企开展战略合作，持续优化客户结构，新能源汽车配套能力不断提升。公司作为轻量化铝镁合金新材料深加工业务全球领导者，年产能1800多万套，在产品仿真设计、模具设计以及产品压铸等方面具备较强的竞争优势，同时公司产品储备丰富，并能够完成大型一体化镁合金压铸件的设计与制造，主要产品涉及动力总成、前端载体、仪表盘支架、后掀背门内板、侧门内板等汽车部件。依托海外先进的技术，逐步将铝镁合金新材料引进国内实现商业化落地，并力争从客户与产品两个维度实现国内新能源主机厂的开拓。

万丰奥威的轻量化铝镁合金产品年产能 4200 多万套，致力于汽车、摩托车高端铝合金车轮的研发、制造、销售及售后服务，实现细分行业全球领跑。在国内汽车市场竞争加剧的大环境下，公司凭借灵活的机制持续优化客户结构、提升经营效益，并积极推进新工艺在汽车铝合金轮毂领域的应用，力争在国内汽车消费升级的趋势下，通过新工艺、新产品的创新提升单车配套价值量。摩托车铝合金车轮系列产品持续构建以中国市场为基础，印度市场为核心，不断拓展日本、东南亚、欧美市场，通过智慧化工厂的改造升级，业务逐步实现制造升级。

万丰奥威拥有加拿大轻量化镁合金全球研发中心，奥地利、加拿大、捷克三大钻石飞机设计研发中心，为国际标准、国家标准、行业标准的起草修订单位。在镁合金高性能低压铸造技术、镁合金材料-结构工艺一体化设计、镁合金大型薄壁件高压铸造成型、碳纤维全机身成型等方面具备多项核心技术。万丰钻石飞机建立了成熟的飞机研发设计管理体系，是欧洲为数不多的欧洲民航局（EASA）批准的飞机设计组织（DOA），储备了大量的通用航空研发设计人才，在全球拥有大量通用飞机研发与设计技术储备，拥有强大的以飞机整机、航空发动机、复合材料为特色的通用飞机研发与制造能力，并积极推进纯电动、eVTOL、无人驾驶飞机的设计研发。

3.推出员工持股计划，深度绑定公司利益

2023年9月27日，万丰奥威推出2023年员工持股计划，如表1-8-11所示，主要对象是对公司整体业绩和中长期发展具有重要作用、对公司持续发展有直接影响的公司董事（不含独立董事）、监事、高级管理人员、核心管理人员及核心业务骨干。参加本次员工持股计划的员工总数不超过90人，包括董事、监事、高管等14人。本次员工持股计划受让公司回购专用账户所持有的股份，受让价格2.76元/股。员工持股计划的实施，能够有效增强公司管理团队、公司核心骨干人员及重要骨干员工对公司成长发展的责任感和使命感，有效留住优秀管理人才，提高公司的核心竞争力。

表1-8-11　万丰奥威（002085）员工持股计划考核内容

考核年份	净利润(A)	
	目标值(Am)	触发值(An)
2023	以2022年净利润为基数，2023年净利润增长率不低于15%	以2022年净利润为基数，2023年净利润增长率不低于10%
2024	以2022年净利润为基数，2024年净利润增长率不低于30%	以2022年净利润为基数，2024年净利润增长率不低于20%
2025	以2022年净利润为基数，2025年净利润增长率不低于40%	以2022年净利润为基数，2025年净利润增长率不低于30%

注：①上述“净利润”以公司经审计后的归属于上市公司股东的扣除非经常性损益的净利润，并剔除公司商誉减值损失、全部在有效期内股权激励计划或员工持股计划在当年所产生的股份支付费用的影响后作为计算依据。

②以本计划草案公告日为节点，员工持股计划有效期内，若未来子公司出现转让、退出情形，则应剔除该子公司当年度对公司合并报表的影响，基数年2022年的基数值作同步剔除和调整。

资料来源：上市公司公告。

2023年11月29日，万丰奥威发布第二期员工持股计划，如表1-8-12所示。激励员工总人数不超过208人，包括中层管理人员及核心业务骨干，上述人员对公司整体业绩和中长期发展具有重要作用、对公司的持续发展有直接影响，对保障公司战略执行、提升市场竞争力和未来业绩成长有直接且重要的影响。有效实施员工持股计划，可以真正提升员工的积极性，并将员工和公司、股东的利益进行绑定，推动公司整体目标的实现。

表1-8-12　万丰奥威（002085）员工持股计划考核内容

考核年份	净利润(A)	
	目标值(Am)	触发值(An)
2024	以2022年净利润为基数，2024年净利润增长率不低于30%	以2022年净利润为基数，2024年净利润增长率不低于20%
2025	以2022年净利润为基数，2025年净利润增长率不低于40%	以2022年净利润为基数，2025年净利润增长率不低于30%
2026	以2022年净利润为基数，2026年净利润增长率不低于50%	以2022年净利润为基数，2026年净利润增长率不低于40%

注：①上述“净利润”以公司经审计后的归属于上市公司股东的扣除非经常性损益的净利润，并剔除公司商誉减值损失、全部在有效期内股权激励计划或员工持股计划在当年所产生的股份支付费用的影响后作为计算依据。

②以本计划草案公告日为节点，员工持股计划有效期内，若未来子公司出现转让、退出情形，则应剔除该子公司当年度对公司合并报表的影响，基数年2022年的基数值作同步剔除和调整。

资料来源：上市公司公告。

4.回购股份注销减少注册资本

上市公司回购股份是其成为牛股的重要线索。通常来说，彰显信心、提振股价是上市公司回购股份的重要原因，通过回购股份释放出的积极信号传递至二级市场，对股价带来正面影响，如图1-8-15所示。

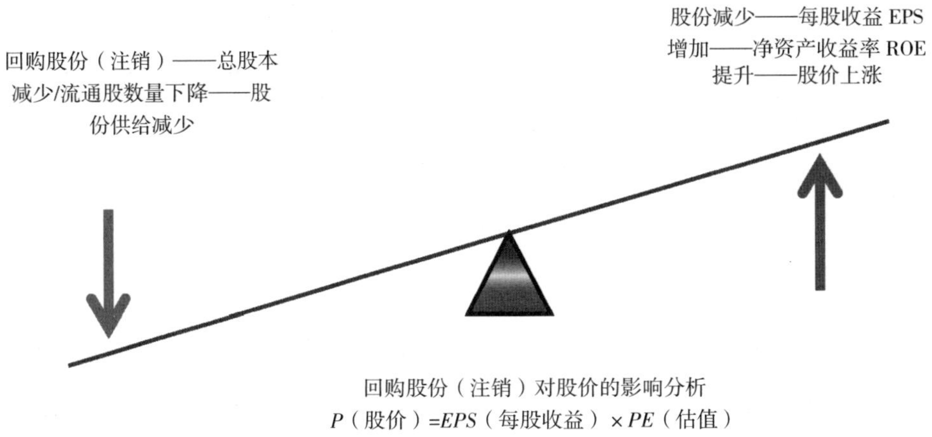

图1-8-15　回购股份对股价影响分析

上市公司回购股份的主要目的包括：①减少公司注册资本；②实施员工持股计划或股权激励；③维护公司价值及股东权益；④将股份用于转换上市公司发行的可转换为股票的公司债券等。

万丰奥威董事会于 2023 年 11 月 28 日召开第八届董事会第五次会议，审议通过了《关于注销部分回购股份并减少注册资本的议案》，同意公司对回购专用证券账户中的部分股份18,269,908 股（即回购的部分库存股）予以注销，并相应减少公司注册资本。本次部分回购股份注销完成后，公司总股本将由2,141,567,428 股减少至2,123,297,520 股。

5.机构投资者密集调研

从2023年10月12日到2024年3月20日，公司密集接待了来开展调研活动的机构投资者。

机构调研活动是机构投资者与上市公司直接进行互动交流、获取公司信息的重要手段。公募基金、券商、私募、海外机构、QFII（合格的境外机构投资者）

等机构在一年当中都会安排走访众多上市公司，主要是了解上市公司的最新经营状况、投资项目进展等，作为投资布局的重要参考依据。据不完全统计，机构扎堆调研的上市公司跑赢大盘的概率较高。

作为普通投资者，可以通过机构调研信息和投资者互动平台的信息挖掘分析，增加对上市公司的了解。值得提醒的是，如果一家上市公司频繁受到机构投资者调研，可以作为价值发现的重要投资线索之一。

（二）万丰奥威（002085）重要事件时间节点

梳理万丰奥威股价走强的重要事件时间节点可以发现，2023年9月27日至2024年3月20日，发生了包括上市公司连续推出两期员工持股计划、券商和基金等机构投资者密集调研，以及与全球知名公司在低空经济领域签署排他性的战略合作等在内的重磅事件，如表1-8-13所示，这些事件成为股价强劲拉升的重要线索和催化剂，造就了短短五个月时间股价涨幅超过260%的低空经济龙头股之一，具体股价走势如图1-8-16所示。

表1-8-13　万丰奥威（002085）重大事件时间节点

序号	时间节点	重大事件	股价影响
1	2023年9月27日	推出2023年员工持股计划，主要对象是公司董事（不含独立董事）、监事、高管、核心管理人员及核心业务骨干。参加本次员工持股计划的员工总数不超过90人，包括董事、监事、高管等14人。本次员工持股计划受让公司回购专用账户所持有的股份，受让价格2.76元/股	员工持股计划的实施，能够有效增强公司管理团队、公司核心骨干人员及重要骨干员工对公司成长发展的责任感和使命感，有效留住优秀管理人才，提高公司核心竞争力。此时股价处于调整蓄势阶段
2	2023年10月12日	接受券商、基金等机构投资者调研。在垂直起降飞行器方面，公司eVTOL项目已联动海外钻石技术开发团队，在绿色、智能、垂直起降等方面有清晰的发展路线图	机构通过调研给公司贴上了“低空经济”的标签，股价开始异动
3	2023年10月25日	接受券商、公募、私募等特定机构投资者调研，调研对象包括华夏基金、资金财产保险、浙商证券、华泰证券、东北证券等	股价处于底部蓄势阶段，机构密集调研是重要投资线索之一
4	2023年11月29日	发布第二期员工持股计划，激励对象不超过208人	有效实施员工持股计划，可以真正提升员工的积极性，并将员工和公司、股东的利益绑定，推动公司整体目标的实现。此时，股价进入拉升启动前的筑底阶段

续表

序号	时间节点	重大事件	股价影响
5	2024年1月15日	接受中信证券、德邦证券、金元顺安、银叶投资、华泰证券、天治基金等机构投资者现场调研	股价放量涨停异动
6	2024年1月31日	2024年1月31日，接受机构投资者现场调研。钻石eVTOL项目已有清晰的技术发展路线，将是公司新的发展方向和增长点。后续公司将根据市场需求逐步实现eVTOL项目的商业化落地，针对城市空间内、城郊及城际的空中运输等场景	股价出现“假破位”，拉升前的最后洗盘
7	2024年2月4日	子公司万丰飞机与全球某知名主机厂在中国设立的总公司签署了《关于成立合资公司的谅解备忘录》，双方拟在eVTOL原型机开发、电池系统、工业设计、航空工程、模具及工装制造、供应链及大规模量产、航空适航认证、品牌力和B2C/B2B销售和售后网络资源等领域深度合作并为合资公司提供支持	此次排他性的战略性合作有助于双方在eVTOL领域就技术、供应链、渠道、品牌等多维度形成优势互补，有助于促进eVTOL产业在全球范围内的加速发展，打造形成公司全新业务增长点。股价正式进入主升阶段
8	2024年2月20日到3月20日期间	密集接受机构投资者调研。其中，2024年2月20日，公司接受58家机构投资者调研。2024年2月28日，公司接受38家机构投资者调研。2024年3月7日，公司接受17家机构投资者现场调研。2024年3月11日，公司接受机构投资者现场调研和电话调研。2024年3月20日，公司接受机构投资者现场调研	机构的密集调研行为，通常被视为洞察上市公司价值及行业景气度的“风向标”，可以作为重要投资线索之一。机构投资者在准备建仓布局一些行业或个股前，往往会提前做细致的实地调研，通过调研来核实一些关键信息，从而筛选并确定真正有潜力的行业或公司

资料来源：作者根据公开信息整理。

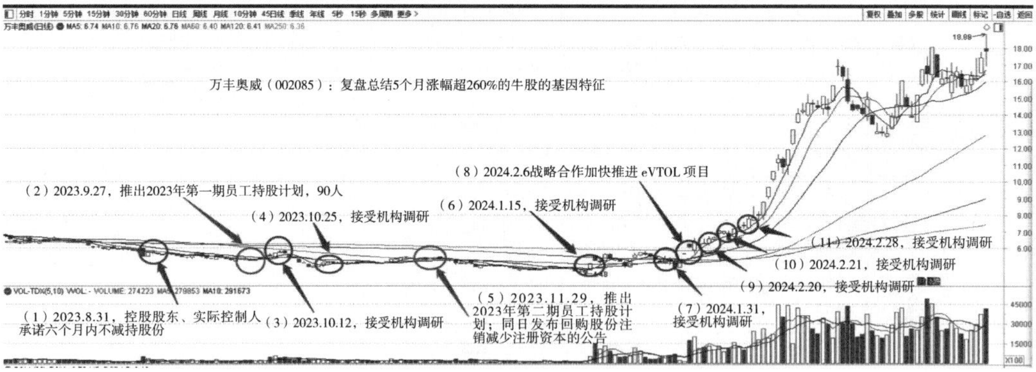

图1-8-16　万丰奥威（002085）日K线图

（三）万丰奥威（002085）的基因特征总结

万丰奥威（002085）的基因特征如图1-8-17所示。

特征一	· 战略合作发力低空经济新质生产力。加速eVTOL产业布局和商业化落地
特征二	· 产品竞争优势和技术研发优势突出，卡位新能源汽车轻量化赛道和低空经济eVTOL研发，储备大量的通用航空研发设计人才
特征三	· 推出员工持股计划，使员工深度绑定公司利益，有效推动公司战略目标实现
特征四	· 回购股份注销减少注册资本，减少流通股本，提升每股收益和净资产收益率
特征五	· 机构投资者密集调研

图1-8-17　万丰奥威（002085）基因特征分析

CHAPTER 第九章 解锁好股票启动前的关键线索

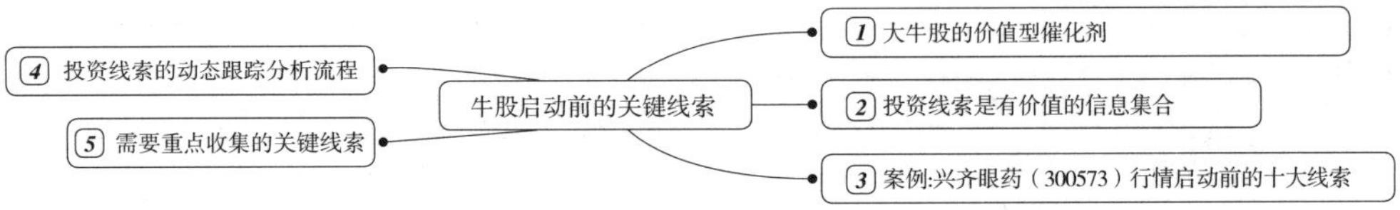

图1-9-1 牛股启动前的关键线索

牛股启动前的关键线索如图1-9-1所示。

（一）大牛股的价值型催化剂

经验是我们面对投资不确定性的最好导师，通过复盘投资实践，可以全面还原经典牛股的演绎轨迹和成败得失，从而帮助我们作出投资决策。我们在作出投资决策时，可以代入当前的情景特征，并与历史经典案例进行类比分析，从而获得启迪。

在前面的章节中，笔者总结了本杰明·格雷厄姆的价值型股票选择标准、菲利普·A.费舍的成长性股票特征、彼得·林奇的快速成长性股票的选股准则以及沃伦·巴菲特的选股原则，同时归纳了国内知名投资机构筛选大牛股的八大基因特征。

此外，笔者从驱动股价上涨的底层逻辑归纳了股价上涨的八大催化剂，包括并购重组或收购优质资产、引入战略投资者、股份回购、重要股东增持、业绩超预期增长、签订重大合同、推出重磅产品或产品研发取得重大里程碑进展以及国家重大政策的出台等。

从化学角度看，催化剂是能够加快化学反应速度的物质，这种催化剂被称为现代化工的“芯片”，催化剂的作用是提高化学反应效率，促进规模化生产。从投资的角度看，催化剂的作用是加速股价上涨或加快能够推动公司价值提升的事件进展，这种催化剂既可能引起股价在短期内快速上涨，也可能长期有效提升上市公司的质量，其成果最终通过自由现金流和净利润的增长，即通过上市公司的业绩增长体现出来。从广义的角度看，笔者把影响股价涨跌的各种因素统称为“催化剂”，如图1-9-2所示。

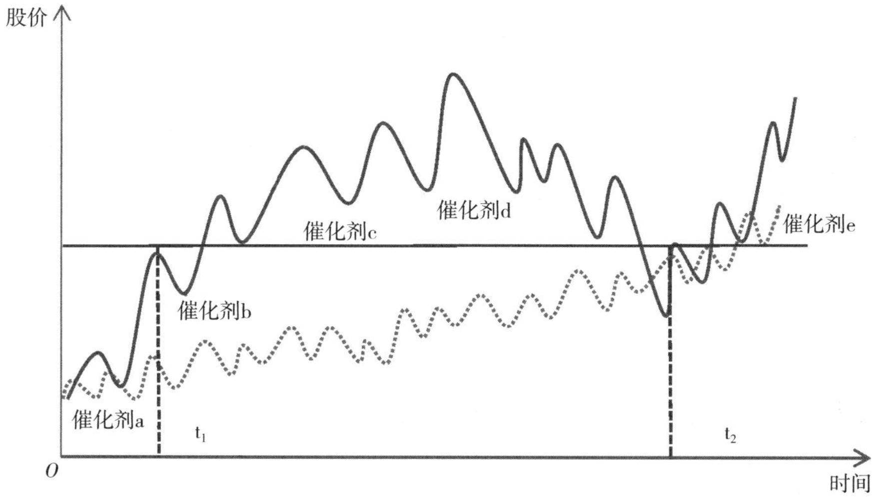

图1-9-2　股价的催化剂效应

从影响股价涨跌程度和作用时间长短角度可以进一步把催化剂因素分为价值型催化剂（长期影响）和价格型催化剂（短期影响），如表1-9-1所示。比如，围绕产业链上下游的并购重组作为外延式增长的重要手段，是企业发展壮大、快速成长的必经之路，能实现全产业链布局和“1+1 > 2”的协同效应，大幅提升企业的竞争实力，这种可以归类为价值型催化剂。又比如，仅仅由某个传闻，或者盘面资金的阶段性炒作引起的股价上涨，对公司价值本身并没有实质性的影响，这种就属于短期的价格型催化剂。无论价值型催化剂还是价格型催化剂，其作为影响股价涨跌的因素，往往被淹没在海量信息中。

表1-9-1 价值型催化剂与价格型催化剂

价值型催化剂（长期影响）	价格型催化剂（短期影响）
·并购重组或收购优质资产、借壳上市 ·引入战略投资者或与全球巨头、国家级基金展开合作 ·股份回购 ·重要股东增持 ·业绩超预期增长 ·签订重大合同 ·推出重磅产品或产品研发取得重大进展 ·国家出台重大政策 ·股权转让 ·重要管理层变更 ·股权激励 ·其他	·市场传闻或小道消息 ·市场风格轮动 ·短期资金炒作与资金流向 ·K线形态特征 ·技术指标异动信号 ·题材故事 ·短期事件比如行业会议、展览等 ·其他

在信息化时代，如何高效快速地在海量信息中识别真正有价值的信息并摒弃噪音同时挖掘出大牛股，对于每一个投资者来说都是至关重要的。如果方法得当，能对海量信息快速筛查、识别，通过搭建规则体系及时掌握牛股的线索，无疑就在信息差方面占据了绝对优势。

（二）投资线索是有价值的信息集合

什么是线索？所谓线索，是代表事物发展脉络及事物属性的一种信号，这种信号会通过影响个体的感知进而对其对事物的判断决策产生影响。线索可以理解为信息的集合。我们可以先把某个事件想象成一个毛线球，里面的毛线纵横交错，错综复杂，想直接知道这个毛线球的内部结构、毛线走向、缠绕方式是很难的，如图1-9-3所示。那么，通过什么方式才能描述清楚一个毛线球呢？我们可以从毛线球最外侧的线头开始。而这个线头，就可以理解为事件的线索。

图1-9-3 解析毛线球的内部结构

依据线索进行抽丝剥茧，对事件本质的认识就会越来越清晰。而线索分析，就是从事件的某一个侧面或某个点入手，尽可能地选择完整的侧面来对这个事件进行周期性、系统性的梳理分析，得出结果后，再依据某个规则，判断当前事件处于什么阶段。从投资角度而言，在日常收集整理线索的同时，将这些碎片化的信息进行串联，持续对关键线索进行动态跟踪并深入研究，大概率能够直面真相，发现重要线索。

资本市场普遍存在信息不对称现象，参考Cox D. F.在1962年提出的线索效用理论，投资者可以根据一系列线索进行综合分析，作为针对投资标的作出决策的重要依据，以此来降低决策过程的不确定性。线索效应理论根据线索感知价值，把线索分为预测价值和信心价值，预测价值代表了这个线索与标的质量的关联程度，而信心价值则反映了投资者对其作出高质量判断能力的信心。

从投资实战角度来看，线索就是大牛股的成长脉络和重要路标。找到牛股的关键线索后，按图索骥，再结合大牛股的基因特征和股价涨跌的催化剂进行对比分析，从而对上市公司市值管理（包括价值创造和价值实现手段）路径进行时空“连线”，最后综合分析关键少数股东行为比如增持、解禁等以及透视隐藏在行为背后的利益博弈动机，从“点—线—面—体”对大牛股进行综合判断，从而提前勾画出大牛股轮廓。

（三）复盘兴齐眼药行情启动前的关键线索

前面的章节中曾经对大牛股兴齐眼药（300573）进行了多角度的复盘总结，并归纳了六大关键的基因特征：公司所处的创新药行业受国家产业政策支持；眼科处方药物行业空间大且市场规模保持快速的复合增长；公司成长初期规模不大，具备内生和外延增长潜力；产品具有竞争优势，拥有专利技术保护；有高效的管理团队，以股权激励实现利益绑定；公司经营持续创造现金流，支撑公司快速成长、良性发展。

值得关注的是，如果仔细分析兴齐眼药的重要事件时间节点、成长轨迹和股价上涨结构，就会发现在其股价大幅上涨之前，实际上已经出现了一些关键线索，如表1-9-2所示。

表1-9-2　兴齐眼药行情启动前的关键线索

时间	关键线索	线索来源
2016年11月25日	公司在IPO招股说明书中明确表述收购兼并计划。公司通过外延并购增长的模式做大做强，即公司上市成功后，随着规模扩大及实力增强，本着对股东有利、对公司发展有利的基本原则，将充分依托资本市场，在时机、条件和对象成熟的前提下进行适度收购兼并，抓住行业发展机遇。始终围绕眼科药物主营业务，纵向或横向收购相关企业或资产，并根据公司发展战略进行整合，以推动眼科药物行业的进一步健康发展	招股说明书
2017年4月25日	延伸眼科业务产业链，在眼科医疗和眼科器械领域进行股权投资	上市公司公告
2017年7月21日	增资厦门大开生物科技，拓展组织角膜工程领域，提升竞争力	上市公司公告
2018年5月10日	机构调研。公司董事长、总经理、副总经理、财务总监等多名高管接待6家机构现场调研	深交所互动易
2018年7月19日	深交所联合辽宁证监局在公司举办“践行中国梦·走进上市公司”投资者开放日活动。接待投资者现场参观、调研。公司明确回复正处于注重长期投入成长阶段	深交所互动易
2018年9月10日	推出股权激励方案。向公司董事、高级管理人员、中层管理人员及核心骨干人员共计49人，授予245万股，每股价格8.30元。业绩考核条件是2019年、2020年、2021年公司营收分别不低于5亿元、6亿元和7亿元。公司通过长效激励机制，吸引和留住优秀人才，充分调动董事、高级管理人员、中层管理人员和核心骨干员工的积极性，将股东利益、公司利益和个人利益结合在一起，推动公司的长远发展	上市公司公告
2018年10月29日	公司产品硫酸阿托品滴眼液收到国家药品监督管理局下发的药品注册受理通知书。硫酸阿托品滴眼液公司的研发代码为SQ-729，申报的临床适应证为：控制儿童近视进展。2018年中国儿童青少年总体近视率为53.6%，其中6岁儿童为14.5%，小学生为36%，初中生为71.6%，高中生高达81%	上市公司公告
2018年10月29日	公司产品入选《国家基本药物目录》，有利于公司产品进一步覆盖各级医疗机构，对公司拓展市场、扩大销售以及公司长远发展都将产生重要影响	上市公司公告
2019年3月7日	股价连续调整两年后，首次突破年线阻力	盘面异动信号
2019年3月18日	股价在年线附近徘徊后，当日瞬间冲板后回落整理，最大涨幅9.61%	盘面异动信号
2019年3月31日	股东人数持续大幅减少。相比2016年12月8日IPO上市时的股东人数36450户，持续减少至2019年3月31日的7390户，累计减少29060户，大幅缩减79.72%	上市公司季报
2019年4月8日	发布业绩预告，2019年一季度业绩扭亏为盈	上市公司公告
2019年4月8日	发布公告，公司提交的溶菌酶滴眼液（受理号：CXHS1300023 辽）注册申请在国家药品监督管理局网站的办理状态变更为“审批完毕-待制证”。该药主要用于慢性结膜炎的治疗	上市公司公告
2019年4月11日	公司发布公告，公司提交的盐酸奥洛他定滴眼液（受理号：CYHS1500660 辽）注册申请在国家药品监督管理局网站的办理状态变更为“审批完毕-待制证”。该药主要用于过敏性结膜炎的治疗	上市公司公告
2019年6月30日	股东人数继续减少至5537户（历史最低点）。同时显示有38家基金覆盖，合计持有1005万股，占总股本的12.19%	上市公司半年报；深交所互动易

资料来源：招股说明书、上市公司公告、深交所互动易。

通过复盘我们可以发现，在兴齐眼药股价开启波澜壮阔的大牛股行情之前，实际上已经隐藏了至少15条关键线索，包括股权投资、股权激励、产品入选国家基本药物目录、机构调研、业绩扭亏为盈，以及股东人数和盘面特征等。

如果将上述信息进行串联，并结合大牛股的基因特征，基本上可以勾画出成长股的轮廓。需要强调的是，对于收集到的早期投资线索，投资者不仅需要具备高度的敏感性，还需要对这些关键线索进行深入研究、关联分析和交叉验证，比如兴齐眼药在2018年9月10日推出股权激励方案，将上市公司的利益与高管、核心骨干的利益深度绑定，同时设置了业绩考核要求，即2019年到2021年这3年的营收分别不低于5亿元、6亿元和7亿元，在2019年4月8日预告业绩扭亏为盈，印证了股权激励方案实施后出现业绩拐点的重磅信号，如图1-9-4所示。

而且值得高度关注的是，在股价持续调整的过程中，股东人数的持续大幅缩减形成了筹码高度集中的异常信号。这种关键线索充分印证了前期股价连续调整的背后，实质上是典型的清洗浮动筹码的过程。后期的机构持股数据也充分验证了这一点，即在股价启动的初期，有38家基金合计持有1005万股，而股东人数更是减少到历史的最低点，仅有5537户，说明大量筹码被少数机构持有。

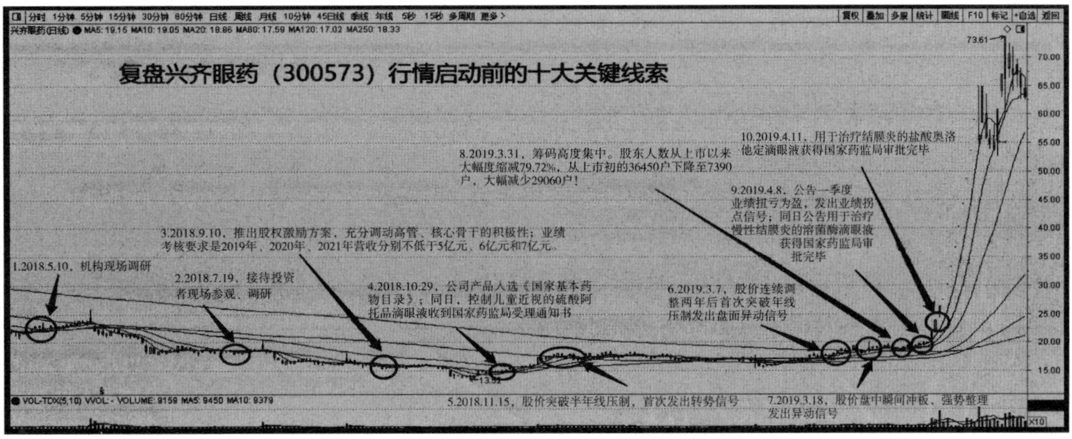

图1-9-4　兴齐眼药（300573）日K线图

（四）投资线索动态跟踪分析流程

线索跟踪是动态的研究过程，是一种有目的的追踪和搜索，线索不能中断，需要贯穿整个投资决策过程。投资线索的动态跟踪分析流程主要包括以下几个步骤，如图1-9-5所示。首先，日常对关键信息进行收集。其中，关键线索主要来源于以下几个方面：

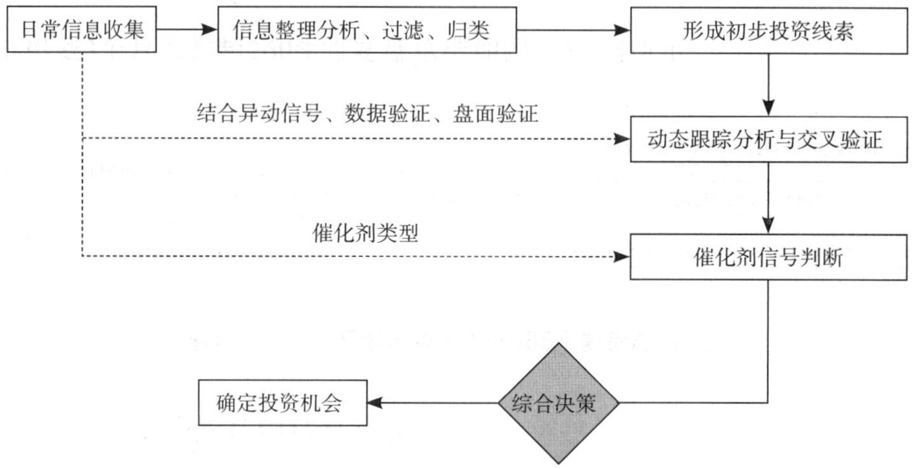

图1-9-5　投资线索跟踪流程

（1）上市公司招股说明书。注册制实施后上市公司数量大幅度增加，其中有些上市公司质量很高但关注度很低，并未被市场充分定价，这种情况下的招股说明书中可能存在重磅线索。

（2）机构调研信息。机构调研的时间节点以及调研纪要（投资者关系活动记录表）都可能隐藏重磅线索。所以，日常要重点留意投资者关系和机构调研纪要等关键信息。

（3）政策文件。需要深刻理解政策对行业、公司的影响力度和强度，从而作出相应的判断。

（4）资金与盘面验证。我们经常听到一种观点，就是不要与市场争论对错，而是要用心去感受市场传递的信息，顺势而为，这是在这个市场生存的诀窍之一。之所以要坚持复盘是因为复盘主线的龙头，就是还原市场用真金白银博弈的过程。无论是主观预判还是分析研究，最终必须得到市场的验证，从这个角度看，资金动向远比所谓的题材概念重要，也远比假设的驱动未来业绩的逻辑依据重要得多。因此平时要留意大宗交易、龙虎榜等发出的关键信号。

（5）密切关注上市公司与股东的行为。上市公司及股东的行为主要包括股权激励、股份回购、定向增发、并购重组、引入战略投资者、增持股份等等。

（6）还需要留意其他重要渠道的信息，包括但不限于权威媒体、重要财经网站、上市公司微信公众号、股吧等。

其次，要善于对日常收集的信息进行整理分析、过滤和归类，最好能建立结构化标签，方便将来能够快速调用。

再次，通过收集到的关键信息进行初步判断，初步整理投资线索。同时，需要动态跟踪投资线索，并通过数据、盘面信号进行交叉验证。

最后，要结合催化剂信号进行综合判断决策，确定投资机会。

（五）日常需要重点收集的关键线索

1.机构调研

机构投资者在准备建仓布局一些行业或个股前，往往会提前做细致的实地调研，通过调研来核实一些关键信息，从而筛选并确定真正有潜力的行业或公司。毋庸置疑的是，机构调研是有机会成本的，一般来说机构现场调研都是有了初步的跟踪关注之后，有一定的投资意向才会组织现场调研，因此机构调研往往是把握机构资金动向的一个先行指标。如果一家上市公司被机构调研或调研次数较多，则从一个侧面反映机构投资者对公司的关注程度。这里需要注意参与调研的机构性质，如果仅仅是券商研究所的证券分析师，可能并不意味着是重要的投资线索，因为券商分析师的调研或许仅仅是出于关系维护或者对行业动态的跟踪目的。如果参与调研机构除了券商研究所的证券分析师之外，还包括公募基金、私募基金等买方机构投资者，或许更能说明机构投资者对这家公司的投资兴趣。一般来说，买方参加券商组织的远程电话和视频会议进行电话调研是比较容易，但现场实地调研是比较耗费时间精力和人力物力的，如果不是重点关注的意向投资标的，买方一般不会参加。总体而言，机构调研行为，通常被视为洞察上市公司价值及行业景气度的“风向标”，可以作为投资线索之一。当然，我们不能简单地把机构调研行为作为买入的唯一决策依据，需要同时结合其他关键线索。

2.股东户数变化

通常而言，股东户数的变化与股票价格成反比关系，股东人数越少，则代表筹码越集中，上涨动能越强，股价越有可能上涨。股东户数的变化是投资线索之一，主要作为交叉验证的信号，需要结合上市公司所处的发展阶段、基本面等进行综合研判。

股东户数持续增加或异常增加，往往预示着筹码趋于分散，即散户资金在不断流入，而机构资金或主力资金在不断地流出，筹码逐渐从主力手中流入散户手中，筹码趋于分散，这种，一般而言是上涨动能减弱的信号。因此，股东户数持续大幅增加、筹码趋于分散一般被认为是一种利空信号。相反地，如果股东户数持续减少，筹码趋于集中，可以看作机构或主力吸筹的信号，预示着后期股价上涨动能充沛。

需要注意的是，股东户数的单次变化并不代表趋势的变化，且与短期股价涨跌没有直接关系。在实际应用中，可以通过股东户数的连续变化趋势，来观察筹码变动趋势，分析股价涨跌动能。筹码的变动趋势与股价的涨跌大概遵循以下规律：股东户数减少→股价下跌动能释放、筹码趋于集中→风险持续释放的同时积累上涨动能→股东户数创出新低引发量变到质变→上涨动能开始释放→股价开始上涨→股东户数增加筹码趋于分散→股价上涨动能减弱→股价见顶回落→股东户数减少。从前面列举的兴齐眼药的案例来看，从2016年12月8日至2019年的6月30日，伴随股价的高位回落和持续调整，股东户数一直处于持续减少的状态，也就是说，在股价长期下跌调整过程中，投资者纷纷抛售手中筹股，筹码陆续集中到少数投资者手中。也正因为筹码的高度集中，股价在经历长期调整后积累了强劲的上涨动能，由此上演了后期爆发性的上攻行情。

3.大宗交易（溢价与折价）

所谓大宗交易，是指一笔数额较大的证券买卖，我国交易制度规定，若证券单笔买卖申报达到一定数额，可以采用大宗交易的方式进行。根据上海证券交易所和深圳证券交易所的最低限额，A股单笔买卖申报数量应当不低于30万股，或者交易金额不低于200万元人民币。

大宗交易的买入成交价高于当天的股市收盘价，称为溢价。在机构投资者或大户看好某只股票而其二级市场交易相对清淡的情况下，盘面筹码较少，无法满足其购买数量，如果通过二级市场买入，会引起股价的上涨而增加买入成本。从控制成本的角度看，通过大宗交易的方式吸筹，虽然是溢价买入，但相比在二级市场直接买入，进行溢价大宗交易更容易控制成本。

大宗交易的买入成交价低于当天的收盘价，称为折价。折价大宗交易，由于双方协商一致的交易价格低于收盘价格，市场通常会视作利空，于是不惜成本地抛售筹码，背后原因可能是公司业绩不及预期或卖出方不看好公司的未来前景。但从实际情况来看，股东通过大宗交易减持的行为仅仅是因为资金急于变现；尽管是折价卖出，但也有机构愿意买入，说明买入方看好公司的未来前景，否则即使交易价格再低也不会有机构愿意接盘。

还有一种情况，就是通过大宗交易能实现合理避税。这种操作一般都是通过过桥资金转移到关联方，比如夫妻、亲属等，或者将股份从公司名下转到个人名下，成交价格有可能低于目前的二级市场价格。如此一来，按照个人转让限售股所得纳税的有关规定，适用20%的比例征收个人所得税，［应纳税所得额=限售股转让收入-(限售股原值+合理税费)］，也就是说大宗交易成交折价越大，股东缴纳的税额就越少。

总之，大宗交易的折价和溢价交易信息，可以作为观察股东行为和机构资金动向的一个重要线索。在分析大宗交易的关键线索时，我们还要结合公司基本面、股价所处的位置和其他关键线索综合分析研判，切忌主观臆断。

4.龙虎榜

龙虎榜主要是指竞价交易的公开信息。上海证券交易所和深圳证券交易所规定，有价格涨跌幅限制的股票出现以下情形时需要披露买入卖出的交易单元的名称以及买卖金额：①当日收盘价涨跌幅偏离值达到±7%的前五只；②当日价格振幅达到15%的前五只；③当日换手率达到20%的前五只。

当股价出现以下异常波动或严重异常波动情形的，也需要披露交易单元的名称以及买卖金额：①连续3个交易日内日收盘价涨跌幅偏离值累计达到±20%；②主板股票连续3个交易日内日均换手率与前5个交易日的日均换手率的比值达到30倍，且该主板股票连续3个交易日内的累计换手率达到20%；③主板股票连续10个交易日内4次出现规定的“主板股票连续3个交易日内日收盘价涨跌幅偏离值累计达到±20%”；④主板股票连续10个交易日内日收盘价涨跌幅偏离值累计达到+100%（–50%）；⑤主板股票连续30个交易日内日收盘价涨跌幅偏离值累计达到+200%（–70%）。

龙虎榜信息主要用来观察买卖席位的机构特征，如果属于游资席位买入，则大致可以判断为短线行情，如果买入席位既有游资又有机构席位，后市继续拉升的概率较大。分析龙虎榜席位时需要注意的是，无论是机构席位还是游资席位都有其行为偏好和操作模式特征，一般而言，龙虎榜席位主要包括机构席位、游资席位、沪股通和深股通席位。其中机构席位主要是基金专用席位、保险专用席位、社保专用席位、券商自营专用席位和QFII专用席位等机构投资者买卖证券的专用通道，偏向价值投资波段操作；游资席位主要是由私募基金、大户或超级大户使用，偏向激进短线投机。

5.重要管理层变更

上市公司发生重要管理层变更，可能是新老交接或引进更有能力的优秀管理层，从而产生提升公司竞争力的良好预期。优秀的管理层是上市公司成长的关键要素，无论是菲利普·A.费舍还是沃伦·巴菲特，都把优秀的管理层作为选股的核心指标和评估价值的重要参考，他们一致认为只有品格优秀的管理层，才可以让投资者感到安心，所以要努力找到对其能力和诚信都有信心的管理层。一个优秀的企业，往往有一个威望高的核心人物，而且这个人物应具有正确的战略眼光和强大的执行力。

因此，上市公司重要管理层的变更是投资线索之一，我们要深入分析管理层的背景、过往成就、诚信以及综合能力等情况。

6.股权转让

股权转让是指公司股东依法将自己的股份让渡给他人，使他人成为公司股东的民事法律行为。我国《中华人民共和国公司法》规定股东有权通过法定方式转让其全部股权或者部分股权。股权转让是一种比较复杂的股权交易，可能会导致公司内部股权结构、股东关系、管理层等发生重大变化。股权转让的关键点包括转让价格、转让方式、股权转让的目的、利益调整等。通过股权转让实现控股股东的重大变化，尤其是如果新晋股东资金充足、实力强大，会带来资产注入、业务转型、资源支持等提升公司竞争力的良好预期。

股权转让是上市公司控股权转让的主要方式，通常会伴随表决权委托、业务重整或战略转型升级等。比如有一些民企在面临发展瓶颈或经营困境时，会通过股权转让、国资入主实现纾困解难的目的。上市公司背靠国资会拥有更大的发展平台和更好的资源，从而拥有更多的市场机会，有利于实现其长期发展战略。

7.业绩变动

业绩预告、业绩快报是投资者较为关注的重大事项，也是重要的投资线索。根据《沪深证券交易所股票上市规则》，上市公司预计年度经营业绩和财务状况将出现下列情形之一的，应当在会计年度结束后1个月内进行预告：一是净利润为负值；二是净利润实现扭亏为盈；三是实现盈利，且净利润与上年同期相比上升或者下降50%以上；四是利润总额净利润或者扣除非经常性损益前后的净利润孰低者为负值，且扣除与主营业务无关的业务收入和不具备商业实质的收入后的营业收入低于3亿元；五是期末净资产为负值；六是交易所认定的其他情形。达到规定披露情形的上市公司应当披露业绩快报，其他未达到规定披露情形的可以自愿披露。

业绩增长是股价上涨的根本动力。前面章节的内容已经强调过，根据股票定价模型$P=PE\times EPS$，股价的上涨一方面来自市盈率（PE）的提升，另一方面来自每股收益（EPS）的增加。市盈率（PE）与每股收益（EPS）共同决定了股价的波动方向。因此，上市公司的业绩确定性增长或超预期增长是驱动股价上涨的重磅催化剂。不过需要提醒的是，在作出具体判断前，一定要结合股价表现，如果股价早已经反映了业绩预增的预期，就要提防消息兑现的风险。

而业绩预减是指在上市公司正式向投资者披露完整的财报之前，已经确定报告期间将出现亏损或净利润大幅下降(50%以上)等情形时，提前向投资者发出的风险警示。业绩预减或业绩预亏，往往会导致投资者失去信心而卖出股票，因此，业绩预减一般会导致股价向下调整。同样需要提醒的是，如果股价已经提前反映了业绩预减的消息，可能会形成“利空出尽”的效果。而且，导致业绩预减或预亏的原因较多，比如计提减值、费用增加或者加大研发投入力度等，因此，业绩预减或预亏的情形要区别对待。

8.股权激励

上市公司推出股权激励方案有利于促进公司核心竞争力的提升，是十分关键的投资线索之一。股权激励是一种长效的激励机制，有利于上市公司吸引和留住优秀人才，充分调动董事、高级管理人员、中层管理人员和核心骨干员工的积极性，有效地将股东利益、公司利益和个人利益结合在一起，使各方共同关注公司的长远发展。

根据《上市公司股权激励管理办法》，股权激励是指上市公司以本公司股票为标的，对其董事、高级管理人员及其他员工进行的长期性激励。激励对象可以包括上市公司的董事、高级管理人员、核心技术人员或者核心业务人员，以及公司认为应当激励的、对公司经营业绩和未来发展有直接影响的其他员工，但不应当包括独立董事和监事。在境内工作的外籍员工任职上市公司董事、高级管理人员、核心技术人员或者核心业务人员的，可以成为激励对象。单独或合计持有上市公司5%以上股份的股东或实际控制人及其配偶、父母、子女，不得成为激励对象。

股权激励方案设置的绩效考核指标包括公司业绩指标和激励对象个人绩效指标。上市公司可以公司历史业绩或同行业可比公司相关指标作为公司业绩指标对照依据，选取的业绩指标可以包括净资产收益率、每股收益、每股分红等能够反映股东回报和公司价值创造的综合性指标，以及净利润增长率、主营业务收入增长率等能够反映公司盈利能力和市场价值的成长性指标。

拟实行股权激励的上市公司，可以下列方式作为标的股票来源：向激励对象发行股份；回购本公司股份；法律、行政法规允许的其他方式。

9.股份回购

上市公司回购股份是重要的投资线索。从对股价影响而言，回购股份传递出上市公司对公司发展前景的信心，向二级市场释放出积极信号，有利于改善投资预期，从而对提振股价产生积极影响。从上市公司角度看，回购股份有积极意义。首先，上市公司进行大手笔回购是出于对公司成长的坚定信心，体现了对公司成长价值的高度认可，同时向市场传递出积极信号。尤其是在市场环境相对弱势的背景下，为彰显对上市公司价值的认同，回购股份就成为上市公司最常规、最直接的表达方式。其次，回购股份如果用于股权激励计划，则是上市公司市值管理的积极举措。通过股权激励计划深度“绑定”各方利益，有利于让公司管理层、核心骨干员工从被动的“执行者”变成公司价值创造的“经营者”，有利于全面激发公司活力。好的股权激励，既能激发企业核心团队的潜能，又能把企业的发展和个人的成长结合起来，形成个人与公司共同发展、相互促进的良性循环。最后，回购股份需要上市公司拿出真金白银在二级市场上买入股票，因此，回购股份本身也是上市公司综合实力的直接体现。

10.重要股东增持

股份增持，特别是重要股东（或叫“关键少数”）的增持有利于传递市场信心，改善市场情绪，往往会给股价带来正面影响，属于重要的投资线索。对重要股东增持行为带来的积极信号要引起重视，尤其是增持金额较大的大手笔主动增持行为，大概率会驱动二级市场股价上涨。因为控股股东、大股东的巨资增持，或者管理层的增持动机无非是对公司未来前景的坚定看好，也可能是其自身的信息优势，比如公司即将签订大量新订单，或者预期未来一段时间可能有潜在订单，毕竟公司管理层更加了解公司自身的经营情况，会认为公司股价明显被低估或前景较好。

总之，上市公司关键少数股东包括公司大股东、高管、高管直系亲属以及持股超过5%以上的股东等，他们在对上市公司的运作情况的了解以及所在行业的信息获取方面，具有其他投资者所不具备的优势。因此，他们对上市公司的发展空间以及未来预期的判断会更为准确，具有参考性。从投资线索角度看，可以将上市公司重要股东对本公司股票的增持行为视作“晴雨表”，是少数知情人对公司未来发展充满信心的重要标志。

11.签订重大合同

上市公司签订重大合同，往往会对公司业务发展和业绩经营带来积极影响，使投资者对未来股价走势产生乐观预期，导致股价产生较大波动，是日常需要重点跟踪的投资线索。根据监管要求，上市公司签署日常经营相关合同，达到相应标准应当及时履行信息披露义务，详细的披露要求参见本书第一部分第六章表1-6-5《签订重大合同时应当及时披露的情形》。总之，上市公司签订重大合同，会对未来业绩产生积极影响，尤其是依据订单的多少能大致预测上市公司业绩增长的确定性和连续性，是衡量一家上市公司投资价值的重要线索。

12.产品涨价

产品涨价释放的信号是产品需求强劲和公司盈利能力的提升，会给市场带来股价上涨的乐观预期。大家都知道，供求关系决定价格，需求增加和供应减少都会引起价格的上涨。

通常而言，大宗商品、原材料的价格变动，往往会引起产业链上下游相关产品价格的变动，产品提价带动公司业绩改善，从而推动股价上涨。当上市公司的业绩改善预期得到验证后，会进一步推高股价，因此，“产品涨价→业绩提升→股价上涨”之间存在正反馈效应。

但需要提醒的是，产品涨价与股价上涨之间尽管存在正反馈效应，但不能绝对地认为只要产品价格上涨，股价就必然上涨，因为实际上甚至有可能出现相反的效果，所以我们一定要结合产品涨价的原因进行综合研判。比如，某上市公司因为采购成本增加，导致被动提高产品价格来覆盖成本，公司利润并没有因产品价格上涨而增加，这种情形下股价不一定会上涨，因为采购成本增加导致了公司利润的下降。

13.限售股解禁

限售股主要包括首发限售股和再融资限售股，此外，上市公司的股权激励（如员工持股计划）、重大资产重组也会产生限售股。值得关注的是，限售股解禁日前后的窗口期是股价博弈的关键时点。一方面，在限售股解禁日前，一部分投资者因惧怕限售股解禁可能带来的股价冲击效应，会选择提前卖出股票，而限售股持有人有可能会通过质押方式提前锁定收益，一旦限售股解禁就立即卖出质押股份。另一方面，一部分投资者从博弈角度，基于限售股解禁的窗口期有潜在利好驱动，对股价上涨持有信心，那么这部分投资者反而会利用市场担忧情绪反向买入股票进行博弈来获取收益。

市场对于限售股的解禁存在不同的理解，很容易把限售股解禁与减持画上等号。实际上，限售股解禁到期后，如果需要减持的，根据交易规则需要进行提前预告减持计划，减持公告内容包括减持数量、减持时间、减持方式等。因此，限售股解禁作为重要的投资线索，在理解解禁和减持的公告时，需要注意股价所处的位置，不排除主力资金通过限售股解禁的所谓利空消息借机洗盘后发动一波上涨行情的可能性。

14.重要股东减持

上市公司重要股东减持的动机主要包括自身资金需求、锁定期结束后创投机构退出、股东套利等。通常来说，重要股东减持会打压持股信心，拖累股价下跌。需要注意的是，重要股东减持对市场的影响不能一概而论，还需要根据个股情况加以区别对待。

根据相关规定，上市公司大股东减持股份的方式主要有：集中竞价交易减持、大宗交易减持、协议转让减持，以及股票换购ETF。协议转让是指产权交易双方在交易中心主持下通过洽谈、协商以协议成交的交易方式。这种协议转让需要证券交易所有关部门审批。大宗交易又称为大宗买卖，是指达到规定的最低限额的证券单笔买卖申报，买卖双方经过协议达成一致并经交易所确定成交的证券交易。大宗交易减持，一般接盘的都是有实力的游资或者机构。集中竞价交易减持，简单理解就是直接在二级市场抛售股票，这种方式对股价的冲击较为明显。

通过股票换购ETF变相减持，是大股东用其持有的上市公司股票以市场价格换购某一新发ETF基金的份额。换购完成后，这部分用于换购的股份转入基金资产，基金公司授予大股东相应价值的ETF基金份额。需要注意的是，在实际操作过程中，会出现股东减持股价不跌反涨的现象。

15.定向增发

定向增发简称定增，是指上市公司为了实现收购资产、项目融资等目的，采用非公开方式，向不超过35个特定对象发行股票进行融资的行为。定向增发是一种有效的筹资方式，可以帮助公司快速获取资金，支持公司发展和扩张，是上市公司快速成长的重要线索。

定向增发的价格是博弈的关键点。发行价格由参与增发的投资者之间竞价而定，不得低于市场价的80%，同时，发行的股票会有一定的锁定期，以确保市场稳定。股票锁定期限为6个月（大股东为18个月)，期间不得转让，募资用途应符合国家产业政策。定向增发的资金用途通常包括项目融资、配套融资、收购、补充流动资金、引入战略投资者及整体上市。

需要重视的是，通过定增引入战略投资者能够为上市公司带来市场、渠道、品牌等战略性资源，有效促进上市公司市场拓展，显著提升上市公司的核心竞争力和创新能力，进而实现上市公司销售业绩的大幅提升。

16.并购重组

并购重组是企业的战略行为，是指企业通过并购实现战略协同、业务协同和资源协同的目的，能够迅速获取资源，优化产业布局，提升公司竞争实力。收购优质资产或收购股权，以及被优质企业借壳，无疑会对上市公司产生重大影响，刺激股价大幅上涨，是十分关键的投资线索。

我们知道，一家上市公司的业绩增长，既可以体现为内涵式增长，也可以体现为收购资产的外延式增长。而收购优质资产，会给上市公司带来质的变化，最终会带来净利润的大幅增加。因此，收购优质资产成为企业快速成长的重要途径和必经之路，在业界流行“十亿靠业务，百亿靠并购”的说法。

一些企业如果有大量现金，一旦时机成熟，就可能产生并购重组的急切意愿。从历史上看，很多牛股的爆发都是伴随着公司并购重组而产生的，类似收购优质资产的并购重组不仅能吸引资金，并购成功后还能使公司业绩实现外延式快速增长，短期内使公司业绩爆发式增长，这也是诞生超级大牛股的重要驱动因素。

17.其他重要线索

除了前面罗列的重要线索之外，还可以通过其他途径获得投资线索，比如日常盯盘过程中盘口发出的异常信号、十大股东中出现明星机构或著名“牛散”，甚至在日常的新闻报道、工作、学习和生活中都可能隐藏着重要的投资线索，因为我们在日常生活中或多或少会接触到一些上市公司的相关新闻报道、产品信息等，所以我们需要保持高度敏感。

在投资这个行业，我们几乎每时每刻都要面对各种各样的信息，从某种程度而言，信息是构成整个社会的灵魂。从宏观层面来看，包括国际局势、进出口贸易、国际货币与汇率变化等组成的宏观层面的线索；从中观层面来看，行业政策的变化，产业趋势、技术变革以及渗透率等会催生重要的产业投资线索；从微观层面看，企业产品的价格、管理层人事变动等构成了微观层面的投资线索，上述种种信息都会反映到资本市场的定价上，作为投资人，我们就需要对上述信息进行综合分析获取投资线索，并作出有效应对。

总之，日常收集整理好投资线索之后，必须对线索进行分类管理，筛选出最有价值的投资线索。有价值的投资线索越多，就越有机会提前破解牛股的真相。同时要对线索保持动态跟踪、交叉验证和反复提炼，才能及时把投资线索转变为投资机会，获得超额收益。

CHAPTER 第十章 神奇的日历效应与A股投资时钟

日历效应（Calendar Effect）是指金融市场与日期相联系的非正常收益、非正常波动及其他非正常高阶矩，主要包括季节效应、月份效应、星期效应和假日效应，它们分别指金融市场与季节、月份、星期和假日有关的非正常收益、非正常二阶矩及其他非正常高阶矩。

美国著名经济学家尤金·法玛在1970年提出的有效市场假说是现代金融学中最重要的理论之一。有效市场假说认为，在市场投资者足够理性并且可迅速对所有市场信息作出合理反应的前提下，在竞争充分的股票市场中，一切有价值的信息已经及时、准确、充分地反映在股价走势中，这样的市场环境下，投资者无法通过分析过往价格以及市场信息获得高于市场平均水平的超额收益。但证券市场中存在许多与有效市场理论相悖，且不能被良好解释的金融异象，日历效应也是此类金融异象之一。

金融市场的日历效应，即与日期存在关联的非正常收益、非正常波动以及其他非正常高阶矩的数据特征现象。

由于事物是普遍联系的，日历效应的背后是经济活动和人类心理活动的集中反映。比如一年四季、春播秋收、昼夜循环等，都是自然规律。股市交易的背后都是人性的博弈，人的活动依赖于自然规律，股市作为人的活动的结晶，也必然会遵循自然规律。例如，“春季躁动”是一种特殊的日历效应，指的是股票市场一般在每年的一月至三月会较大概率出现阶段性上涨行情。而“五穷六绝七翻身”的说法最早来自香港股市，和华尔街的著名股谚“Sell in May”（即五月清仓）有着异曲同工之妙！“五穷六绝七翻身”的内在逻辑，和上市公司业绩披露有关，每年五月和六月是上市公司业绩披露的真空期，在此期间，券商、公募、私募等机构大多忙于调研、调仓换股，因此，每年五月和六月，A股市场一般表现得相对较为弱势。

一、一季度的投资风格特征：一月效应、春季躁动与两会行情

行为金融学中有个著名的“一月效应”。所谓“一月效应”，是从统计学角度分析股市的一种现象，一月回报率往往是正数，如表1-10-1所示，且预示全年回报率也是正数，即存在“一月涨、全年涨”的一月“晴雨表”理论，如表1-10-2所示。长期以来，美国股市有所谓“一月效应”的说法，即新年第一个月股市通常能带来正收益。历史研究数据显示，“一月效应”的命中率相当高，从1950年到2021年有着高达85%的准确率。

表1-10-1　A股市场34年间每年一月份沪指涨跌幅统计

年份	涨跌幅	年份	涨跌幅	年份	涨跌幅	年份	涨跌幅
2024	−6.27%	2014	−3.92%	2004	6.26%	1994	−7.62%
2023	5.39%	2013	5.12%	2003	10.47%	1993	53.57%
2022	−7.65%	2012	4.24%	2002	−9.37%	1992	7.00%
2021	0.29%	2011	−0.62%	2001	−0.38%	1991	1.85%
2020	−2.41%	2010	−8.78%	2000	12.32%	—	—
2019	3.64%	2009	9.33%	1999	−1.05%	—	—
2018	5.25%	2008	−16.69%	1998	2.41%	—	—
2017	1.79%	2007	4.14%	1997	5.20%	—	—
2016	−22.65%	2006	8.35%	1996	−3.23%	—	—
2015	−0.75%	2005	−5.90%	1995	−13.16%	—	—

数据来源：作者根据沪市行情数据统计得出。

通过进一步统计发现，A股市场在33年间，一月份指数上涨共18次，满足“一月涨、全年指数上涨”的次数为13次，即一月“晴雨表”的准确率为72.2%，具体见下表1-10-2所示。

表1-10-2 A股市场过往33年一月份与全年沪指涨跌幅统计

年份	一月涨幅	全年涨跌幅	年份	一月涨跌幅	全年涨跌幅
2023	5.39%	-3.70%	2006	8.35%	130.43%
2021	0.29%	4.80%	2004	6.26%	-15.40%
2019	3.64%	22.30%	2003	10.47%	10.27%
2018	5.25%	-24.59%	2000	12.32%	51.73%
2017	1.79%	6.56%	1998	2.41%	-3.97%
2013	5.12%	-6.75%	1997	5.20%	30.22%
2012	4.24%	3.17%	1993	53.57%	6.84%
2009	9.33%	79.98%	1992	7.00%	166.57%
2007	4.14%	96.66%	1991	1.85%	129.41%

数据来源：作者根据沪市行情数据统计得出。

从以上统计数据可以得出一个基本结论，即在A股市场中也存在“一月效应”。其背后的原理可以解释为：

第一，中国部分金融机构和投资机构在每年十二月份存在考核、结算周期，因此在结算考核结束前需要卖出股票等资产，同时制定新一年的投资策略目标与计划，并从一月份开始进行投资布局，所以会出现数据一月份大概率上涨的情况。

第二，一月份、二月份往往是中国农历春节假期时间，中国人历来崇尚“一年之计在于春”，比较重视新一年的投资布局，资金面相对充裕。如果一月份开局顺利，投资者可能会追加资金进行布局，资金的增加就会推动全年指数的上涨，从而出现“一月涨、全年涨”的“晴雨表”效应。A股存在“一月效应”和“二月份是全年上涨概率最大的月份”这样的规律，因此，从实际应用角度来看，在全年上涨概率大的月份进行投资布局，不失为较好的选择。

下面我们再看看过往34年中二月份的涨跌数据，如表1-10-3所示。

表1-10-3　A股市场过往34年二月份沪指涨跌幅统计

年份	涨跌幅	年份	涨跌幅	年份	涨跌幅	年份	涨跌幅
2024	8.13%	2014	1.14%	2004	5.30%	1994	0.09%
2023	0.74%	2013	−0.83%	2003	0.81%	1993	11.80%
2022	3.00%	2012	5.93%	2002	2.21%	1992	16.42%
2021	0.75%	2011	4.10%	2001	−5.15%	1991	2.34%
2020	−3.23%	2010	2.10%	2000	11.70%	—	—
2019	13.79%	2009	4.63%	1999	−3.93%	—	—
2018	−6.36%	2008	−0.80%	1998	−1.34%	—	—
2017	2.61%	2007	3.40%	1997	7.80%	—	—
2016	−1.81%	2006	3.26%	1996	2.90%	—	—
2015	3.11%	2005	9.58%	1995	−2.37%	—	—

数据来源：作者根据沪市行情数据统计得出。

统计数据显示：A股市场34年间，二月份指数上涨25次，即上涨概率为73.52%，平均涨幅为5.10%。显然，二月份上涨的概率比一月份上涨概率更大一些。另外，我们统计过往34年间三月份沪指涨跌情况，三月份上涨的概率为55.88%，如表1-10-4所示。

表1-10-4　A股34年间三月份沪指涨跌幅统计

年份	涨跌幅	年份	涨跌幅	年份	涨跌幅	年份	涨跌幅
2024	0.86%	2014	−1.12%	2004	3.97%	1994	−8.63%
2023	−0.21%	2013	−5.45%	2003	−0.09%	1993	−30.90%
2022	−6.07%	2012	−6.82%	2002	5.20%	1992	16.42%
2021	−1.91%	2011	0.79%	2001	7.84%	1991	2.34%
2020	−4.51%	2010	1.87%	2000	5.00%	—	—
2019	5.09%	2009	13.94%	1999	6.24%	—	—
2018	−2.78%	2008	−20.14%	1998	3.02%	—	—
2017	−0.59%	2007	10.51%	1997	18.71%	—	—
2016	11.75%	2006	−0.06%	1996	0.62%	—	—
2015	13.22%	2005	−9.55%	1995	17.78%	—	—

数据来源：作者根据沪市行情数据统计得出。

统计数据显示：A股市场34年间，三月份指数上涨概率为55.88%，平均涨幅为7.64%。

首先，从影响A股的核心预期事件与日历效应来看，每年的一月份和四月份的股指涨跌往往预示了全年A股的涨跌。其中，一月份沪深上市公司密集披露业绩预告和业绩快报，是业绩预告和披露高峰。从历史经验看，A股市场向来有“好学生先交卷”的传统。一般来说，越早预告年度业绩的上市公司一般会向市场释放业绩确定增长的利好信息，引发资金持有者的关注。因此，在业绩预告和业绩快报密集披露阶段，应特别关注业绩增长超预期的上市公司。如果一家上市公司业绩增速远超预期，那么相应地，其股价会有较好的表现。

其次，每年中央“一号文件”往往在一月份发布，“一号文件”主要聚焦三农即农业、农村、农民，以及保障国家粮食安全、乡村全面振兴、建设美丽乡村和宜居乡村、推动农业现代化等内容。由于中央“一号文件”主要聚焦三农，农业板块类个股整体表现大概率会跑赢大盘。最后，每年的一月份，银行通常会加大信贷投放力度，以便实现“早投放、早受益”，因此从信贷数据特征看，每年一月份新增信贷和社会融资规模相对较大，甚至创出过超预期的“天量”。受上述政策的刺激，一月份金融行业在所有板块中表现相对良好；同时，对于提振经济增长的预期及上游周期性行业有一定的带动作用。

从投资风格特征看，每年的二月份和三月份小盘成长股跑赢市场的概率较大，其中数字新媒体产业、创新科技和消费板块存在季节性占优的特征。

每年三月份的重磅事件是全国两会的召开。市场围绕两会的炒作主要包括会前维稳和政策预期，并在两会期间关注重点领域及焦点话题，比如2014年的“一带一路”、2015年的“互联网+”、2016年的供给侧结构性改革、2017年的国企改革与节能环保、2018年的高质量发展（先进制造业、工业互联网、半导体等）、2019年的六稳与污染防治、2020年的两新一重（新型基础设施、新型城镇化和交通、水利等重大基础设施）、2021年的碳中和与科技创新、2022年的双循环与提升产业链供应链水平、2023年的高水平科技自立自强与创新驱动发展战略、2024年的加快发展新质生产力等。从历史规律看，两会热点一般会贯穿全年的投资主线。

综合来看，一季度存在“春季躁动”行情，“春季躁动”行情的主线通常围绕业绩预告、中央“一号文件”以及全国两会主题来展开。在风险方面，要特别警惕潜在的包括商誉减值等在内的业绩预告地雷以及退市警示风险。

二、二季度投资风格特征：一季报业绩、“五穷六绝七翻身”、半年末效应

每年的四月份是上一年年报披露和一季报密集披露期，投资风格的变化主要围绕业绩因素展开，业绩超预期增长的个股会受到资金的关注，投资者需要提前对上市公司业绩线索特征进行收集整理，提前布局。同时需密切跟踪上海证券交易所和深圳证券交易所网站最新披露的上市公司公告信息。一般来说，业绩确定性增长或超预期增长对股价走势形成正向催化作用，但也要注意结合二级市场的表现，判断股价走势是否已经充分反映了业绩增长的预期，提防业绩公告后的“见光死”现象。

下面我们分别统计二季度各月份的沪指涨跌数据，如表1-10-5、表1-10-6及表1-10-7所示：

表1-10-5　A股市场过往34年四月份沪指涨跌幅统计

年份	涨跌幅	年份	涨跌幅	年份	涨跌幅	年份	涨跌幅
2024	2.09%	2014	−0.34%	2004	−8.38%	1994	−15.88%
2023	1.54%	2013	−2.62%	2003	0.72%	1993	46.75%
2022	−6.31%	2012	5.90%	2002	3.98%	1992	16.82%
2021	0.14%	2011	−0.57%	2001	0.30%	1991	−5.20%
2020	3.99%	2010	−7.67%	2000	2.01%	—	—
2019	−0.40%	2009	4.40%	1999	−3.21%	—	—
2018	−2.74%	2008	6.35%	1998	−2.06%	—	—
2017	−2.11%	2007	20.64%	1997	12.89%	—	—
2016	−2.18%	2006	10.93%	1996	22.42%	—	—
2015	18.51%	2005	−1.87%	1995	−10.36%	—	—

数据来源：作者根据沪市行情数据统计得出。

统计数据显示：A股市场34年间，四月份指数上涨共18次，即上涨概率为52.94%。

表1-10-6　A股市场过往34年五月份沪指涨跌幅统计

年份	涨跌幅	年份	涨跌幅	年份	涨跌幅	年份	涨跌幅
2024	-0.58%	2001	4.49%	2014	0.63%	1994	-6.13%
2023	-3.57%	2002	-9.12%	2013	5.63%	1993	-31.15%
2022	4.57%	2003	3.60%	2012	-1.01%	1992	177.23%
2021	4.89%	2004	-2.49%	2011	-5.77%	1991	0.78%
2020	0.27%	2005	-8.49%	2000	3.17%	—	—
2019	-5.84%	2006	13.96%	1999	14.13%	—	—
2018	0.43%	2007	6.99%	1998	5.04%	—	—
2017	-1.19%	2008	-7.03%	1997	-7.79%	—	—
2016	-0.74%	2009	6.27%	1996	-5.51%-	—	—
2015	3.83%	2010	-9.70%	1995	20.79%	—	—

数据来源：作者根据沪市行情数据统计得出。

统计数据显示：A股市场34年间五月份指数上涨共18次，即上涨概率为52.94%。

每年进入五月份，市场迎来政策和业绩线索的真空期。在美国股市中有一种说法叫"Sell in May and go away"，意思是说，每年五月份股市会出现季节性偏弱的特征，所以通常会在每年五月份卖出股票，A股市场相应也有"五穷六绝七翻身"的说法。从风格轮动的节奏来看，这段时间医药、消费等具有防御性特征的板块可能会出现季节性占优，表现相对良好。

表1-10-7　A股市场过往34年六月份沪指涨跌幅统计

年份	涨跌幅	年份	涨跌幅	年份	涨跌幅	年份	涨跌幅
2024	-3.87%	2014	0.45%	2004	-10.07%	1994	-15.63%
2023	-0.08%	2013	-13.97%	2003	-5.72%	1993	7.65%
2022	6.66%	2012	-6.19%	2002	14.32%	1992	-3.52%
2021	-0.67%	2011	0.68%	2001	0.17%	1991	19.79%
2020	4.64%	2010	-7.48%	2000	1.77%	—	—

续表

年份	涨跌幅	年份	涨跌幅	年份	涨跌幅	年份	涨跌幅
2019	2.77%	2009	12.40%	1999	32.06%	—	—
2018	−8.01%	2008	−20.31%	1998	−5.10%	—	—
2017	2.41%	2007	−7.03%	1997	−2.72%	—	—
2016	0.45%	2006	1.88%	1996	24.95%	—	—
2015	−7.25%	2005	1.90%	1995	−9.98%	—	—

数据来源：作者根据沪市行情数据统计得出。

统计数据显示：A股市场34年间，六月份指数上涨共17次，即上涨概率为51.51%。

金融机构面临季度考核的压力，因而对资金往往有着比较旺盛的需求，因此每年六月份资金价格会出现“半年末效应”，驱动资金价格出现半年末规律性上涨的现象，成为影响每年六月份A股呈现季节性走弱的因素之一。这种现象在每年的六月末和十二月末表现较为明显。数据显示，2005年以来，反映市场资金面松紧程度的7天回购利率在每年的六月份会出现季节性冲高的现象，在考核时点结束后，于每年七月份开始回落，如图1-10-1所示。

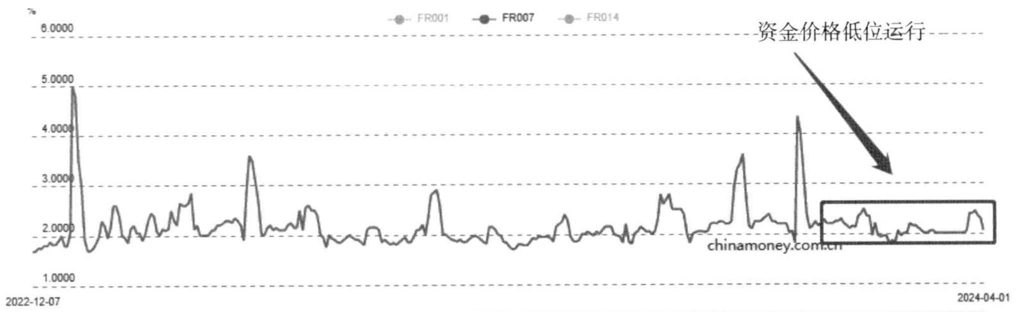

数据来源：全国银行间同业拆借中心。

图1-10-1　回购定盘利率走势图

综合来看，二季度投资风格主要受一季度业绩、金融机构季末考核等因素影响，往往存在“五穷六绝七翻身”的现象。在熊市或震荡市的背景下，历史上每年的六月份往往是A股趋势性行情的低点或高点，因此可以采取“六月见顶跑得快”“六绝底部要埋伏”的应对策略。

三、三季度投资风格特征：秋季攻势、半年报、中秋国庆长假

根据规则，上市公司将在每年七月份陆续披露半年报及业绩预告，因此半年报业绩超预期增长成为资金布局的主要方向。半年报业绩大幅增长的公司基本奠定了全年业绩增长的基础，有些上市公司会同步三季报业绩增速，因此半年报行情一般会从每年六月底开始预热，随着半年报业绩的披露，其中业绩大幅增长的个股会受到资金追捧，尤其是具备成长特征、业绩增长超预期且能够持续释放业绩的潜力股，有望率先走出半年报行情甚至上演长牛行情。历史上每年七月份的涨跌幅如表1-10-8所示。

表1-10-8　A股市场过往33年七月份沪指涨跌幅统计

年份	涨跌幅	年份	涨跌幅	年份	涨跌幅	年份	涨跌幅
2024	−0.97%	2014	7.48%	2004	−0.93%	1994	−28.85%
2023	2.78%	2013	0.74%	2003	−0.62%	1993	−12.51%
2022	−4.28%	2012	−5.47%	2002	−4.68%	1992	−11.68%
2021	−5.40%	2011	−2.18%	2001	−13.42%	1991	4.54%
2020	10.90%	2010	9.97%	2000	4.95%	—	—
2019	−1.56%	2009	15.30%	1999	−5.21%	—	—
2018	1.02%	2008	1.45%	1998	−1.66%	—	—
2017	2.52%	2007	17.02%	1997	−4.84%	—	—
2016	1.70%	2006	−3.56%	1996	2.27%	—	—
2015	−14.34%	2005	0.19%	1995	10.30%	—	—

数据来源：作者根据沪市行情数据统计得出。

统计数据显示：A股市场34年间，七月份指数上涨共16次，即上涨概率为48.48%。

每年进入八月份，随着中报业绩的陆续披露，需要警惕两点：一是由于一些上市公司在7月15日之前完成了业绩预告，中报业绩正式披露时，股价可能已经涨了一波行情，可能存在预期兑现的风险，因此需要警惕中报业绩正式披露后的

调整风险；二是要警惕绩差股、亏损股的业绩地雷导致的短期冲击。历史上每年八月份的涨跌幅如表1-10-9所示。

表1-10-9　A股市场过往33年八月份沪指涨跌幅统计

年份	涨跌幅	年份	涨跌幅	年份	涨跌幅	年份	涨跌幅
2024	—	2014	0.71%	2004	3.18%	1994	135.19%
2023	−5.20%	2013	5.25%	2003	−3.71%	1993	1.66%
2022	−1.57%	2012	−2.67%	2002	0.91%	1992	−21.75%
2021	4.31%	2011	−4.97%	2001	−4.49%	1991	24.08%
2020	2.59%	2010	−0.05%	2000	−0.12%	—	—
2019	1.58%	2009	−21.81%	1999	1.60%	—	—
2018	−5.25%	2008	−13.63%	1998	−12.66%	—	—
2017	2.68%	2007	16.73%	1997	2.63%	—	—
2016	3.56%	2006	2.85%	1996	−1.52%	—	—
2015	−12.49%	2005	7.37%	1995	4.07%	—	—

数据来源：作者根据沪市行情数据统计得出。

统计数据显示：A股市场33年间，八月份指数上涨共18次，上涨概率为54.54%。

表1-10-10　A股市场过往33年九月份沪指涨跌幅统计

年份	涨跌幅	年份	涨跌幅	年份	涨跌幅	年份	涨跌幅
2024	-	2014	6.62%	2004	4.07%	1994	0.74%
2023	−0.30%	2013	3.64%	2003	−3.86%	1993	−0.60%
2022	−5.55%	2012	1.89%	2002	−5.10%	1992	−14.69%
2021	0.68%	2011	−8.11%	2001	−3.78%	1991	1.40%
2020	−5.23%	2010	0.64%	2000	−5.49%	—	—
2019	0.66%	2009	4.19%	1999	−3.47%	—	—
2018	3.53%	2008	−4.32%	1998	8.06%	—	—
2017	−0.35%	2007	6.39%	1997	−10.13%	—	—
2016	−2.62%	2006	5.65%	1996	8.10%	—	—
2015	−4.78%	2005	−0.62%	1995	−0.20%	—	—

数据来源：作者根据沪市行情数据统计得出。

统计数据显示：A股市场33年间，九月份指数上涨共15次，上涨概率为45.45%，如表1-10-10所示。

中秋、国庆长假期间，旅游、酒店等假期消费类公司在九月份会受到市场关注。需要提醒的是，由于每年都会有上市公司通过并购重组来扭转当前主营业务面临的困境，因此在三季度末，一些上市公司往往会通过各种手段开始推进并购重组进程，对于有资本运作潜力的个股值得重点挖掘布局。因此三季度末市场可能会开始预演并购重组行情。

在操作风险方面，需要警惕前期涨幅较大的个股出现获利回吐的情况。因为一部分投资者担忧长假期间存在不确定因素，对于手中持股获利较大的品种可能更倾向于“持币过节”，因此在长假前夕会采取减仓动作来锁定部分利润。

四、四季度投资风格特征：机构排名争夺战、并购重组、中央经济工作会议

每年岁末，公募基金等机构迎来年终排名争夺战的关键期，同时，保险、社保等机构通常也存在年终考核，考核的结果可能决定基金经理的去向，同时会衍生机构投资者调仓换股带来的震荡波动。

根据信息披露规范要求，每年十月份是三季报业绩披露的时间窗口，尤其是符合业绩预告条件的，应当在规定时间内完成业绩预告。因此，从三季报的业绩预告中可以挖掘投资机会。按照历史经验看，四季度低估值板块往往会跑赢整体市场，超额收益主要来自上市公司业绩增长带来的盈利贡献和估值提升。历史上每年十月份的涨跌幅如表1-10-11所示。

表1-10-11　A股市场过往33年十月份沪指涨跌幅统计

年份	涨跌幅	年份	涨跌幅	年份	涨跌幅	年份	涨跌幅
2024	–	2014	2.38%	2004	−5.45%	1994	−17.21%
2023	−2.95%	2013	−1.52%	2003	−1.38%	1993	−8.47%

续表

年份	涨跌幅	年份	涨跌幅	年份	涨跌幅	年份	涨跌幅
2022	−4.33%	2012	−0.83%	2002	−4.69%	1992	−27.78%
2021	−0.58%	2011	4.62%	2001	−4.29%	1991	20.83%
2020	0.20%	2010	12.17%	2000	2.68%	—	—
2019	0.82%	2009	7.79%	1999	−4.21%	—	—
2018	−7.75%	2008	−24.63%	1998	−2.06%	—	—
2017	1.33%	2007	7.25%	1997	7.56%	—	—
2016	3.19%	2006	4.88%	1996	11.56%	—	—
2015	10.80%	2005	−5.43%	1995	−0.71%	—	—

数据来源：作者根据沪市行情数据统计得出。

统计数据显示：A股市场33年间，十月份指数上涨共16次，上涨概率为45.45%。

每年十一月份，机构排名争夺战开始上演，尤其是一些机构的考核时点可能提前，因此从博弈角度看，无论是公募基金还是私募基金，年度排名进入冲刺阶段，一些基金经理希望保住收益排名，可能会加大调仓力度来争取较好的排名，同时为下一年的投资布局做准备，因此这个阶段也是基金等机构调仓换股的关键窗口期。纵观A股历史行情，每年十二月份通常会成为变盘的敏感期，背后的原因除了机构排名争夺的博弈因素导致指数波动外，有些机构着眼于下一年度的投资布局，从宏观环境到对行业前景的预判都会影响资金的调仓方向。A股市场历史上每年十一月份沪指涨跌幅如表1-10-12所示。

表1-10-12　A股市场过往33年十一月份沪指涨跌幅统计

年份	涨跌幅	年份	涨跌幅	年份	涨跌幅	年份	涨跌幅
2023	0.36%	2013	3.68%	2003	3.63%	1993	20.88%
2022	8.91%	2012	−4.30%	2002	−4.86%	1992	42.85%
2021	0.47%	2011	−5.46%	2001	3.48%	1991	18.76%
2020	5.19%	2010	−5.33%	2000	5.57%	—	—
2019	−1.95%	2009	6.66%	1999	−4.63%	—	—

续表

年份	涨跌幅	年份	涨跌幅	年份	涨跌幅	年份	涨跌幅
2018	−0.56%	2008	8.24%	1998	2.47%	—	—
2017	−2.24%	2007	−18.19%	1997	−3.45%	—	—
2016	4.82%	2006	14.22%	1996	5.76%	—	—
2015	1.86%	2005	0.59%	1995	−10.62%	—	—
2014	10.85%	2004	1.53%	1994	4.37%	—	—

数据来源：作者根据沪市行情数据统计得出。

统计数据显示：A股市场33年间，十一月份指数上涨共22次，上涨概率为66.67%。

需要关注的是，临近岁末，一些上市公司为扭转基本面的颓势，或出于扭亏"保壳"等动机，会倒逼上市公司加快并购重组进程，通过关联交易、引入战投、股权转让等手段来实现公司基本面的改善。因此，每年的岁末年初往往会上演"乌鸡变凤凰""涅槃重生"等实现华丽转身的重组股行情。

此外，每年的十二月份会举行中央经济工作会议，这个每年临近年底的重磅会议，被市场看作了解经济形势和下一年度经济工作部署的最权威的"风向标"，对A股投资布局方向也有指导性意义。A股市场历史上每年十二月份的涨跌幅如表1-10-13所示。

表1-10-13　A股市场过往33年十二月份沪指涨跌幅统计

年份	涨跌幅	年份	涨跌幅	年份	涨跌幅	年份	涨跌幅
2023	−1.81%	2013	−4.71%	2003	7.14%	1993	−15.34%
2022	−1.97%	2012	14.60%	2002	−5.34%	1992	7.70%
2021	2.13%	2011	−5.74%	2001	−5.84%	1991	12.77%
2020	2.40%	2010	−0.43%	2000	0.14%	—	—
2019	6.20%	2009	2.56%	1999	−4.77%	—	—
2018	−3.64%	2008	−2.69%	1998	−8.07%	—	—
2017	−0.30%	2007	8.00%	1997	4.78%	—	—
2016	−4.50%	2006	27.45%	1996	−11.22%	—	—

续表

年份	涨跌幅	年份	涨跌幅	年份	涨跌幅	年份	涨跌幅
2015	2.72%	2005	5.62%	1995	-13.39%	—	—
2014	20.57%	2004	-5.54%	1994	-5.23%	—	—

数据来源：作者根据沪市行情数据统计得出。

统计数据显示：A股市场33年间，十二月份指数上涨共15次，上涨概率为45.45%。

综合来看，由于机构排名等博弈因素的出现，四季度是机构调仓换股争夺排名的关键期。机构独门重仓的绩优股以及前期跌幅较大的机构重仓股有可能成为机构排名争夺中实现弯道超车的潜在筹码。从操作风险因素看，需要注意在年终考核及排名因素的影响下，前期获利丰厚的品种存在机构减仓获利的风险。

从过往的历史数据看，A股市场各月份的涨跌幅如表1-10-14所示。

表1-10-14　A股市场各月份沪指上涨概率统计

月份	上涨概率	备注
1	52.94%	“1月涨、全年涨”的概率为72.2%
2	73.52%	全年上涨概率最高的月份
3	55.88%	—
4	52.94%	—
5	50.00%	—
6	51.51%	—
7	48.48%	—
8	51.51%	—
9	45.45%	全年上涨概率较低的月份
10	48.48%	—
11	66.67%	全年上涨概率次高的月份
12	45.45%	全年上涨概率较低的月份

统计数据显示：A股市场历史上，上涨概率最大的是二月份，上涨概率为73.52%；其次是十一月份，上涨概率为66.67%，九月份和十二月份上涨概率较

低，上涨概率仅为45.45%。

需要注意的是，历史不代表未来，尽管每年的行情和投资风格可能会重复，但不会完全重复。A股行情的月度效应、季度效应和投资风格特征如图1-10-2所示。

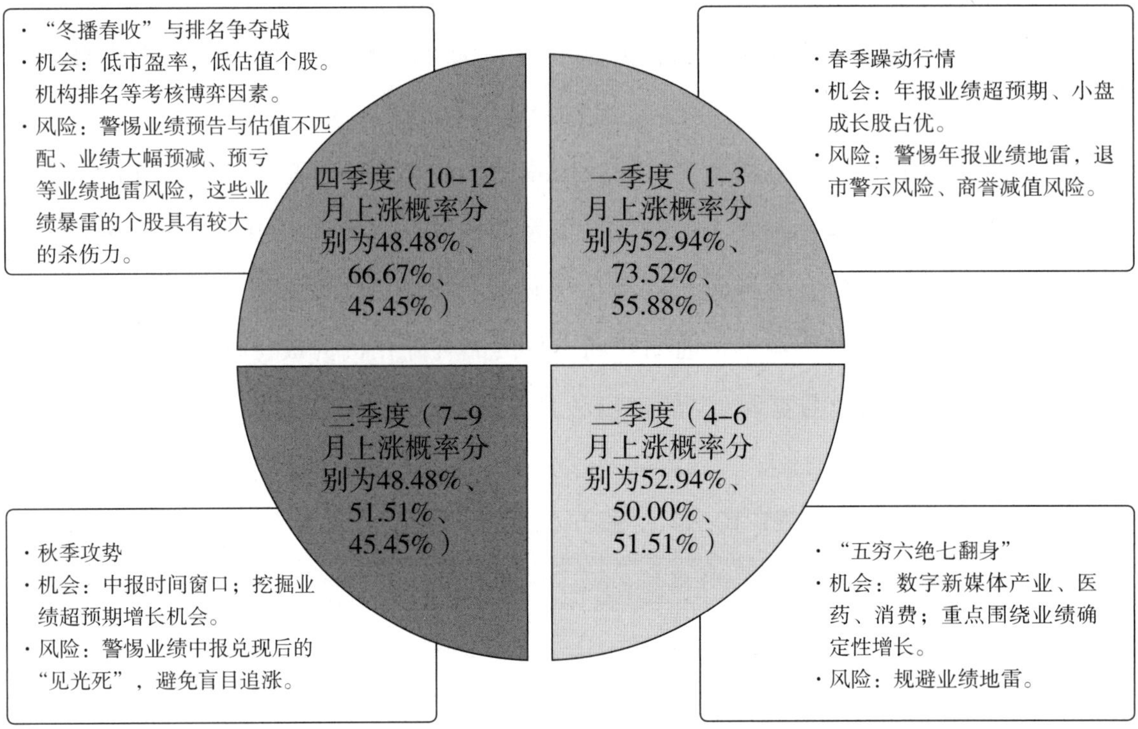

图1-10-2　A股市场各季度投资风格特征

数据来源：作者根据沪市行情数据统计得出。

2 交易体系战法篇

交易的本质是信仰

好策略

拥有一套交易哲学是长期投资成功的关键；
交易的本质是信仰；了解对手，知己知彼。

第一篇主要介绍了当前主流的研究分析方法，主要是从市场认知角度出发，总结好股票的共同基因特征以及挖掘好股票的关键线索。第二篇——交易体系战法篇作为投资金字塔的第二层基石，是帮助投资者在确定投资方向和标的之后，制定一套适合自身投资风格特征的交易规则体系。好股票必须有相应的好策略。

CHAPTER 第一章 交易成功取决于三大要素

我们在明确投资目标和锁定具体的投资标的之后，就进入到关键的择时操作执行环节，例如在什么时间、什么价格区间买入，以什么操作手法买入，在什么价格区间加减仓，达到什么条件时就可以进行止盈或止损，覆盖从买入到卖出全过程的操作管理。又比如，当股价偏离预期的时候，应当根据提前做好的应对预案来提高应变能力等。

构建交易体系就是要解决上述执行层面的问题，即怎么买，买多少，什么时候卖，卖多少，交易节奏如何把握，以及底仓和机动仓如何管控，等等。

《礼记·中庸》记载："凡事豫则立，不豫则废。"豫，亦作"预"，其源自对事物发展趋势的清醒认识和敏锐洞察，这种"先见之明"的背后，是冷静的头脑和清晰的判断。这句话的大致意思是：做任何事情，事前有准备就可以成功，没有准备就会失败。预，是主动作为，为将来作打算，体现的是长远的眼光和自我警醒。凡事多想一步，从最坏处、最难处作准备，这样才能下好先手棋，打好主动仗。我们都知道"未雨绸缪"的故事。鸟趁着天还没下雨的时候，赶快用桑根的皮把鸟巢的空隙缠紧，使巢更加坚固。"未雨绸缪"与"事预则立"有异曲同工之妙，都是告诫我们：居安当思危，有备则无患。

做交易也一样，在真正进场操作之前，我们首先应当根据自身收集的信息，对市场趋势做判断，同时根据行情的属性，制定总体的战略方向，明确具体的战术打法（如进攻模式或防御模式），拟定好具体可行的操作计划方案、预案，等等。

概括来说，构建一个完整的交易体系大致包括三大步骤。第一步是判断行情的属性。按传统的分类，我们通常把大盘分为牛市和熊市，在注册制背景下，A股很长时间处于结构性震荡市，既不是牛市也不算熊市。不同的行情属性决定了投资者的战略方向和仓位水平，包括底仓、机动仓和风控仓（现金）的配置比例，以及总体战略部署。在牛市阶段，我们应当集中资金以进攻策略为主，而在熊市阶段，则应当以防御策略或蛰伏策略为主，且要严格控制总体仓位水平。第二步是确定主线方向。根据市场风格和资金偏好，判断主导当前行情的主线方向，抓对主线方向可以达到事半功倍的效果，充分利用好资金。第三步，在确定行情属性和主线方向后，选择具体的投资标的并制订交易计划，结合行情、主线变化动态修正交易方案。具体的投资体系示意图如图2-1-1所示。

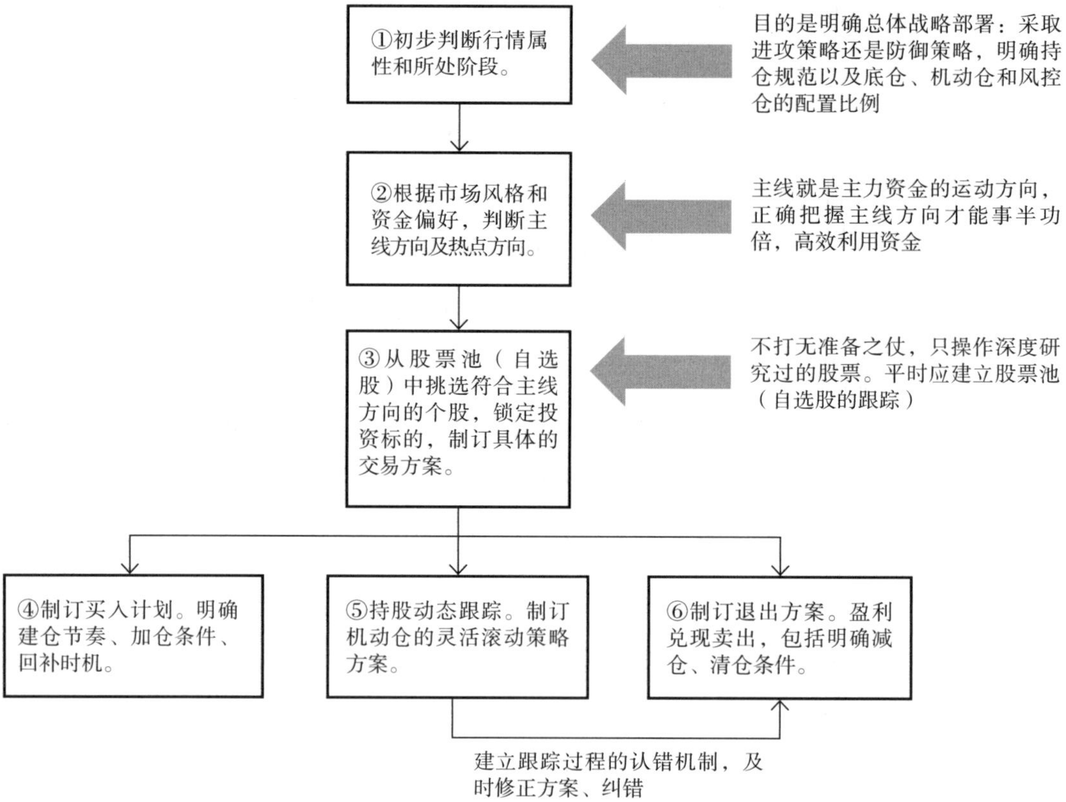

图2-1-1　投资体系示意图

一个完整的投资体系决定了任何一笔投资的最终成败。近几年，当我们在羡慕核心资产各种“茅”，惊叹其短短几年涨幅超十倍甚至几十倍的惊艳与霸气时，更应当佩服这巨大涨幅背后的成功者对核心资产成长与价值的深刻理解与坚定信念。

A股市场的“721定律[①]”一再提醒我们，最终能笑傲江湖的，要么是长袖善舞、擅长资本运作的资本大鳄，要么是资本实力强的顶级机构玩家，要么是深谙投资理念、掌握专业投资方法技巧，在长期投资实践中付出巨大代价后苦练“孤独九剑”，真正掌握了独门秘籍，有深厚专业功底的投资高手。

所以，从这个角度看，要想在变幻莫测、群雄逐鹿的A股投资江湖里长期生存并有所斩获，构建一套适合自身的投资交易体系十分关键。

事实上，只要“选好股、择好时、守得住”，大概率就能够笑傲股市江湖。过往大多数经典成功案例一而再、再而三地印证了这个简单而又深刻的投资逻辑。

本书第一篇实际上已经概括了一个完整投资体系的框架，即决定一笔投资的成败基本取决于三大关键要素：选股、择时及过程跟踪管理。也就是说，交易成功的三大要素就是选好股、择好时、守得住（如图2-1-2所示）。

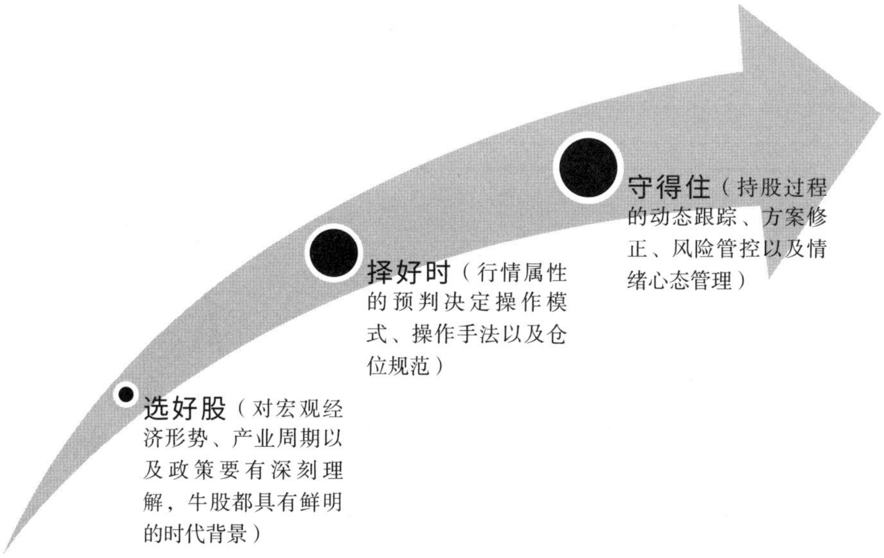

图2-1-2　选好股、择好时、守得住

① 股市上70%的人是亏损的，20%的人是盈亏持平的，只有10%的人是盈利的。

笔者之前看过前辈写的一篇文章，大意是成功的投资和成功的婚姻都只需要做好两件事，它们的本质都是一场修行。成功的婚姻就是找一个好人，自己做一个好人（如图2-1-3所示）。

图2-1-3　成功的婚姻

如果这两件事做不好，就要做好以下四件事：

（1）容忍、帮助，帮助不好仍然容忍。

（2）让容忍变成一种习惯。

（3）在习惯中养成傻瓜的品性。

（4）做傻瓜，并永远做下去。

如果上面四件事做不好，就要做好八件事。总之，两个人相处的理论是一个几何级数理论（如图2-1-4所示）。自然界中细胞的分裂、细菌的繁殖等都呈现出几何级数增长。著名科学家爱因斯坦认识到倍增的惊人力量，把它称为“世界第八大奇迹”。

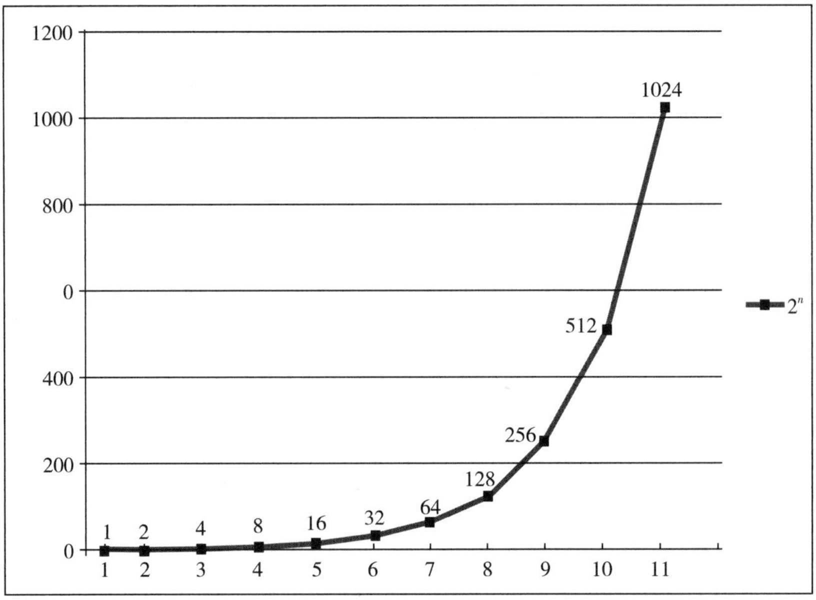

图2-1-4　几何级数理论2^n

同理，成功的投资取决于两点：

第一，找几只好股；第二，做一个有耐心的人。如图2-1-5所示。

图2-1-5　成功的投资

就这么简单。但有很多人会问：“如果没有做到这两点呢？”那就变成四点要求了。

（1）建立适合自己的投资交易系统。

（2）执行投资交易系统并养成习惯。

（3）掌握股市的牛熊发展规律。

（4）能在牛市逃顶，在熊市抄底。

于是有人就会说：“对于大部分投资者而言，这根本做不到。”

如果这四点做不到，你又想有一个稳定的投资回报，那你就得做到以下十六点：

（1）能预测经济发展趋势。

（2）能预测货币政策趋势。

（3）能预测行业发展趋势。

（4）能看懂公司经营管理。

（5）能看懂公司财务报表。

（6）能理解公司业务产品。

（7）随时准备止损止盈。

（8）永远做好仓位管理。

（9）能看懂K线图、压力线、支撑线……

（10）能看懂布林线……

（11）掌握各种主题投资概念。

（12）掌握股票资金流进流出。

（13）追踪各种股票大咖的观点。

（14）每天坚持浏览各种股票财经网站。

（15）时刻关注世界各国股市走向。

（16）时刻关注证监会主席的发言。

如果大家也做不到这十六点的话，那你只有做好更多了。

成功的投资和成功的婚姻一样，如果你做不到前文描述的那两点，那么你就得做到更多的四点、八点、十六点……（如图2-1-6所示）而且最终的结果，很可能还是失败。道理很简单，关键是要有耐心。找一个好人不难，难的是有耐心；找几只好股不难，难的还是有耐心。

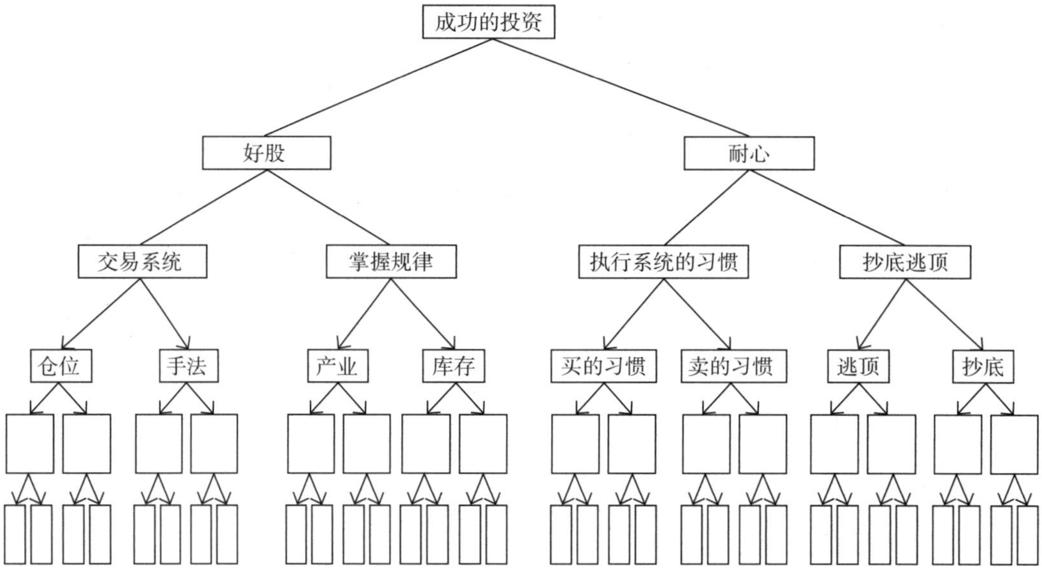

图2-1-6　成功的投资只需要做到两点

下面我们谈谈在实际操作过程中，如何构建策略模型。假定在特定的市场环境下，我们要针对某一种类型的投资者提供策略建议，那么搭建策略体系可以使用数学公式 $f(x,y)=\{a,x,b\}$，即在不同行情阶段下，不同类型客户的买卖策略规则y由市场行情定性a、个股评级定性x和投资者个性特征b三个因素决定，市场行情定性a决定了总体策略部署及仓位规范，个股评级定性x匹配投资者个性特征

b，且投资者个性特征*b*决定了具体的策略模式和操作手法。

概括来说，如果我们要向某类型投资者在任意一个时点提供具体的策略、方案，就需要考虑当前所处市场的行情性质、持有的个股性质以及投资者本身的个性特征（包含风险承受能力等级）三大要素，如图2-1-7所示。

图2-1-7　策略流程

该策略匹配规则主要解决在不同行情属性下的操作模式中，不同个性和风格类型的投资者更适合买什么股票、怎么买以及卖什么股票、怎么卖的实际操作问题，实现在不同行情属性下，不同个性和类型的投资者的个股买卖策略的动作标准化、规范化，从而尽量规避情绪化影响。

下面我们先从第一个要素，即行情性质的判断进行简要介绍。

在具体实战中，行情性质通常分为牛、熊两个周期，一个完整的牛熊周期可以细分为牛市初期、牛市中期、牛市末期、熊市初期、熊市中期和熊市末期六个阶段，如图2-1-8所示。

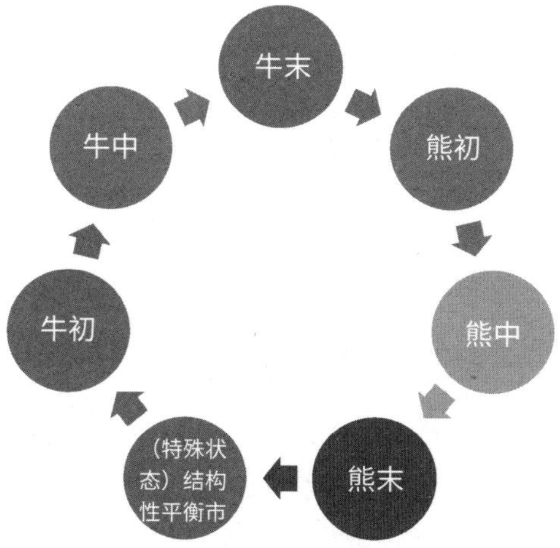

图2-1-8　牛熊周期

任何一个行情阶段，都会受到宏观经济形势、政策、资金、估值、情绪等综合因素影响，形成“筑底建仓—回调洗盘—拉升派发—见顶出逃”的博弈周期循环，从指数的外在表现看，呈现出上涨趋势、震荡和下跌趋势的技术特征，如图2-1-9所示。其中，①②③④⑤分别表示波浪理论中上升阶段的五浪结构，a、b、c分别表示下跌的三浪结构。

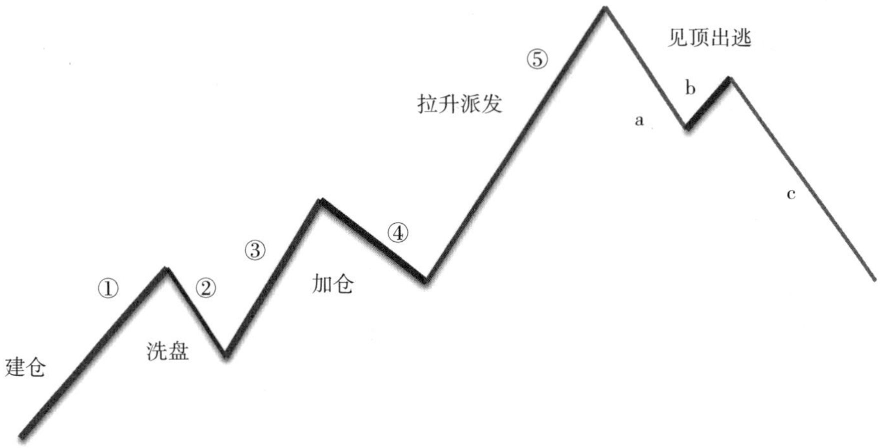

图2-1-9　股价趋势特征

在技术分析中，牛熊分界线通常是以年线（250日移动平均线）作为划分的标准，有时候也采用半年线。年线的数值代表了过去一年的平均交易成本，如果指数跌破年线，意味着行情转为熊市；而当指数突破年线压制时，意味着行情开始转强，从熊市阶段进入牛市阶段。

通常而言，对行情的性质进行分析判断需考虑经济周期、估值水平、流动性和市场情绪周期四个维度，如图2-1-10所示。

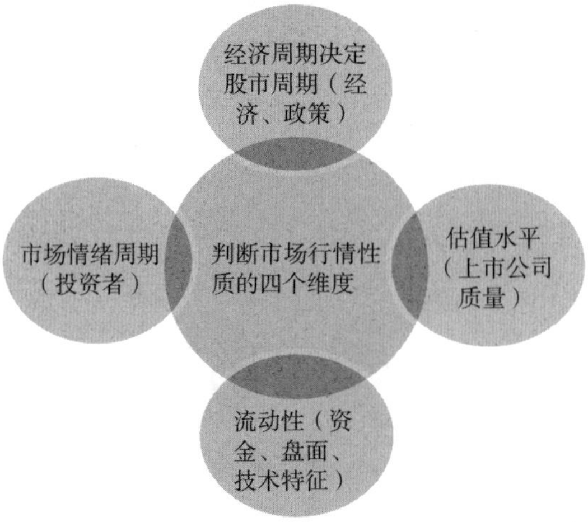

图2-1-10　判断市场行情性质的四个维度

一、经济周期决定行情性质

理论上，行情性质由当前所处的经济周期决定。经济周期会影响宏观政策方向，宏观经济政策通常会根据所处经济周期阶段采取逆周期手段调节。在分析经济周期、政策与股市的关系时，目前比较著名理论的是美林证券在2004年提出的美林时钟（如图2-1-11所示），这是美林证券统计分析了美国 1973—2004 年的经济数据所得出的结论。

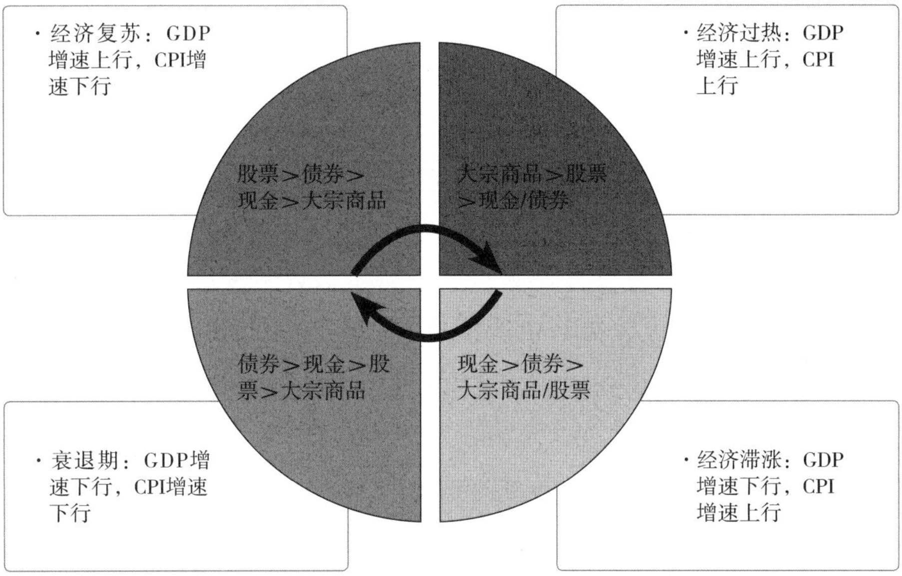

图2-1-11　美林时钟

美林时钟用经济增长率（GDP）和通胀率（CPI）两个经济指标，把经济周期划分成了复苏（Recovery）、过热（Overheat）、滞涨（Stagflation）、衰退（Reflation）4个阶段，分别对应四类资产，即现金、股票、债券、大宗商品。根据美林时钟来判断经济周期，对于指导我们配置大类资产，具有一定的参考借鉴作用。经济周期与政策、股市的关系如表2-1-1所示。

表2-1-1　经济周期与政策、股市的关系

经济周期	GDP/CPI表现	政策方向	资产价格投资顺序	股市周期
复苏（高增长低通胀）	GDP增速↑、CPI增速↓	稳健、积极	股票＞债券＞现金＞大宗商品	牛市
过热（高增长高通胀）	GDP增速↑、CPI增速↑	适度从紧	大宗商品＞股票＞现金/债券	牛市末期/结构性行情
滞涨（低增长高通胀）	GDP增速↓、CPI增速↑	适度放松	现金＞债券＞大宗商品/股票	熊市
衰退（低增长低通胀）	GDP增速↓、CPI增速↓	放松（逆周期调节，降准、降息）	债券＞现金＞股票＞大宗商品	熊市末期/结构性行情

（一）复苏期

这一时期经济开始从谷底回升，市场信心虽还未完全恢复，但居民消费意愿开始增加。随着经济复苏，生产恢复，需求增长，企业盈利水平将大幅提升，业绩向好直接表现在股市上，央行也将继续保持宽松的货币政策，刺激投资。因此，在这一阶段，股票是最优配置，其次是大宗商品、债券、现金。

（二）过热期

此时经济周期达到了高峰，人们对未来的预期非常乐观，投资和消费不断扩张，需求大于供给，刺激价格上涨，但此时的生产能力增速开始减慢，出现通货膨胀的苗头。为防止经济过热，央行往往会采取紧缩的货币政策，在这一阶段，大宗商品是最优配置，其次是股票、现金、债券。

（三）滞涨期

经济发展从顶峰开始下降，需求萎缩，供大于求，导致价格下跌，通货膨胀率开始降低，企业盈利水平下降，股票表现变差，紧缩的货币政策也导致债券收益率下降，在这一阶段，现金是最优配置，其次是大宗商品、债券、股票。

（四）衰退期

这一阶段经济衰退，企业经营困难，盈利惨淡，开始大量收缩产能，失业率大增，居民收入减少，社会消费能力下降，央行为了刺激经济，开始实行降准、降息等货币政策，降低企业成本，刺激企业恢复生产，而利率会直接导致债券价格上涨。在这一阶段，债券是最优配置，其次是现金、股票、大宗商品。

从长期来看，资本市场是国民经济的“晴雨表”，经济周期对A股市场的走势产生重要影响。从原理上看，国民经济运行情况会反映到上市公司盈利的变化上，并通过市场估值体现在股价走势上；而资本市场也反映了上市公司对未来经济走势的信心和预期。通过统计国内GDP增速、CPI增速与上证指数之间的相互关系，也可以印证。从历史数据对比发现，在温和通胀背景下，股指上涨概率较大。比较典型的是1991年和1992年CPI分别为3.40%和6.40%，上证指数涨幅分别达到129.41%和166.57%；1996年和1997年CPI分别为8.30%和2.80%，上证指数涨幅分别为65.14%和30.22%。股改大牛市期间的2006年和2007年CPI分别为1.50%和4.80%，上证指数涨幅分别为130.43%和96.66%。国内GDP、CPI与上证指数表现的统计分析如表2-1-2所示。

表2-1-2　国内GDP、CPI与上证指数表现的统计分析

年份	1991	1992	1993	1994	1995	1996	1997	1998	1999
GDP	9.26%	14.22%	13.88%	13.04%	10.95%	9.92%	9.24%	7.85%	7.66%
CPI	3.40%	6.40%	14.70%	24.10%	17.10%	8.30%	2.80%	-0.80%	-1.40%
上证指数	129.41%	166.57%	6.84%	-22.30%	-14.29%	65.14%	30.22%	-3.97%	19.18%
年份	2000	2001	2002	2003	2004	2005	2006	2007	2008
GDP	8.49%	8.34%	9.13%	10.04%	10.11%	11.39%	12.72%	14.23%	9.65%
CPI	0.40%	0.70%	-0.80%	1.20%	3.90%	1.80%	1.50%	4.80%	5.90%
上证指数	51.73%	-20.62%	-17.52%	10.27%	-15.40%	-8.33%	130.43%	96.66%	-65.39%
年份	2009	2010	2011	2012	2013	2014	2015	2016	2017
GDP	9.40%	10.64%	9.55%	7.86%	7.77%	7.43%	7.04%	6.85%	6.95%

续表

CPI	-0.70%	3.30%	5.40%	2.60%	2.60%	2.00%	1.40%	2.00%	1.60%
上证指数	79.98%	-14.31%	-21.68%	3.17%	-6.75%	52.87%	9.41%	-12.31%	6.56%
年份	2018	2019	2020	2021	2022	2023	2024		
GDP	6.75%	5.95%	2.24%	8.45%	3.00%	5.20%	经济回升		
CPI	2.10%	2.90%	2.50%	0.90%	2.00%	0.20%	低通胀		
上证指数	-24.59%	22.30%	13.87%	4.80%	-15.13%	-3.70%	↑?		

数据来源：国家统计局、上证指数行情。

同时我们可以发现，在出现恶性通胀时，股市表现相对较差，比如1994年和1995年，CPI增速分别高达24.10%和17.10%，上证指数跌幅分别为22.30%和14.29%，类似的年份还包括2011年，当年CPI增速达到5.40%，上证指数跌幅为21.68%。

中国人民大学国家金融研究院院长吴晓求教授对于资本市场和实体经济的关系做过一些研究和评价，通过找资料做研究分析发现，资本市场与实体经济之间短期相关性不强，长期存在一定的相关性，而且从长期看相关性较高。中央金融工作会议提出要把中国建设成为金融强国，要充分发挥资本市场的枢纽作用，意味着资本市场在现代金融体系中起到基石和核心作用。2019年以来，我国科创板、创业板试点注册制相继成功落地，大幅提升了资本市场对优质企业的吸引力。资本市场的长期稳健发展，能使其更好地以分散决策、风险自担的方式推动储蓄向创新产业迁移，尤其是在创新驱动发展战略推动下经济结构转型升级的重要关口，更需要发挥好资本市场的枢纽作用，引导更多储蓄向战略性新兴产业和未来产业集聚，推动产业转型升级，加快发展新质生产力，实现经济的高质量发展目标。总之，金融作为现代经济的核心，资本市场在金融运行中具有牵一发而动全身的重要作用。可以预期的是，随着资本市场制度设计的不断完善，资本市场与实体经济的相关性会得到进一步增强。

二、估值水平判断行情阶段属性

从历史统计数据分析，估值水平可以在一定程度上反映行情所处阶段的属性。表2-1-3是上证指数在部分行情底部和顶部的平均市盈率水平数据。

表2-1-3 部分行情顶部和底部的平均市盈率水平

行情底部			行情顶部		
时间	上证指数	平均市盈率PE	时间	上证指数	平均市盈率PE
1996年1月19日	512.83	19.44	—	—	—
2005年6月6日	998.23	16.59	2017年10月12日	6124.04	69.44
2008年10月28日	1664.93	13.25	—	—	—
2013年6月25日	1849.65	10.16	2015年6月12日	5178.19	24.93
2016年1月27日	2638.3	13.73	2018年1月29日	3587.03	19.66
2019年1月4日	2440.91	12.61	2019年4月8日	3288.45	15.99
2020年3月20日	2646.8	13.03	2021年2月18日	3731.69	16.84
2024年2月5日	2635.09	10.27	—	—	—
均值	—	13.64	—	—	29.37

从表2-1-3的数据可以看到，在历史行情底部区域，平均市盈率往往伴随出现底部。需要注意的是，市盈率的高低是指一个时间区域内市盈率的高低，而非特指某一个时点，市盈率估值是常用的判断指标之一，其对于抄底逃顶有一定的参考作用。比如2024年春节前夕出现的一次非理性下跌，如果我们观察每日的平均市盈率数据就可以发现，上证指数平均市盈率分别在2024年1月22日和2024年2月5日以10.23倍和10.27倍刷新了近年来的低点，随后指数触底回升。

三、证券化率是衡量证券市场估值水平的重要参考指标

证券化率是指证券总市值与国内生产总值的比率，是衡量证券市场发展程度的重要指标。具体公式如下：

证券化率=股市总市值/国内生产总值（GDP）×100%

巴菲特曾用这个公式来判断市场整体估值水平和股市的增长空间，所以这个指标又叫作“巴菲特指标”。巴菲特认为，如果证券化率处于70%～80%的区间内，买进股票会有不错的收益；如果证券化率低于70%，甚至进入60%的极限区间，则股市被严重低估。需要注意的是，西方发达国家资本市场发展相对成熟，证券化率相对较高，比如美国证券化率长期在75%～150%区间波动。由于国内资本市场发展只有30多年，还有一大批具有代表性的优质企业没有上市，所以整体看A股市场的证券化率相对较低。具体A股市场证券化率统计数据见表2-1-4，A股证券化率变化趋势如表2-1-4所示。

表2-1-4　A股市场证券化率统计数据

年份	A股总市值（亿元）	GDP(亿元)	证券化率
1991	109.19	21781.5	0.50%
1992	1048.14	26923.48	3.89%
1993	3541.52	35333.92	10.02%
1994	3690.61	48197.86	7.66%
1995	3474.28	60793.73	5.71%
1996	9842.38	71176.59	13.83%
1997	17529.23	78973.03	22.20%
1998	19505.63	84402.28	23.11%
1999	26471.17	89677.05	29.52%
2000	48090.94	99214.55	48.47%
2001	43522.19	109655.17	39.69%
2002	38329.12	120332.69	31.85%
2003	42457.71	135822.76	31.26%
2004	37055.56	159878.34	23.18%
2005	32446.01	184937.37	17.54%
2006	89441.35	216314.43	41.35%
2007	327291.31	265810.31	123.13%

续表

年份	A股总市值（亿元）	GDP(亿元)	证券化率
2008	121541.05	314045.43	38.70%
2009	244103.91	340902.81	71.61%
2010	265422.59	401512.8	66.11%
2011	214758.09	473104.05	45.39%
2012	230357.62	519470	44.34%
2013	239077.19	568845	42.03%
2014	371100	636463	58.31%
2015	531304	676708	78.51%
2016	507685	744127	68.23%
2017	567085	827122	68.56%
2018	434924	919281	47.31%
2019	592900	990865	59.84%
2020	797200	1015986	78.47%
2021	918810	1143670	80.34%
2022	787100	1204724	65.33%
2023	772300	1260582	61.27%
2024	—	—	—

GDP数据来源：国家统计局网站。

需要提醒的是，上述表中的数据主要来源于笔者平时工作过程中的收集整理，可能存在误差，不保证数据真实、准确和完整，其中GDP数据来源于国家统计局网站。表2-1-4所列的统计数据仅供参考。

四、牛熊交替的周期循环本质

从行为分析角度看，围绕市场对核心关键信息的预期和行为，从反应不足到过度反应的周而复始，市场情绪相应从恐惧到贪婪的循环往复，最终导致市场指数的周期性波动以及牛熊周期的轮转。

行情阶段顶底的构筑遵循情绪周期规律。周期永不变，物极则必反。情绪周期规律如图2-1-12所示。

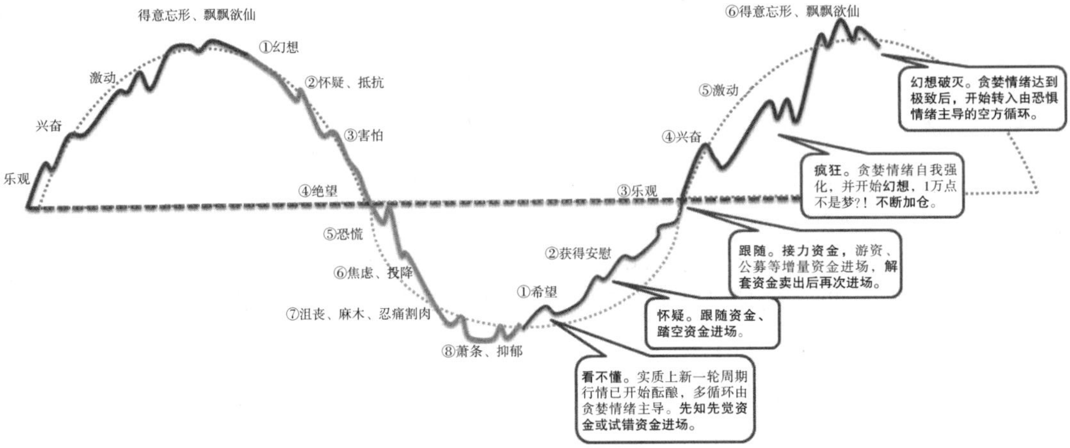

图2-1-12　情绪周期循环图

从情绪周期理论角度分析，牛市行情是由贪婪情绪主导的多方循环。其基本过程如下：

在行情启动初期，大部分投资者看不懂，先知先觉资金进场→市场对第一阶段上涨行情持怀疑态度→随着指数的不断上涨开始跟随（即市场情绪开始乐观）→市场乐观情绪不断自我强化进入疯狂状态（大部分投资者赚钱后激动加仓）→市场进入疯狂状态，开始幻想“1万点”不是梦（飘飘欲仙）→牛市“曲终人散”，最终幻想破灭→牛市顶部宣告形成。

熊市行情则正好相反，由恐惧情绪主导形成空方循环，具体过程如下：

在牛市冲顶的最后阶段不断吸引投资者进场，大部分投资者沉浸在赚钱的喜悦当中飘飘欲仙并开始幻想→牛市顶部开始下跌时还犹犹豫豫，当成正常的回调→在指数下跌反抽过程中，大部分投资者会处于抵抗状态甚至去加仓抄底→随着指数的连续下跌，市场悲观情绪逐渐扩散，很多投资者被越套越深，市场情绪开始崩溃→有些人陆续割肉离场，市场恐慌、绝望情绪继续扩散并自我强化→大部分投资者进入麻木状态，市场出现最后一跌，他们在恐惧、绝望情绪驱使下最终割肉离场解脱→底部宣告形成。

需要提醒的是，熊市“最后一跌”的行情一定会让人备受折磨，痛不欲生，股价表现不仅仅会让人大失所望，甚至会让人怀疑人生，悔不当初。

五、历史上筑底行情“最后一跌”的特征分析

复盘历史上筑底行情的“最后一跌”，往往是在跌到麻木状态后，最后一次恐慌杀跌，短短两三个交易日指数平均跌幅达到7.5%。从空方循环周期理论看，最后一跌通常伴随着大量恐慌盘的割肉，绝望情绪通过割肉，彻底解脱“内心痛苦”，之后底部成立历史上筑底行情的“最后一跌”特征分析如表2-1-5所示。

表2-1-5　历史上筑底行情的“最后一跌”特征分析

序号	最后一跌时间	指数区间	跌幅	交易日天数	备注
1	1992年11月13日～11月17日	414.09～386.85	6.5%	3	—
2	1994年7月27日～7月29日	371.10～325.89	12.18%	3	三天跌幅超12.18%
3	1996年1月15日～1月19日	547.76～512.83	6.3%	4	1996年大牛市，512.83点上涨至1258.68点
4	1999年5月12日～5月17日	1099.99～1047.83	4.7%	4	著名的5·19行情
5	2005年5月31日～6月6日	1060.74～998.23	5.89%	5	股改大牛市，998.23点上涨至6124.04点
6	2008年10月23日～10月28日	1875.56～1664.93	11.23%	3	—
7	2013年6月18日～6月25日	2159.29～1849.65	14.33%	5	其中在2013年6月23日和6月24日两天时间，指数从2068.86点急跌至1849.65点，两天跌幅10.59%。此后迎来杠杆牛市，从1849.65点最高上涨至5178.19点
8	2016年1月25日～1月27日	2938.51～2638.30	10.21%	2	两天跌幅10%
9	2018年12月25日～2019年1月4日	2504.82～2440.91	2.5%	6	—
10	2020年3月13日～3月19日	2887.43～2646.80	8.33%	4	—
11	2022年4月22日～4月27日	3086.92～2863.65	7.23%	3	—
12	2022年10月26日～10月31日	2999.50～2885.09	3.8%	3	—
13	2024年1月29日～2月5日	2923.90～2635.09	9.87%	6	—
均值	—	—	7.93%	3.92	—

1996年1月15日至1月19日，4个交易日跌幅6.3%，市场完成“最后一跌”，

其K线图如图2-1-13所示。

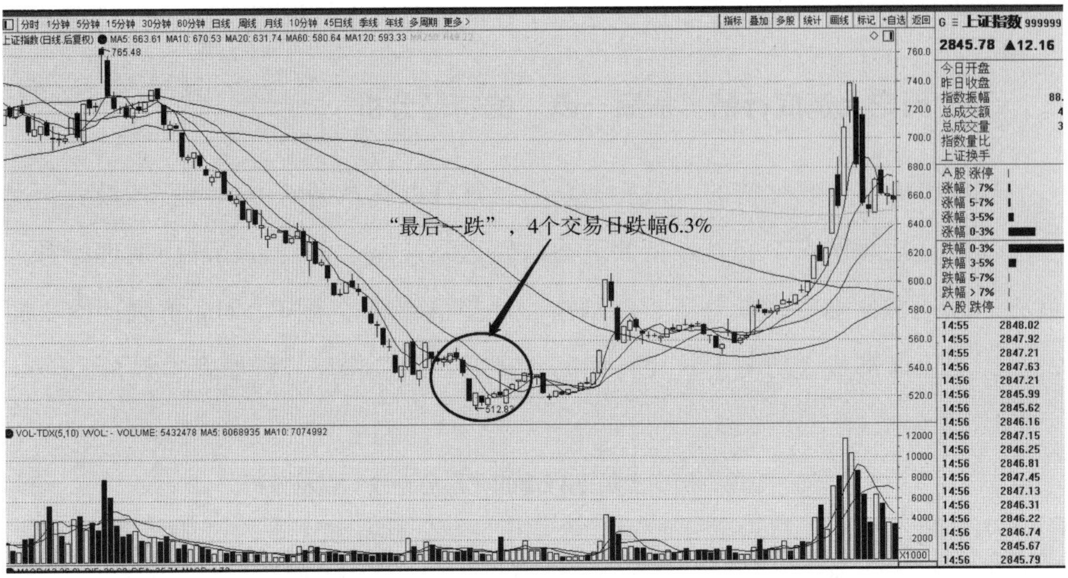

图2-1-13　1996年1月份行情"最后一跌"K线图

2005年5月31日至6月6日，5个交易日跌幅5.89%，市场完成"最后一跌"，其K线图如图2-1-14所示。

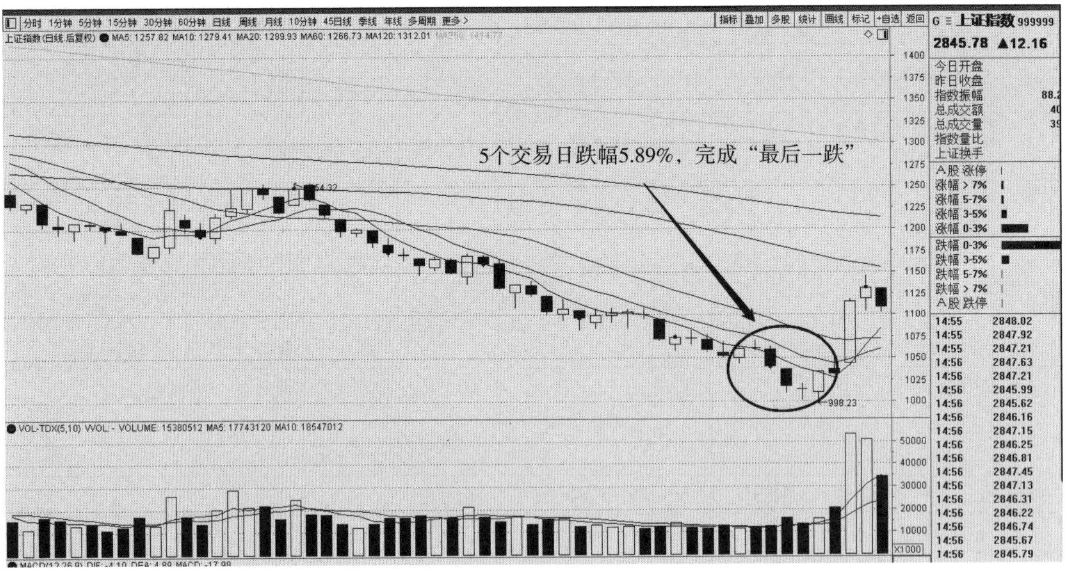

图2-1-14　2005年5月份行情"最后一跌"K线图

2013年6月18日至6月25日，5个交易日累计跌幅14.33%，最后2个交易日指数从2068.86点下跌至1849.65点，跌幅超过10%，其K线图如图2-1-15所示。

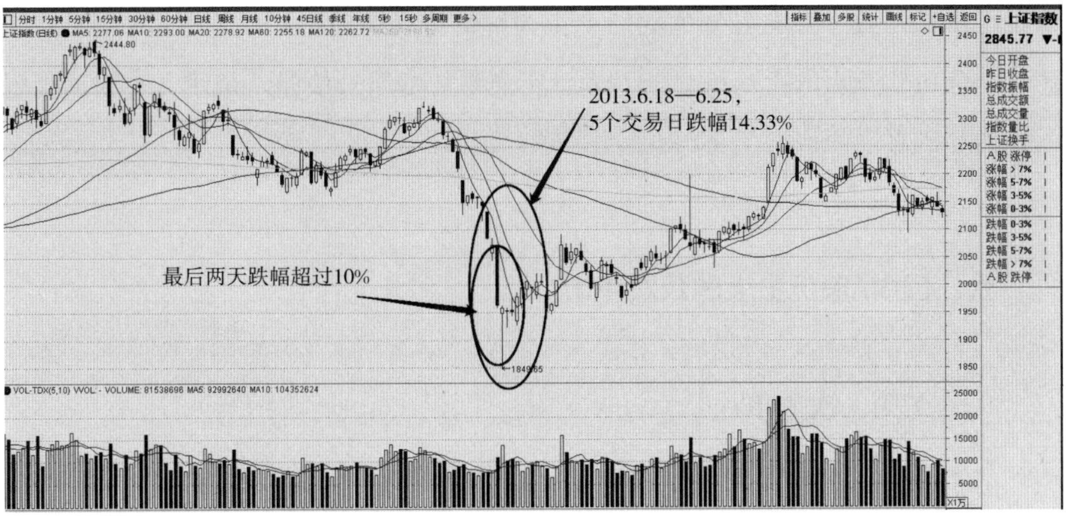

图2-1-15　2013年6月份行情“最后一跌”K线图

2024年1月29日至2月5日，上证指数从2923.90点连续急跌至2635.09点，6个交易日重挫9.87%，市场一片恐慌。其K线图如图2-1-16所示。

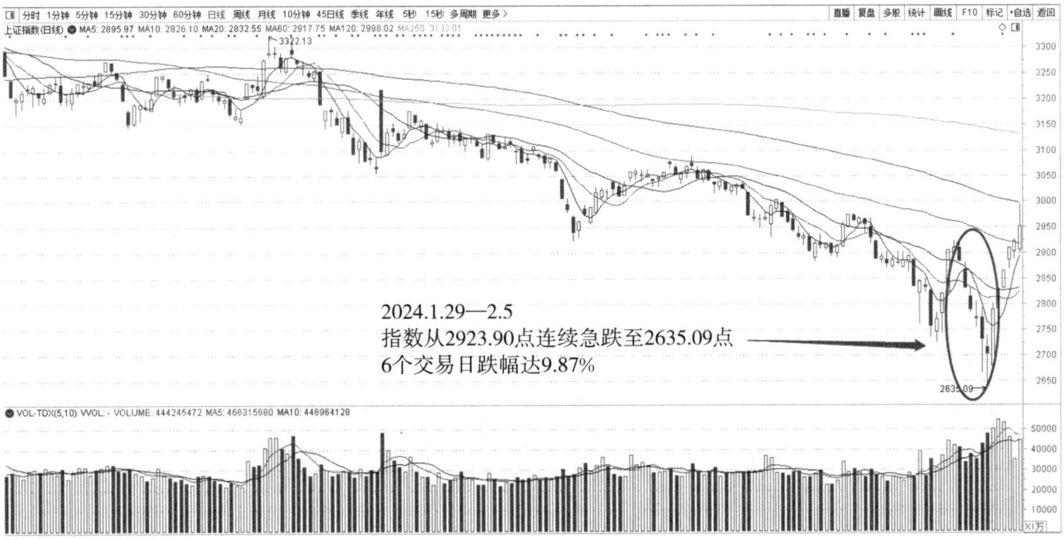

图2-1-16　2024年2月份行情“最后一跌”K线图

万物皆周期，在无人问津时买入，在人声鼎沸时卖出，这不仅仅是投资常识，更是投资实践升华的哲理。著名的逆向投资大师邓普顿说过：“行情总是在绝望中诞生。”

A股市场牛熊交替过程的“最后一跌”，会让人性的恐惧在“羊群效应”下体现得淋漓尽致，只有先知先觉、真正理解情绪周期理论，才能透过K线看清隐藏在“危机”背后的投资机会。因为投资交易的本质是信仰，是建立在透彻理解人性的基础之上的。

六、国内A股历史上的八次牛市

（一）第一次牛市

1990年12月19日，上海证券交易所开业，嗅觉灵敏的资金率先进入市场，当时市场只有8只股票，包括飞乐音响、延中实业、爱使股份、真空电子、申华电工、飞乐股份、豫园商场和浙江凤凰，人称“老八股”（如图2-1-17）。由于市场体量小，股指一路上扬。当时交易制度实施1%涨跌停板（后改为0.5%）限制，股指从95.79点开始，历经一年半的持续上扬，后来在取消涨跌停板的刺激下，到1992年5月26日，不到两年时间，股指从95.79点最高冲高到1429.01点。第一次牛市的时间跨度是从1990年12月19日到1992年5月26日。

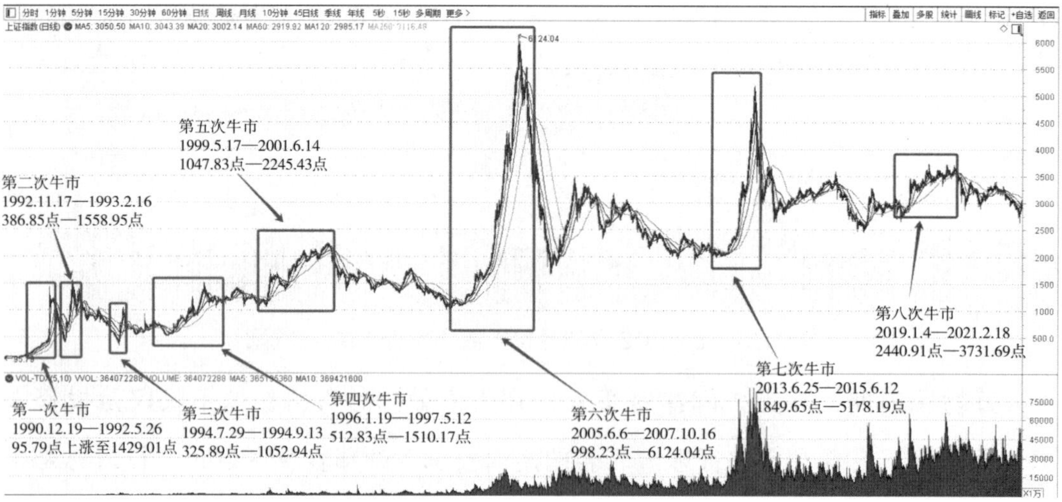

图2-1-17　国内A股历史上的八次牛市

（二）第二次牛市

1992年，邓小平同志的南方谈话，坚定了改革的方向。股指从当年11月17日的386.85点，在3个月时间里上涨3倍多，达1558.95点。第二次牛市的时间跨度是从1992年11月17日到1993年2月16日。

（三）第三次牛市

1994年7月30日，政府出台“三大利好”救市，8月1日沪指跳空高开，第三次牛市启动，在1个多月时间里，股指从325.89点上涨至1052.94点。第三次牛市的时间跨度是从1994年7月29日到1994年9月13日。

（四）第四次牛市

1995年下半年，市场超跌，四川长虹市盈率仅为3倍，从8月开始四川长虹开始悄悄走强，业绩白马股逐步受到主流资金的关注。至1996年1月19日，股指探至低点512.83点，绩优股股价大面积超跌，具备启动新一轮行情的条件。1996年1月，管理层停发新股，各路资金纷纷布局绩优股，第四次牛市启动。由于股指一路上涨，管理层出台了一系列政策抑制股市爆炒，直到1997年5月10日(周六)印花税由3‰上调至5‰，5月12日创下高点1510.17点。第四次牛市的时间跨度是从1996年1月19日到1997年5月12日。

（五）第五次牛市

1999年5月19日，《人民日报》发表社论，指出中国股市会有很大发展空间。一时间，投资者踊跃入市，股市暴涨，这次牛市后来被称为5·19行情。2000年2月13日，证监会决定试行向二级市场配售新股，市场资金空前增加，科技网络行情的强劲喷发，推动沪指创下2245.43点的历史最高点。第五次牛市的时间跨度是从1999年5月17日到2001年6月14日。

（六）第六次牛市

2005年5月，股权分置改革正式启动。入世后市场资本得到快速积累，加上股指经过长期熊市处于底部区域，市场具备牛市基础。叠加人民币升值预期，资金流动性过剩，大量开放式基金发行，资金全面进入市场，最终形成轰轰烈烈的股改大牛市。此轮股改行情持续两年多时间，直到2007年10月16日，沪指又一次创下了6124.04点的历史最高点，底部算起股指暴涨6倍多。第六次牛市的时间跨度是从2005年6月6日到2007年10月16日。

（七）第七次牛市

2012年，新一届政府领导主政，当年12月前往深圳视察，在深圳莲花山公园与当年参与特区建设的老同志交谈，向市场释放坚定的改革决心，股市止跌。随后推出一系列的政策，股市于2013年6月25日从1849点开始起涨。2014年，市场对管理层市场改革预期加强，叠加配资横行，大量的杠杆资金冲入股市，股市快速暴涨，一年多时间就冲向5178.19点。第七次牛市的时间跨度是从2013年6月25日到2015年6月12日。

（八）第八次牛市

进入2018年，在贸易战的影响下，股指出现新一轮探底后于2019年1月4日的2440.91点止跌。在机构抱团核心资产的推动下，股指震荡攀升最高至2021年2月18日的3731.69点。同日，贵州茅台创出2627.88元的历史高点后开始下跌。第八次牛市的时间跨度是从2019年1月4日到2021年2月18日。

CHAPTER 第二章 行情性质决定操作模式

判断行情性质的目的是明确操作思维，不同行情属性下的操作思维存在本质区别。牛市行情对应牛市思维，一旦抓住主线机会就不要轻易放过。牛市初期阶段，股票涨得不够多，涨得不够快，很多投资者便没有了耐心，频繁换股，每天都想找到涨得更快的个股，而结果往往会事与愿违，换股买入的可能阶段性涨到头了，卖了的反而又轮动开始起涨，多数时候是捡了芝麻丢了西瓜。所以一旦认定行情属性和选择好投资标的之后，更需要耐心才能守得住。在牛市阶段要采取进攻模式，仓位要放大，而且不能轻易卖掉底仓。在熊市阶段则相反，由于整体趋势向下，切忌恋战，应当采取防御模式，采用机动仓灵活出击、快进快出的操作模式。

一、牛市行情三阶段的一般特征

（一）牛市初期——否极泰来，乐观预期在先知先觉资金带动下开始形成

牛市行情的第一波上涨速度比较快，短短1个月的涨幅就可能超过20%，同时伴随成交量的放大。此前被套牢的投资者对股市关注程度比较低，在熊市“最后一跌”割肉离场的投资者仍然沉浸在“被蛇咬”的状态中，自然而然不敢贸然进场，因此大多会错过第一买点，而且投资者还担心指数只是反弹，后面会继续下跌，都不敢轻易再进场。

这个阶段主要是先知先觉资金主导，毕竟“春江水暖鸭先知”，总有一部分

资金具有极度敏锐的嗅觉，对政策高度敏感并深刻理解人性。此时，场内大多数机构都认为只是超跌反弹，是超跌的修复阶段，因此会建议投资者继续保持冷静，不要轻易追涨。此时，基金募集仍然处于冰点状态，基金好做不好发的效应再次重演。大部分券商、银行以及保险机构会继续向投资者推广债券等固定收益类产品。

情绪特征经历极度冰点后，实际上市场预期已经出现拐点，以部分先知先觉资金的进场作为信号，市场乐观预期开始形成。从盘面特征看，成交量逐渐摆脱长期低迷的状态，交投逐渐活跃。中长期均线如120日均线和250日均线开始走平，且指数快速向中长期均线附近靠拢，其他中短期均线形成多头排列。前期超跌的低价、破净股、破发股走势逐渐得到修复，权重板块以及人气板块推动指数继续震荡走高。

在经历第一波快速上涨之后，大部分投资者尽管看到了希望，但仍然普遍缺乏安全感，一旦盘面出现风吹草动就会卖出。加上政策上的利好兑现之后，投资者极易受到股价波动的盘面信号影响，信心会再次被动摇，此时，之前被深套的投资者、短线技术派、以波段趋势策略为主的投资者陆续开始减仓或抛售，指数承压出现回踩。但此前的先知先觉资金和中长线战略投资者将趁机吸筹，加码布局，导致指数回踩在重要整数关口、重要技术均线附近获得企稳信号。

牛市初期的回调阶段通常调整幅度不会很大，振幅也不剧烈，场内投资者关注到指数跌不下去，不再继续抛售，且随着指数的逐渐企稳，大部分个股止跌回升。与此同时，新增开户数和基金发行等数据的逐渐回升意味着后知后觉资金陆续进场，推动指数企稳回升，重返上涨趋势。

从操作策略看，牛市初期是布局中长线的重要时机，操作难度明显降低，策略上主要以中长线分批建仓布局为主，短线灵活机动操作为辅，总仓位可以放大到七至八成，机动仓二至三成。在牛市初期的震荡和回踩阶段，我们可以适当动用机动仓，结合行情节奏灵活机动，但底仓不应轻易卖出。

（二）牛市中期——乐观预期强化，赚钱效应扩散

经过牛市初期的第一波拉升和新一轮的回调蓄势之后，指数迅速突破关键阻力位，包括有效突破中长期均线的重大心理压力位置。随着重要技术压力位的突破和赚钱效应的形成和扩散，之前在底部忍痛割肉的投资者开始后悔，一直处于观望状态的投资者心态开始转变，从看不懂、犹豫、不敢买，变成担心踏空，于是这类投资者开始谨慎跟随，重新进场。市场交易活跃度、新增开户数、基金发行量明显增加，市场人气重趋活跃。在各路新增资金的驱动下，市场乐观预期进一步扩散，推动指数进入主升阶段。

伴随领涨板块和龙头个股的强势领涨，赚钱效应十分显著，市场乐观预期不断强化。此时，大部分个股的估值得到有效修复，板块和个股的估值陆续进入相对高位。券商等研究机构开始调高对上市公司的盈利预测。但经济学家们的观点开始出现分歧，唱多与唱空的经济学家开始打口水战，大部分投资者被混淆视听，无法作出准确判断，会继续跟风买进。

需要注意的是，经过一轮主升阶段后，市场估值开始进入高位，此时传统价值投资者开始谨慎，纷纷开始兑现，并拖累指数开始出现较大幅度的震荡。但由于市场情绪十分高涨，经过快速宽幅震荡之后，大盘继续上攻。

在牛市中期，由于赚钱效应的不断扩散，导致投资者的乐观情绪自我强化，这个阶段板块和个股都进入主升阶段。对于进入主升阶段的个股要守得住，在趋势不改的前提下不要轻易卖出。总体上看，牛市中期是获利的重要阶段，策略模式上应采取主动进攻模式，应敢于放开仓位大胆配置。因此总仓位可以放大至八成以上甚至满仓操作。

（三）牛市末期——贪婪情绪进入极度疯狂状态

大量投资者在错过了主升阶段的暴涨行情后，纷纷追高加码买进，市场吸引着大量的场外新增资金不断进场，新增开户数、基金发行数量和规模持续创出新高。

由于指数持续创新高，行情完全突破了券商等机构之前预测的运行区间，分

析机构开始大幅度调高指数运行区间，加上媒体渲染牛市还未结束，甚至刊登某大学生、菜农、小贩从10万元炒到200万元的“股神故事”，整个市场都充斥着积极乐观的气氛，人们在大量乐观信息和赚钱效应的驱使下渐渐失去了独立思考问题的能力，深信牛市刚刚进入下半场。大量以前不炒股的人开始进入股市，导致新增开户数创新高。几乎所有的媒体都在谈论股市，人们到处谈论股市并不停推荐自己看好的股票，券商等研究机构也一致看好上市公司明年的业绩。甚至有一些投资者开始唾骂谨慎看空的经济学家，不再相信他们的言论。

进入牛市冲顶的最后疯狂阶段，指数经过连续快速上涨后，开始在高位滞涨，市场已出现疲态，而且领涨板块和龙头个股的股价已经见顶并出现回调，同时伴随大股东或产业资本减持行为。此时，监管层以及官媒对市场的态度趋紧，在赚钱效应不断扩散，吸引大量场外资金进场的同时，部分获利盘开始选择离场。由于市场分歧开始加大，指数暴涨暴跌成为常态，尤其是日内波动幅度很大，甚至出现5%以上的振幅，市场成交量继续放大，且屡创新高并达到顶峰，散户入市热情高涨。此时，贪婪情绪主导下的多方循环进入到最后疯狂的状态，尤其是被赚钱效应吸引进场的大批新股民，他们一买就赚，轻松获利后继续加码买入，一个个得意忘形。

牛市后期在极度乐观情绪推动下依然有较大的获利空间，尽管体感风险低，但真实的系统性风险极高，风险正悄然来临。从策略角度看，必须采取边打边撤的策略逐渐降低仓位，最后保留一部分机动仓，在牛市初期建仓的底仓部分应该大部分获利兑现，尤其是在最后的冲顶阶段，必须逢高派发逐步清仓了结，总仓位不超过五成。

二、熊市行情三阶段的一般特征

（一）熊市初期——乐极生悲，悲观情绪开始酝酿

在牛市最后冲顶阶段放出天量后，成交量开始逐渐萎缩，而且个股分化严

重，此时部分个股还在冲顶过程，权重股可能出现护盘现象，大部分投资者开始进入只赚指数不赚钱的阶段。在熊市初期阶段，前期的领涨板块已经开始见顶回落，有的个股已经开始走出明显的下降通道，尽管市场还沉浸在牛市的乐观氛围中，但此时悲观情绪已开始酝酿。

尽管行情开始悄然下跌，但是大家并没有意识到牛市已经结束，反而认为此时是牛市下半场的回调蓄势阶段，是波段进场的好时机，于是大部分投资者逢低继续买入，摊低成本。此时大量媒体依然在宣传牛市才到半山腰。少部分投资者意识到牛市已结束，开始撤离股市。大盘往往涨一天，跌两天，不断出现大阴小阳的组合，市场指数重心下滑，均线系统呈现出明显的空头排列现象。

由于大量散户在下跌过程中抵抗抄底，指数在初期下跌途中会出现反抽，但是没能再创出新高，媒体依然看好后市，大部分券商等研究机构的研究报告依然以看多为主。人们幻想着牛市还要继续，因此每次下跌都能吸引部分投资者逢低买入，导致多空双方处于一种胶着状态，总体呈现高位震荡格局，但上涨乏力，中途的震荡性质属于中继下跌。这个阶段，新增开户数见顶回落，交易活跃度达到高峰后反复走低，技术上出现上影线较长的日K线甚至断头侧的长阴线。

熊市初期阶段切忌贸然进场、盲目重仓抢反弹，必须严格控制仓位。

（二）熊市中期——大部分投资者被越套越深，出现恐慌杀跌

大盘指数从高位回落后，尽管中途出现技术性反抽，甚至连续反抽的幅度高达10%，但始终无法突破技术压制，导致市场重心不断下移，而且很多弱势个股在短暂止跌后继续大幅下挫，连续击穿各均线系统支撑位。

从技术角度看，大盘连续跌穿60日、120日及250日均线，指数正式跌破牛熊分界线后，大部分投资者终于如梦初醒，意识到牛市已经过去，熊市已经到来。但此时为时已晚，此前大部分投资者幻想牛市还未结束，认为回调后还会继续上涨，因此在下跌初期还不断补仓，导致越陷越深。伴随指数的反复下挫，市场新增开户数量锐减。媒体、机构也纷纷开始唱空、看空后市，悲观情绪进一步蔓延扩散。媒体稍微有利空，便会被敏感脆弱的神经无限放大，进一步引发恐慌情

绪，诱发新一轮的下跌。

熊市中期的下跌与熊市初期的下跌有明显的区别。这个阶段，投资者情绪十分不稳定，信心十分脆弱。由于市场缺乏承接力，稍有风吹草动都会引发急速下跌，这种急跌反过来会强化市场的悲观情绪，导致其进一步蔓延。因此，由于市场信心严重不足，任何小利空都可能导致市场情绪高度紧张，时不时就出现暴跌，投资者割肉的意愿逐渐强烈。

从操作策略角度看，由于熊市中期都是大阴小阳，总体方向继续向下，因此必须把总仓位水平降到最低，只能在大跌后采取少量机动仓灵活出击，并在严格止盈止损下快进快出。

（三）熊市末期——最后的恐慌杀跌后再次迎来否极泰来的拐点

熊市末期市场人气依然清淡，整体走势偏空，成交量处于持续萎缩状态。熊市末期几乎不会出现像样的反弹，行情极易受到技术均线的压制，此时投资者在深度套牢等待机会中逐步走向失望、绝望。

由于市场经历长时间的调整，指数稍微企稳时投资者都认为这是底部，券商等研究机构也开始发出逢低买入的观点。很多媒体也开始预测底部位置，但指数最终会击穿所有人预测的所谓底部。尤其是“最后一跌”，会再次出现大量恐慌割肉盘，很多股票几天内就跌去30%、40%，甚至再次出现股价腰斩，来不及割肉的投资者只好趴下不动，做好“死了都不卖”的心理准备。

大家开始谈股色变，人们开始质问：“监管层在干吗？”由于市场交易量长期萎缩，券商、公募、私募机构裁员降薪的消息，甚至是有机构大批员工放假、要关门倒闭，有业内人士跳楼等的传闻频频传出。

熊市末期的“最后一跌”是最恐怖的阶段。此阶段最大的特点是：指数在短短几天出现快速下跌，大部分个股出现毫无理由、毫无征兆的急跌，而且跌幅十分大，甚至短短几天股价就被腰斩。即使有短线强势股，也只是“一日游”行情，第二天根本不给卖出的机会。部分基金等机构触及止损平仓线，被迫挥泪砍仓。每一波的下跌都会击穿分析人士所预测的支撑区间。整个市场弥漫着“世界末日”的氛围。

面对市场持续弱势下行，政府担心股市融资功能丧失，会不断出台利好救市政策措施，包括中央汇金等机构增持石油石化、银行、保险等大盘蓝筹股，一部分长线资金开始入场布局。但投资者对出台的一系列利好政策视而不见，依然处于恐慌绝望的状态。

经过熊市末期的“最后一跌”，大部分个股都被严重错杀，因此熊市末期是中长线个股提前分批布局的好时机，但需要耐心等待市场暴跌之后从中长线角度分批布局，操作策略上应采取蛰伏策略，着眼长线战略为主。万物皆周期，要敢于买在无人问津时，买得便宜就是硬道理。

总之，行情性质决定操作模式，不同行情应对应采取不同的操作模式，具体操作规范归纳如表2-2-1所示。在实际操作实践中，由于不同投资者的风险承受能力等级不同，投资风格不同，对股价波动的容忍度也有很大的差异，因此在设定具体仓位规范（如设定底仓、机动仓的参数）时，一定要结合自身实际情况，通过实际操作不断总结摸索出真正适合自身的策略模式。

表2-2-1　不同行情属性下的策略模式

行情阶段	市场情绪特征	技术特征	策略模式	仓位规范
牛市初期	牛市行情的第一波上涨速度比较快，短短1个月涨幅就可能超过20%，同时伴随成交量的放大。此前被套牢的投资者对股市关注程度比较低。情绪特征经历极度冰点后，实际上市场预期已经出现拐点，以部分先知先觉资金的进场作为信号，市场乐观预期开始形成	成交量温和放大；下跌趋势得到扭转，技术形态上呈现V型底部、W型底部、U型底部、头肩底部、圆弧底雏形等特征	进攻模式	牛市初期是布局中长线的重要时机，操作难度明显降低，策略上主要以中长线分批建仓布局为主，短线灵活机动操作为辅，总仓位可以放大到七至八成，机动仓二至三成。在牛市初期的震荡和回踩阶段，可以适当动用机动仓，结合行情节奏灵活机动，但底仓不应轻易卖出
牛市中期	经过牛市初期的第一波拉升和新一轮的回调蓄势之后，指数迅速突破关键阻力位，包括有效突破中长期均线的重大心理压力位置。随着重要技术压力位的突破和赚钱效应的形成和扩散，之前在底部忍痛割肉的投资者开始后悔，一直处于观望状态的投资者心态开始转变，从看不懂、犹豫、不敢买，变成担心踏空，这类投资者开始谨慎跟随，重新进场。市场交易活跃度、新增开户数、基金发行量明显增加，市场人气重趋活跃。在各路新增资金的驱动下，市场乐观预期进一步扩散，推动指数进入主升阶段	大涨小回，整体趋势向上，形成典型的趋势性行情，各均线系统呈现多头排列	进攻模式	在牛市中期，由于赚钱效应的不断扩散，导致投资者的乐观情绪自我强化，这个阶段板块和个股都进入主升阶段。对于进入主升阶段的个股要守得住，在趋势不改的前提下不要轻易卖出。总体上看，牛市中期是获利的重要阶段，策略模式上应采取主动进攻模式，应敢于放开仓位大胆配置。因此总仓位可以放大至八成以上甚至满仓操作

续表

行情阶段	市场情绪特征	技术特征	策略模式	仓位规范
牛市末期	大量投资者在错过了主升阶段的暴涨行情后，纷纷追高加码买进，市场吸引着大量的场外新增资金不断进场，新增开户数、基金发行数量和规模持续创出新高。市场乐观情绪进入疯狂状态	天量见天价后出现断头侧的长阴破位的异动K线，形成头肩顶、M型顶等头部特征	攻防兼备，过渡到以防御为主	牛市后期在极度乐观情绪推动下依然有较大的获利空间，尽管体感风险低，但真实的系统性风险极高，风险正悄然来临。从策略角度看，必须采取边打边撤的策略逐渐降低仓位，最后保留一部分机动仓，在牛市初期建仓的底仓部分应该大部分获利兑现，尤其是在最后的冲顶阶段，必须逢高派发逐步清仓了结，总仓位不超过五成
熊市初期	熊市初期成交量在牛市最后冲顶阶段放出天量后，成交量开始逐渐萎缩，而且个股分化严重，此时部分个股还在冲顶过程，权重股可能出现护盘现象，大部分投资者开始进入只赚指数不赚钱的阶段。熊市初期的阶段，在前期的领涨板块已经开始见顶回落，有的个股已经开始走出明显的下降通道，尽管市场还沉浸在牛市的乐观氛围中，但此时悲观情绪已开始酝酿	指数大跌小回，反复破位，指数跌破颈线，且下跌过程明显放量	防御模式	切忌贸然进场、盲目重仓抢反弹，必须严格控制仓位
熊市中期	熊市中期的下跌与熊市初期的下跌有明显的区别。这个阶段，投资者情绪十分不稳定，信心十分脆弱。由于市场缺乏承接力，稍有风吹草动都会引发急速下跌，这种急跌反过来会强化市场的悲观情绪，导致其进一步蔓延	大盘指数从高位回落后，尽管中途出现技术性反抽，甚至连续反抽的幅度高达10%，但始终无法突破技术压制，导致市场重心不断下移，而且很多弱势个股短暂止跌后继续大幅下挫，连续击穿各均线系统支撑位	防御模式，少量机动仓抢反弹，快进快出	由于熊市中期都是大阴小阳，总体方向继续向下，因此必须把总仓位水平降到最低，只能在大跌后采取少量机动仓灵活出击，并严格止盈止损下快进快出
熊市末期	熊市末期市场人气依然清淡，整体走势偏空，成交量处于持续萎缩状态。熊市末期几乎不会出现像样的反弹，极易受到技术均线的压制，此时投资者在深度套牢等待机会中逐步走向失望、绝望	熊市末期的最后一跌是最恐怖的阶段。此阶段最大的特点是：指数在短短几天出现快速下跌，大部分个股毫无理由、毫无征兆地急跌，而且跌幅十分大，甚至短短几天股价就被腰斩	蛰伏策略	经过熊市末期的最后一跌，大部分个股都被严重错杀，因此熊市末期是中长线个股提前分批布局的好时机，但需要耐心等待市场暴跌之后从中长线角度分批布局，操作策略上应采取蛰伏策略，着眼长线战略为主。万物皆周期，要敢于买在无人问津时，买得便宜就是硬道理

CHAPTER 第三章 股票操作评级与投资属性

一、券商研报的相对评级体系

对于大部分普通投资者来说，券商研报是获取上市公司经营情况、资讯点评以及投资逻辑与建议的重要渠道之一。通常，券商研报中股票的评级标准会体现报告发布日后6～12个月内股票的相对市场表现，也就是以报告发布日后6～12个月内的公司股价相对同期相关证券市场代表性指数的涨跌幅作为基准进行评价。

券商对股票评级主要包括以下四类，如表2-3-1所示。

表2-3-1 券商股票评级

买入	相对同期相关证券市场代表性指数（大部分券商采用同期沪深300指数为基准；少部分以同期上证指数/深证成指为基准）涨幅 20% 以上
增持	相对同期相关证券市场代表性指数涨幅介于 5%～20%
持有	相对同期相关证券市场代表性指数涨幅介于 -10%～5%
卖出	相对同期相关证券市场代表性指数跌幅10%以上

注：A股主板通常以沪深300指数为基准，新三板市场以三板成指（针对协议转让标的）或三板做市指数（针对做市转让标的）为基准；创业板基准为创业板指。

一份完整的券商研报，一般会用最新公开资讯、客观事实、数据以及调研信息作为依据，对某只股票的价值进行综合分析，得出对上市公司盈利预测与财务指标的看法，对股票进行投资评级，包括深度研究报告、业绩点评报告、动态研究报告、事件点评报告等。研报内容中提及的关键数据是值得留意的，比如上市公司经营数据，包括产品种类、产量、价格等客观数据，以及上市公司财务方面的数据等。

一般来说，当券商分析师对某只股票给出“买入”或“增持”评级时，说明比较看好这只股票未来的走势。当券商对某只股票给出“持有”评级时，说明对这只股票是否能够盈利可能没有太大的把握，但从长期角度看，可能有一定的收益。而当出现“卖出”评级时，就是不看好这只股票的后期表现。券商对股票的评级是基于同期大盘的基准进行比较的，因此在实际运用中需要注意阅读评级说明。比如指数涨了，未来6个月内某只股票走势明显弱于大盘同期表现，并不代表这只股票会下跌，只是没有同步跟上大盘的涨幅。一般券商研报也会作出说明，股票评级采用的是相对评级体系，投资者买入或者卖出股票的决定取决于个人的实际情况，比如当前的持仓结构以及其他需要考虑的因素等，不能把研报结论作为唯一决策依据。

券商对上市公司进行研究的依据主要是上市公司披露的信息，以及通过调研等渠道获取的上市公司一手资料，其中财报及盈利预测数据更多是基于过去的历史数据去预测未来表现，因此会带有主观判断的成分，如果上市公司的信息发生变化或者跟踪不及时，那么当前的研报结论是不能及时对信息作出反应的，因此研报结论具有一定局限性。所以在实际使用券商研报时，更多是了解其投资逻辑和分析方法，而不过多去关注其评级结论，尤其是估值目标区间。

针对券商研报的管理，中国证券业协会对发布研究报告业务制定了《发布证券研究报告执业规范》和《证券分析师执业行为准则》两个自律规则，对人员资质、研究覆盖、信息来源、调研管理、研报制作、质控合规审核以及相关服务等重点环节作出明确规范，有利于提升研报质量和可信度，切实为投资者提供更准确、更有价值的投资决策依据。

二、探索建立中国特色的ESG评级体系

ESG，即环境（Environmental）、社会（Social）和公司治理（Governance），ESG指标从环境、社会和公司治理三个维度评估企业经营的可持续性与对社会价值观念的影响。自2004年联合国全球契约组织提出ESG这个概念以来，环境

（E）、社会（S）和治理（G）三个维度越来越得到监管部门、金融机构、投资人及上市企业的重视。ESG评级在全球ESG投融资及绿色产业投资中扮演着筛选投资标的、引导资金配置的重要作用。ESG评级体系如表2-3-2所示。

表2-3-2 ESG评级体系

一级指标	二级指标	三级指标
E环境（Environmental）	E1环境披露 E2环境管理 E3环境负面情况	1.是否属于环保部门公布的重点排污单位；公司资源能源消耗、水消耗、温室气体排放及节能情况。 2.环境管理体系，员工环境意识，绿色采购政策，废气、废水监测与处理，环境治理和保护的投入情况等；减排措施与成效。 3.水污染、固废污染、大气污染；突发环境事件的应急预案
S社会（Social）	S1员工关系管理 S2客户管理 S3产品管理 S4供应链管理 S5公益 S6社会负面情况	1.员工培训、劳动合同、职业健康等。 2.客户信息档案管理、客户信息保密制度（隐私保护）等。 3.产品体验、产品销售、消费者保护等。 4.供应链监测与责任管理。 5.捐赠、公益基金、公益活动等社会贡献。 6.员工、产品、客户关系等负面事件等
G公司治理（Governance）	G1公司治理 G2商业道德 G3公司治理负面情况	1.内部控制体系；组织架构；信息披露；股东大会、董事会和监事会规范运作；股权激励、员工持股计划、董监高人员变动情况、分红政策等。 2.合规管理、受监管机构处罚情况。 3.贿赂、腐败、高管声誉、公司形象等

从投资角度看，ESG评级就是从环境、社会责任、公司治理角度评价一个公司，目的是筛选出真正高质量、可持续发展的公司进行投资布局。

国际上有影响力的评级机构如MSCI（明晟），其从1993年以来就根据行业重大ESG风险对公司进行评级。MSCI ESG评级旨在衡量公司对财务相关ESG风险和机会的管理。其ESG评级范围包括领先（AAA，AA），平均（A，BBB，BB）到落后（B，CCC）7个等级。关注的核心指标包括碳排放、环境管理、劳动关系、人权、公司治理等10个议题以及对应的35个核心指标。截至2023年底，沪深交易所共有5107家上市公司，MSCI覆盖ESG评级的上市公司共645家，占比12.6%。

从ESG体系在我国的应用来看，ESG信息披露方面，香港交易所于2015年发布新版《环境、社会及管治报告指引》，沪深交易所在传统的公司治理信息披露要求之外，近年来也相继出台了《上市公司社会责任指引》《上市公司环境信息披露指南》等信息披露规则；同时，上交所鼓励科创板上市企业自愿披露ESG信息。

目前，中国证监会、沪深交易所对公司ESG信息披露的监管文件仍处于以自愿披露为主的阶段。为进一步规范上市公司可持续发展相关信息披露，2024年2月8日，沪深北三大交易所分别就《上海证券交易所上市公司自律监管指引第14号——可持续发展报告（试行）（征求意见稿）》《深圳证券交易所上市公司自律监管指引第17号——可持续发展报告（试行）（征求意见稿）》《北京证券交易所上市公司持续监管指引第11号——可持续发展报告（试行）（征求意见稿）》，向社会公开征求意见。该意见稿将对格式规范、指标体系、操作步骤等具体内容作详细、可参考的披露标准说明。这些征求意见稿旨在建立中国特色的上市公司可持续发展信息披露标准，引导A股公司践行可持续发展理念，提升披露质量，为构建新发展格局、推动资本市场高质量发展作出积极贡献。

2024年3月21日，上交所正式推出上证科创板ESG指数（代码000691），该指数反映科创板全市场ESG表现较好的上市公司证券的整体表现，选样方法兼具代表性和可投资性，综合考虑市值覆盖度、投资容量和ESG评价。具体而言，选取过去一年日均总市值位于样本空间前150名的上市公司证券作为待选样本，再在上述待选样本中，选取中证ESG评价得分最高的50只上市公司证券作为指数样本。

在我国大力推动“双碳”目标、促进经济高质量发展的背景下，ESG理念越来越受到社会各界的关注。国内已有机构通过实证分析ESG评级对股票投资价值的影响，研究发现，ESG评级与股票超额收益率存在显著的正向关系，这种正向影响能通过在企业内部提升经营绩效、在外部市场吸引投资者关注的途径实现，ESG评级能有效发挥内部价值创造作用、外部信号传递作用、外部声誉价值创造作用。在ESG投资实践方面，国内有些机构已逐步将ESG理念纳入投资决策中，逐渐开始接纳和认可ESG理念。考虑ESG因素的投资决策通常被称为“责任投资”。

三、市值管理角度的股票评级方法

市值管理是上市公司维护和提升自身市场价值的重要手段，随着监管层大力推动上市公司加强市值管理的各项措施的逐步落地，越来越多的上市公司开始重视市值管理，并将市值管理列为公司经营管理的重要工作和内部考核关键指标。

对投资者而言，当然希望越来越多的上市公司能做好市值管理，提高上市公司的质量，提升上市公司的投资价值。市值管理对上市公司进行综合评价，得出相应的股票操作评级，具有实战指导意义。我们曾通过总结一批历史上大牛股的基因特征，发现其中一个重要特征就是善于利用各种市值管理手段来增强上市公司竞争实力，提升上市公司的投资价值。

所谓市值管理（Market Value Management），是指上市公司以提升内在价值为核心理念，综合运用各种科学的、系统的、合规的价值经营方式和手段，以达到公司价值创造最大化、价值实现最优化的一种战略管理行为。简单来说，市值管理就是要保持公司市值处于一个相对合理的水平基础上，并通过提升公司内在价值，推动市值增加。比如，由于市场环境或情绪波动影响导致公司股价被严重低估了，上市公司可以通过回购、股东增持等方式来稳定市场信心和预期，进而稳定公司市值。通常而言，市值管理的手段主要有这几点：首先是做好经营管理，推动公司业绩增长，从而促进市值上升；其次通过增持或回购股份向市场发出积极信号，稳定市场预期；最后，通过股权激励、员工持股计划等手段实现利益绑定，调动各方积极性，共同推动公司经营良性发展。当然，最核心的是提高上市公司的经营业绩，让市场发现投资价值，推动市值上升。

我们知道，上市公司的市值计算有两个公式：

（1）市值=税后净利润↑×市盈率

（2）市值=股价↑×股本

（备注：市盈率计算公式是PE = 市场价格/每股收益。每股收益=归母净利润/普通股总数。市盈率=总市值/净利润。）

市值管理就是通过第一个公式创造价值；通过第二个公式实现价值。市值管理的方法本质上就是创造更多的利润，然后通过增持、回购、分红等方式保证价值的回归、价值的实现。因此，不能将市值管理简单地认为就是拉升公司股价。市值管理常用手段如表2-3-3所示。

表2-3-3　市值管理常见手段

市值管理常用手段	说明
并购重组	这是市值管理的常见做法，包括两个方面：一是公司通过合并的方式，把两家企业股权合并到一起；二是收购同行业或者上下游优质的公司。二者的目的都是使公司市场份额扩大和集中，增强议价能力，扩大规模
业务拆分	通过业务拆分，将一些不属于公司核心业务的部分从主体公司剥离出来，只保留、聚焦自己的主营业务。这是因为公司若存在两种以上不同的业务，其业务风险、现金流状况不同，合并在一起可能导致公司估值变低。通过业务分拆，能使其达到1+1＞2的效果
剥离不良资产	不良资产剥离符合公司长远发展战略，也是公司发展战略的合理选择。将不符合企业长期发展战略、没有成长潜力的业务或产品剥离，这样可以集中资源经营重要业务和产品，可以使公司优质资产获得更有效的配置，提高企业资产的质量和资本的市场价值
股权激励	对企业来说，股权激励的作用在于：能给企业吸引、稳定、激励优秀的管理人才和核心技术骨干，提高公司的行业竞争力，改善公司业绩。 对股权激励对象来说，其作用在于：被激励的对象除了工资以外还拥有股权，拥有股权后如果公司分红，还能享受分红，这样有更好的福利待遇以及更高的薪酬，员工做事更加有积极性，助力改善公司业绩
投资者关系	加强投资者管理，比如通过路演平台、互动平台等在严格遵守信息披露规则的前提下，向投资者和市场及时传递有效、真实的信息
股票回购	上市公司利用现金等方式，从股票市场回购股票。股份回购有利于提振投资信心，改善投资者预期。 一家公司是否应该回购股票，需要综合考虑两个因素。首先，公司拥有满足日常运营所需之外的、可动用的现金，这包括现金以及合理的借款能力。其次，公司在市场上交易的股价低于保守计算的内在价值。——沃伦·巴菲特
引入新股东、新战略合作伙伴	吸引新股东或引入战略合作伙伴，能够充分利用双方优势资源，共同打开业务市场，达到企业增长空间及盈利上升、估值提升的目标
现金分红	从国家四本账的角度看，提高现金分红力度，将利润上缴国家财政是市值管理的终极目标。提高现金分红力度也有利于提振市场信心，维持甚至提升公司市值

我们在了解市值管理的常见手段后，可以通过建模综合评价上市公司的市值管理能力，从而得出相应的股票操作评级，表2-3-4是从市值管理维度构建的股票评级模型方案，仅供参考。

表2-3-4　市值管理维度的股票评级模型

分析评价项目（关键点）	细分评价标准	得分（市值管理评分）
（1）公司所处行业分析（是否符合国家产业政策导向；是否属于新质生产力；行业本身是否具有高成长性和独特性；行业是否需求大、景气度高、政策支持、符合转型升级方向）	（1）国家政策大力支持【评分】；（2）无国家政策支持，中性【评分】；（3）需规范管理【评分】	
（2）公司所处行业/产业生命周期阶段（行业的生命周期受技术进步，政府政策，产业组织创新如新产品、新应用的开发，社会习惯改变的影响）	（1）技术导入萌芽阶段【评分】；（2）高速发展阶段【评分】；（3）平稳发展阶段【评分】；（4）衰退阶段【评分】	
（3）市场竞争格局判断/行业竞争格局判断/行业集中度判断	（1）寡头垄断【评分】；（2）寡头竞争【评分】；（3）充分竞争【评分】；（4）恶性竞争【评分】	
（4）公司在行业的地位判断（是否拥有相对垄断地位或具有话语权和定价权；是否建立成熟的销售渠道；是否具有品牌优势；在核心资源或技术上是否形成足够高的壁垒，具备核心竞争力）	（1）前三【评分】；（2）一般【评分】；（3）弱势【评分】	
（5）每股收益年度增长率（持续经营活动中每年的每股收益都要高于上一年）	（1）正增长且盈利年均增长率大于20%【评分】；（2）增长率小于20%【评分】（3）负增长【评分】	
（6）公司所有制/产权性质（是否背靠有实力的央企）	（1）民企【评分】；（2）地方国资或背靠有实力的央企【评分】；（3）一般央企【评分】	
（7）公司激励机制是否建立（是否建立良好的公司治理结构、优秀的管理团队，好的管理层团队是公司最宝贵的无形资产）	（1）已经建立【评分】；（2）计划建立【评分】；（3）尚未建立【评分】	
（8）公司总市值	（1）200亿元以上【评分】；（2）50亿元~200亿元【评分】；（3）50亿元以下【评分】	
（9）公司当前PEG水平	（1）2以上【评分】；（2）1.5~2【评分】；（3）1.5以下【评分】	
（10）公司发展规划中的预期增长率（未来三年）	（1）30%以上【评分】；（2）20%~30%【评分】；（3）20%以下【评分】	
（11）公司未来半年是否有再融资计划	（1）有【评分】；（2）无【评分】	
（12）（过去三年）公司资本运作次数	（1）3次以上【评分】；（2）2~3次【评分】；（3）2次以下【评分】（资本运作手段主要包括：资产重组、资产注入、定向增发、配股、收购资产、关联交易、股权激励、回购股份，等等）	
（13）每股净资产（是否拥有高公积金、较高的净资产）	（1）3元以上【评分】；（2）2~3元【评分】；（3）2元以下【评分】	
（14）公司管理层诚信行为（过去一年媒体报道）	（1）好【评分】；（2）差【评分】	
（15）大股东、其他主要股东或公司高管减持情况	（1）无【评分】；（2）有【评分】	

续表

分析评价项目（关键点）	细分评价标准	得分（市值管理评分）
（16）公司筹码股东分析（是否有社保/基金/QFII/著名游资等机构进驻或长期持有。有实力的机构投资者启动行情往往会获得优于市场的表现。但需要注意，过多被机构投资者持有后再买入建仓可能存在的追高风险）	（1）三家机构投资者以上【评分】；（2）三家机构投资者以下【评分】；（3）没有实力机构【评分】	
（17）大股东、其他主要股东或公司高管增持情况或存在增持股票情形（公司获得大股东增持，或者同行业内的其他公司对它的增持，都属于产业资本增持。由于产业资本处于企业经营第一线，最先感知经济、行业、企业运行状况，其对股价的判断力一直较受市场重视）	（1）有【评分】；（2）无【评分】	
（18）公司股价异常波动次数（过去一年或一段时间内，龙虎榜出现的次数）	（1）5次以上【评分】；（2）3~5次【评分】；（3）3次以下【评分】	
（19）当前市场主线脉络与资金偏好的匹配度判断	（1）符合当前市场主线脉络或主流资金偏好【评分】；（2）不属于当前市场主流热点方向【评分】	
（20）盘面技术特征与成本分析	（1）盘面特征符合启动特征【评分】；（2）处于上升趋势【评分】；（3）处于弱势调整状态【评分】	

为市值管理维度的20项评价项目设计评分标准，最后根据评分结果判断上市公司市值管理的动机和能力。一般认为分数越高，市值管理能力或市值增长潜力越大。在实际操作过程中，我们也可以将分数对应转换成星级，或按AAA/AA/A表示不同级别。

四、股票的投资属性

在日常的投资实践中，我们常常听到投资者提出做短线的要求，他们喜欢做短线热点，但对于短线操作，每个人的理解可能不一样。大多数时候，人们都是以持股时间的长短来区分短线、中线和长线操作。究竟应该如何去理解短线、中线和长线？其背后的内涵究竟是什么？接下来，让我们一起来探讨股票的投资属性（如表2-3-5所示）。

表2-3-5　股票的投资属性

投资风格偏好	持股时间	操作特点
短线	短线3~5天（超短线1~3天）；30天以内	短平快
中线	1个月到3个月	趋势、波段滚动策略
长线	持股时间超过半年，或1年以上。有些甚至持有3年、5年以上（超长线）	长期持有
思考一下：如果仅仅从时间维度去判断个股属性、去操作是否真的可行？		

短看技术、中看政策、长看基本。这是A股市场比较流行的一种看法，意思是短期走势可以通过技术特征进行分析判断，中期走势则要结合政策方向，而长期走势就需要依赖对基本面的深度分析进行研判。

五、事件驱动型的短线案例——国联水产（300094）

大部分投资者对于短线、中线和长线的理解，都是从持股时间这个维度去设定的，即，所谓短线，就是用短平快的操作手法，持股3~5天，甚至是1~3天（称为超短线）。有些投资者把持股时间在1个月内的也称为短线。从实际操作角度看，短线操作往往是依据盘面技术特征，或者受消息刺激把握短期股价波动机会。这种消息驱动或纯粹从盘面技术角度引起的股价波动，并不完全依赖公司基本面的逻辑，带有一定的投机性质。这种偏消息题材和依赖盘面技术特征进行决策的操作，前提条件是必须严格遵守止盈止损规则，而且对操作要求比较高，如果不是参与量化程序交易，就需要具备实时盯盘、随时操作的条件。我们结合具体的案例——国联水产（300094）来分析一下短线操作的注意事项。

2023年8月24日，日本罔顾国际社会和组织的强烈反对，强行启动核污水排海计划，正式向太平洋排放核污水。当日，我国全面禁止从日本进口水产品。从短期来看，我国禁止从日本进口水产品，无疑对包括国联水产在内的国内水产养殖公司带来短期替代的利好刺激（日本核污水排海事件与相关产业股价走势对应关系见图2-3-1）。果然，在宣布禁止从日本进口水产品的8月24日当天，国联水产（300094）午盘股价瞬间直线拉升并很快封住涨停，涨幅20.3%，第二天继续惯性上攻最高至8.30元，盘中最大涨幅16.41%，股价从8月22日的5.20元开始异动到8月25日，4天最大涨幅高达59.62%，其日K线图如图2-3-2所示。

从该事件的发酵时间来看，2011年3月11日，日本东北部海域发生9.0级地震并引发特大海啸，福岛第一核电站大量放射性物质泄漏。2021年4月13日，日本政府正式决定将福岛核污水经过滤并稀释后排放入海。2023年8月20日，日本首相岸田文雄赴福岛第一核电站视察，8月21日，岸田文雄与日本全国渔业联合会、福岛县渔业联合会就福岛核污水的安全问题进行说明。8月22日，日本政府举行相关阁僚会议后宣布，将从24日开始，将福岛第一核电站核污水排入海洋。

图2-3-1　日本强行启动核污水排海事件与国联水产股价走势对应关系

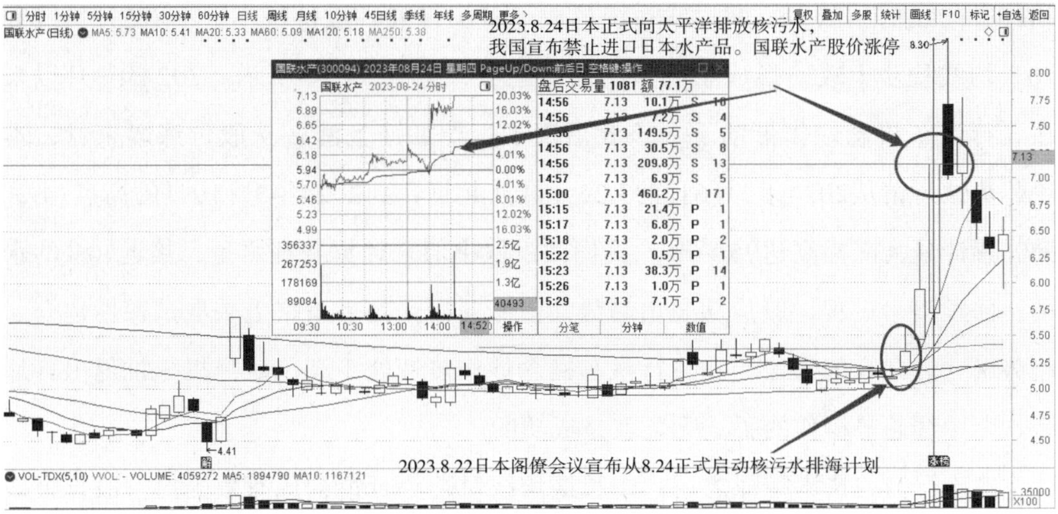

图2-3-2　国联水产（300094）日K线图

需要特别注意的是，对于事件驱动的短线主题机会，一定要注意在消息事件兑现之后，应该及时出局，避免“见光死”。从传播学理论来说，随着事件到来，市场的关注度达到峰值后会逐渐下降，炒作热情也会随之消退。

六、趋势策略案例复盘——中信海直（000099）

对于中线的定义，大部分投资者可能以1～3个月的持股周期来评价。采取中线趋势或波段操作策略，需要对产业趋势或公司基本面有一定研究，结合市场盘面特征，比如符合趋势性行情特征，在技术形态特征方面，已经形成趋势性的上涨，又比如出现横盘蓄势即将突破的趋势形态特征等。

下面我们复盘中信海直（000099）的中线投资策略，首先从直观盘面特征来看，中信海直的中长期均线已经走平，这里的中长期均线主要指120日均线和250日均线。注意，在2024年1月23日和2024年2月5日市场一片恐慌杀跌的时候，尽管中信海直的股价一度跌穿了半年线和年线的支撑，但都是两天之内就收复了。连续两次下探后都很快收复，发出了一个重要信号，那就是中长期均线对股价构成了有力的支撑，为后面趋势性行情的展开构筑了技术上或心理上的安全线。

在随后的一个月时间里，股价依托中长期均线的支撑，成功突破了10日均线和20日均线的压制，短期均线系统形成了多头排列，股价基本上沿着5日均线和10日均线稳步上攻，形成了明显的上升趋势，如图2-3-3所示。2024年3月以来在飞行汽车概念炒作带动下，该股出现了短期加速上涨。从股价涨幅来看，本轮趋势性行情从2024年2月6日的7.25元低点起算，到2024年3月19日的高点14.20元，累计最大涨幅高达95.86%，我们假设取中值来计算获利水平，接近50%的水平。回顾整个过程，股价从发出趋势性信号开始，如果策略上采取试探性建仓、趋势确立后加仓的手法，在飞行汽车概念炒作热情处于高位时择机分批退出，那么这个中线趋势操作的手法无疑就是成功的。

趋势行情的技术特征之一：中长期均线对趋势行情构成有效支撑。股价突破短期均线压制，初步确立趋势性行情，均线系统呈多头排列，且股价基本依托短期均线系统稳步攀升是趋势性的重要特征。

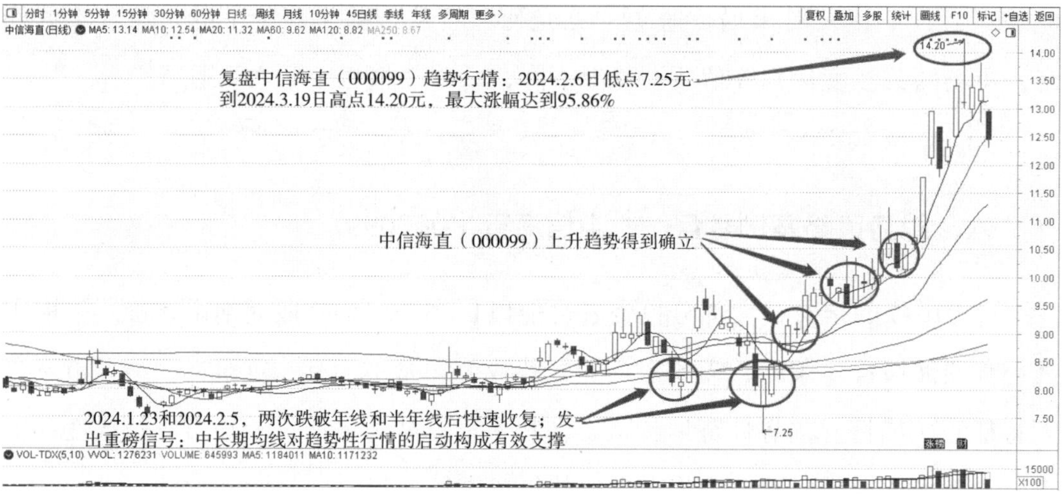

图2-3-3　中信海直（000099）日K线图

七、长线投资案例复盘——中科创达（300496）

对于长线投资的定义，投资者普遍认为是买入后长期持有，需要耐心持有，持股时间可能达到1年以上，甚至3年、5年等超长期持有。长线投资必须对产业趋势、公司基本面和成长潜力有充分的认知，需要有长期实践总结升华的投资理念作为指导，还要有扎实的研究功底以及强大的情绪管控能力。下面，我们复盘一下中科创达（300496）的案例。

中科创达（300496）作为全球领先的智能操作系统产品和技术提供商，公司以智能操作系统技术为核心，聚焦人工智能关键技术，助力并加速智能系统、智能物联网、智能网联汽车等领域的产品化与技术创新，为智能产业赋能。在智能系统软件业务方面，公司围绕智能操作系统技术持续研发与创新，形成了从硬件驱动、操作系统内核、中间件到上层应用的全面技术体系，积累了丰富的研发经验和众多自有知识产权。公司的核心技术涵盖 4G/5G 通信协议栈、深度学习、图形图像技术、系统优化、自动化测试和安全技术等多个方面。公司面向产业链中的芯片、终端、运营商、软件与互联网厂商以及元器件厂商提供自主研发的知识产权授权及一站式解决方案。智能系统软件的业务模式包括软件开发、技术服务及软件许可。在智能网联汽车应用方面，公司以车载信息娱乐系统为基础，与高级辅助驾驶系统(ADAS)、智能仪表盘、车载通信系统相融合，面向汽车厂商及一级供应商提供智能驾驶舱平台产品。

在跟踪分析过程中，我们发现中科创达的客户资源及产业链整合优势十分突出。公司在全球拥有超过500家客户，并覆盖了超过 1/4 的产业链内世界500强企业。受益于操作系统天然的垂直整合优势，公司与产业链内包括芯片、终端、运营商、软件与互联网厂商以及运营商等建立了多渠道、多方位的合作关系。作为一家技术驱动型企业，中科创达坚持自我创新，一方面与高通、英特尔、德州仪器、索尼、QNX、恩智浦等分别运营了多个联合实验室；同时与安谋国际、高通、英特尔分别成立合资公司安创空间加速器、重庆创通联达、台湾聚引，为各类智能终端产业链内企业及创新创业者提供产业平台，推动智能终端产业的技术发展；还与重庆临空远翔股权投资基金、重庆天使投资引导基金、北极光创投共同成立产业投资基金，整合资源助力创新。

中科创达自2013年开始布局智能网联汽车业务，专注于打造基于公司智能操作系统技术的智能网联汽车平台产品，赋能全球汽车产业的数字化变革。在成功推出以车载信息娱乐系统为核心的第一代智能网联汽车产品后，公司的产品技术得到了业界的广泛认可，积累了优质且丰富的客户资源。公司面向智能网联汽车客户推出智能驾驶舱产品，该产品融合了公司智能操作系统技术、Righware Kanzi®3D 开发技术、智能视觉人工智能技术。公司智能驾驶舱产品的HMI系统由 Rightware 的 Kanzi® 系列产品构成，其核心优势在于，能实现功能丰富的人机交互界面；能实现全数字仪表盘、IVI、手机互联的多屏联动；能实现将数字液晶仪表、IVI 信息娱乐系统、信息化高级驾驶员辅助系统等多个操作系统合并到单一芯片系统（SoC）上，并通过公司的智能视觉人工智能技术实现了人脸识别用户身份、根据用户驾驶习惯个性化定制信息娱乐系统界面、自动调节座椅与后视镜给用户带来舒适个性的驾驶体验。公司智能驾驶舱产品能够全面提升智能网联汽车的品质和用户体验，同时大幅缩短上市时间。从2018年开始，受益于汽车智能化趋势，公司智能汽车业务中的软件许可收入开始对公司业绩贡献稳定增量。

从二级市场走势看，中科创达股价在2018年10月19日见底，见底时股价为20.70元，相比2018年4月26日的高点41.20元，已经腰斩一半。但此后股价一路攀升，最高上涨至2021年7月8日的167.98元，三年时间最大涨幅超过7倍，如图2-3-4所示。这就是对长期投资理念的坚守，耐心持有成长价值股的丰厚回报。

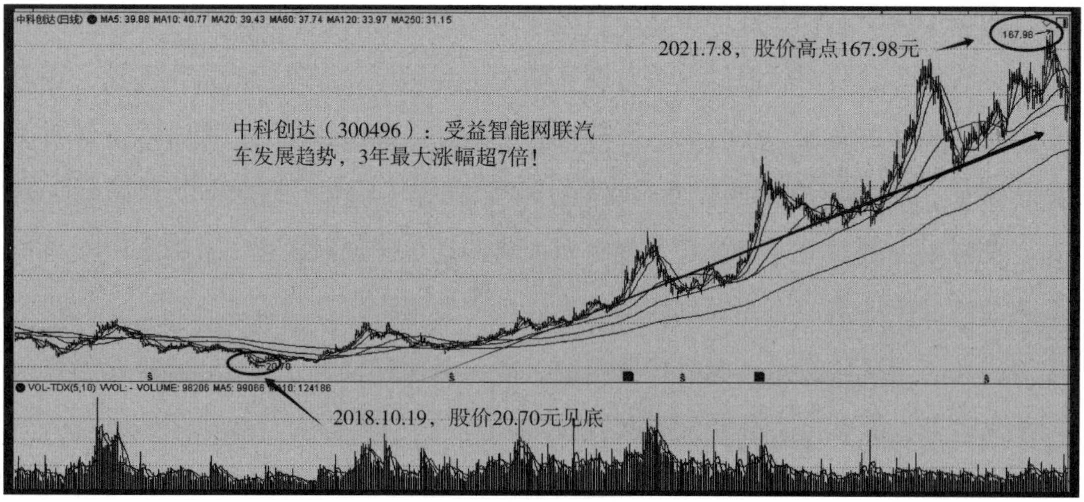

图2-3-4　中科创达（300496）日K线图

从上述几个案例综合来看，如果仅仅从持股时间这个维度来说，大部分投资者定义的所谓短线、中线和长线概念或许并没有错。但仅仅从持股时间周期角度去主观认定操作风格，进行投资决策的话，往往会出现很大的操作风险。比如前面提到的关于国联水产受事件驱动的短线案例，在消息兑现后如果没有及时止盈，那么有可能会出现追高被套的情形。对于短线操作的理解，除了持股时间维度之外，还需要遵守止盈止损的规则，并结合自身的条件，看是否满足短线操作的实时盯盘、随时操作的条件。正如一枚硬币有两面，如果只是因为喜欢其中一面，就切掉另一面，这是不合理的，也是做不到的。事物本身就有两面性，必须尊重客观事实，不能说只做热点而不遵守止盈止损的规则。又比如很多投资者说长线投资是基于将来的回报预期，但是在持股过程中一旦出现波动，就无法承受。在长线持股过程中，出现30%甚至50%的回撤调整也是常见的，因此如果承受不了这种大幅波动，没有这种定力和耐心，去谈长线操作就是毫无价值的。股票的投资属性与具体的匹配规则可参考表2-3-6。

表2-3-6　股票投资属性与匹配规则

维度	投资风格偏好		
	短线	中线	长线
持股时间	短线3～5天（超短线1～3天）；30天以内	1个月到3个月	持股时间超过半年，甚至1年以上。有些甚至是3年、5年以上（超长线）
操作特点	短平快	趋势、波段滚动策略	长期持有
本质	对线索（消息、事件）的密切跟踪与快速反应；机会是信息差、预期差	趋势是逻辑的盘面验证；对政策、技术和市场需求驱动的产业趋势深刻理解	对成长和价值投资理念的坚定信仰，对情绪周期的本质理解
风控要求	严格止盈止损	跌破趋势卖出	不止损，直到逻辑兑现
资金性质	—	闲置资金为主	闲置资金
风险承受能力	中级、高级	中级、高级	高级
执行力（盯盘操作条件）	极高，随时盯盘，能随时操作	具备一定的耐心	需要有耐心和定力，能承受大幅回撤
投资者个性特质	急躁型、激进型	稳重型、谨慎型	较高风险承受能力等级（C4C5）；稳重型、犹豫型
备注：短线主要基于情绪驱动，需要顺势而为；中线是做价格趋势发现者；长线是分享公司成长的价值			

笔者曾经在很长一段时间除了做研究工作，还主抓过客户策略工作。在日常工作中，笔者常常会被问到“这只股票行不行啊？”“这只股票有没有问题

啊？”“这只股票还能不能拿呀？”……这种问题相对片面，比高等数学还难回答，因为除了股票因素之外，还要结合市场因素以及投资者自身因素等其他因素的影响。其实这些问题还不算什么，有的问题根本就无解，比如说既想做热点，又不想买在高点；既要确定能赚钱的个股，又不能止损；等等。这些看似合理的需求，实际上根本无解。为了回答这些问题，笔者可谓绞尽脑汁，希望从根本上尝试性地来回答各种问题。

CHAPTER

第四章 投资主线的本质是产业趋势

一、投资主线与产业生命周期理论

（一）产业生命周期理论

对于投资主线的理解，目前市场普遍认为主线就是风口，是资金的主战场。但是，资金为什么会选择这条主线？背后究竟是有什么样的依据？

实际上，投资的本质是投资未来，核心是把握产业发展的方向和趋势，而产业趋势的本质是由技术变革驱动的。要理解产业发展的趋势，首先要掌握产业生命周期理论（如图2-4-1所示）。通常来说，每个产业都要经历从孕育萌芽、成长，到成熟和衰退的演变过程，这个过程就叫生命周期。产业生命周期理论将行业的发展划分为四个阶段：初创期（萌芽期）、成长期、成熟期和衰退期。

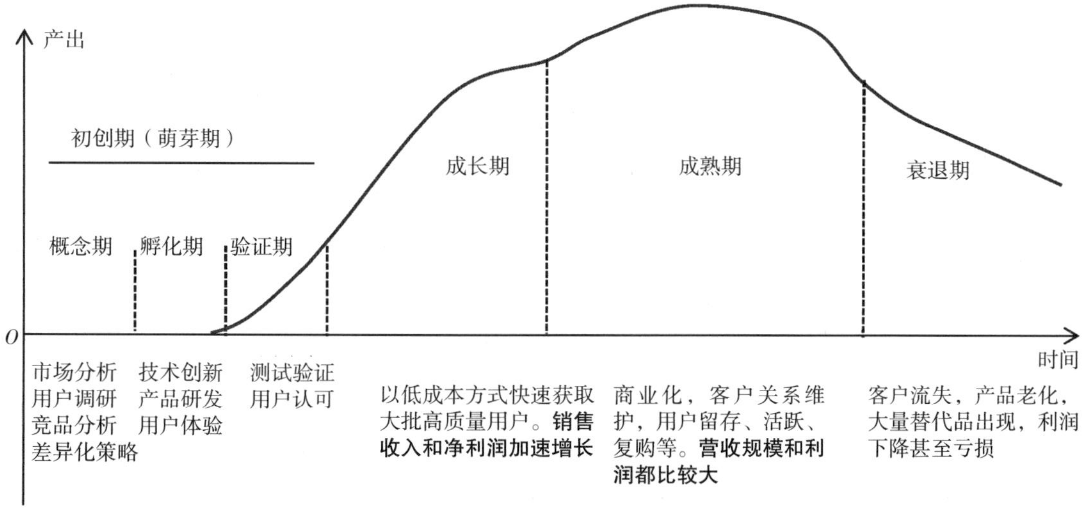

图2-4-1　产业生命周期理论

产业生命周期理论模型的侧重点，在于分析产业竞争结构、市场规模、利润水平等因素随时间的变化。产业生命周期理论可用于制定企业战略和政策，以适应不同阶段的市场环境。

（二）初创期的特征与案例

在初创期，只有少数公司投资于新的产业，而且由于市场对公司产品还缺乏全面了解，会导致产品市场需求不高，销售收入较低，甚至由于长期研发投入大，体现在公司财务上不但没有盈利，反而出现较大亏损。

处于产业初创期阶段的企业一般会面临较大的市场风险，比较适合创投机构或者愿意承担较大风险的创业型投资者，带有一定的“投机冒险”的成分。从二级市场的投资实践来看，在产品测试验证阶段，一旦有里程碑事件刺激，股价大概率会出现脉冲或短期快速拉升的机会。因此，从操作策略角度看，处于产业生命周期初创期的公司，可以采取短线或中线思维来应对。

我们来看看处于初创期的上市公司案例——铭普光磁（002902）。

2024年3月8日，铭普光磁（002902）的投资者关系活动记录表（见图2-4-2）显示，公司紧贴行业技术发展趋势，自主研发的光通信高速数通硅光800G DR8光模块已经行业通用的示波器检测通过。本次研发的光通信高速数通硅光800G DR8光模块采用OSFP(Octal Small Form-factor Pluggable)封装，TDECQ(Transmitter and Dispersion Eye Closure for PAM4)平均测试值可达1.5dB以下，实现16W低功耗，达到行业先进水平。

从光模块产品的发展趋势看，随着以ChatGPT为代表的生成式人工智能大语言模型的发布，催生了AI算力需求的激增，进而拉动了800G光模块需求的显著增长，并加速光模块向800G及以上产品的迭代升级。

证券代码：002902　　　　　　　　　　　　证券简称：铭普光磁

东莞铭普光磁股份有限公司

投资者关系活动记录表

编号：2024–02

投资者关系活动类别	■特定对象调研　□分析师会议 □媒体采访　□业绩说明会 □新闻发布会　□路演活动 □现场参观　□其他（请文字说明其他活动内容）
参与单位名称及人员姓名	珞珈方圆：孔帆 信达国际：高硕 高益基金：余维念 仟益基投资：宋芳清 蓝海投资：潘伟玉，张俊 凯铭基金：童恩平 天辰元信：杨鹏炜 Cinda：George Liu 中信证券：周翰林
时间	2024年3月8日
地点	深圳中信大厦23层2301房
上市公司接待人员姓名	董事会秘书　王妮娜
投资者关系活动主要内容介绍	交流主要内容包括： 1. 对硅光 800G DR8 光模块的介绍 【回复】公司紧贴行业的技术发展趋势，自主研发的光通信高速数通硅光 800G DR8 光模块已经行业通用的示波器检测通过。本次研发的光通信高速数通硅光 800G DR8 光模块采用 OSFP（Octal Small Form-factor Pluggable）封装，TDECQ（Transmitter and Dispersion Eye Closure for PAM4）平均测试值可达 1.5dB 以下，实现 16w 低功耗，达到行业先进水平。

铭普光磁（002902）在2024年3月8日的投资者关系活动记录表中披露了关键信息。

资料来源：互动易。

图2-4-2　铭普光磁（002902）投资者关系活动记录表

我们注意到，铭普光磁（002902）在2024年1月22日发布的2023年度业绩预告显示，预计2023年度净利润亏损2.2亿元～2.9亿元，其中净利润为负值的主要原因包括新产品研发投入等。此外，公司凭借多年基础科技产品的积淀，进行品牌形象升级，从单一To B业务向“To B+ To C”双业务战略转型，加大新业务推广，期间费用增加，但新业务对净利润贡献尚未释放。所以，我们不能简单以净利润亏损就过早得出“这家公司不行”的结论。要知道，铭普光磁（002902）

于2024年3月8日在投资者关系互动平台的记录内容披露“光通信高速数通硅光800G DR8光模块已经行业通用的示波器检测通过”的消息后，股价连续4连板，从前一日的收盘价23.51元，快速上涨至3月15日的36.14元，短短6个交易日涨幅超过53%。

细看公开披露的内容，铭普光磁（002902）在光通信产品方面在不断“做大”，大力加快高速数通光模块的推出，积极拓展5G、接入、数通领域优质客户布局。公司对产品研发、生产制造、人才储备、市场拓展等多方面都加大了投入，目的是保持公司在技术及市场领域的优势，不断提升市场份额和盈利空间，增强市场竞争力，为公司中长期的发展积蓄力量。

此前，铭普光磁（002902）在2023年5月29日晚发布公告称，取得中华人民共和国国家知识产权局颁发的发明专利证书，专利为支持SPI通信的电平转换电路及电平转换方法。上述专利的取得尽管短期内不会对公司经营造成重大影响，但有利于充分发挥公司自主知识产权优势，完善知识产权保护体系，对公司开拓市场及推广产品产生积极的影响，形成持续创新机制，提升公司核心竞争力。从二级市场上看，铭普光磁（002902）股价在2023年5月30日开盘后迅速拉升并最终牢牢封住涨停板，经过强势整理后上演了一波5连板的强势上攻行情，股价从2023年5月30日的15.82元开盘，至6月16日的最高点38.36元，短线涨幅超过142%，如图2-4-3所示。

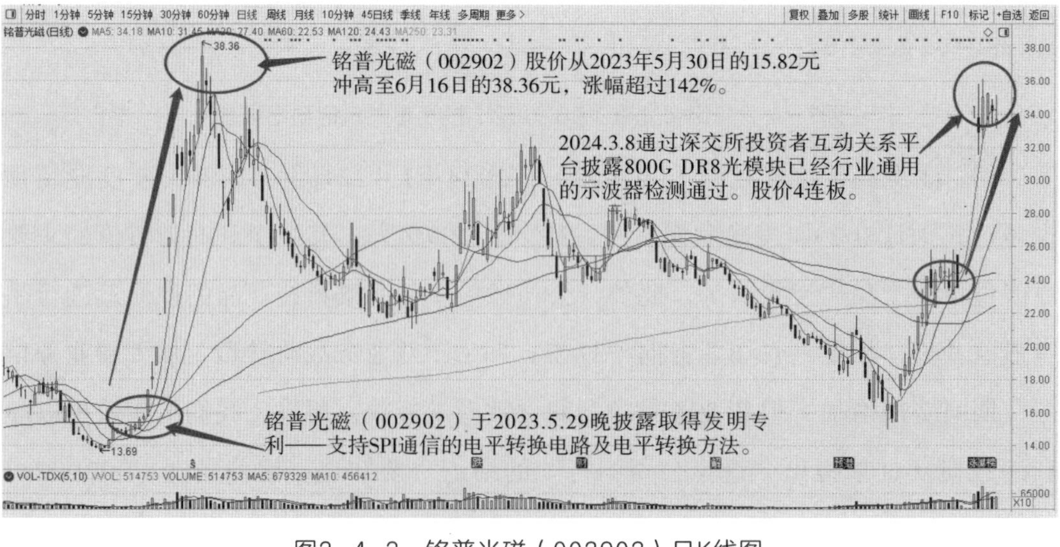

图2-4-3 铭普光磁（002902）日K线图

（三）成长期的特征与案例

一个时代有一个时代的未来产业和主导产业。2023年底召开的中央经济工作会议强调，“以颠覆性技术和前沿技术催生新产业、新模式、新动能，发展新质生产力”，要求“开辟量子、生命科学等未来产业新赛道”。战略性新兴产业和未来产业是新质生产力的主阵地。

所谓战略性新兴产业，是以重大前沿技术突破和重大发展需求为基础，对经济社会全局和长远发展具有重大引领带动作用的产业，包括新一代信息技术、生物技术、新能源、新材料、高端装备等。

而未来产业，主要包括类脑智能、量子信息、基因技术、未来网络、深海空天开发、氢能与储能等前沿科技和产业变革领域。

布局未来产业是重塑国际竞争新优势的必答题，是打造经济增长新引擎、培育产业体系新支柱的抢答题，是发展新质生产力的重中之重。新质生产力由技术革命性突破、生产要素创新性配置、产业深度转型升级而催生，代表新一轮科技革命和产业变革浪潮下从工业化转型走向数字化转型的先进生产力质态。

纵观A股市场的历史大牛股，都具备鲜明的时代烙印。处于初成长的产业或企业，在技术变革力量的推动下，企业的技术创新能力会转化成强大的竞争实力，销售收入和利润会开始加速增长。在这个阶段，企业仍然需要大量的资金扩大产能满足市场需求，拥有较强持续研发能力、雄厚资本实力和市场营销能力的企业会迅速占领市场，实现高速成长。投资于这个产业生命周期阶段的头部优势企业会获得极高的投资回报，因此成长期阶段也被称为重大的投资机会时期。成长期投资理念的本质，正是准确地把握了产业发展趋势的快速成长阶段，成功穿越牛熊周期获取超额收益。例如前面专门分析过处于产业生命周期成长期的公司案例——兴齐眼药（300573）（如图2-4-4所示）。

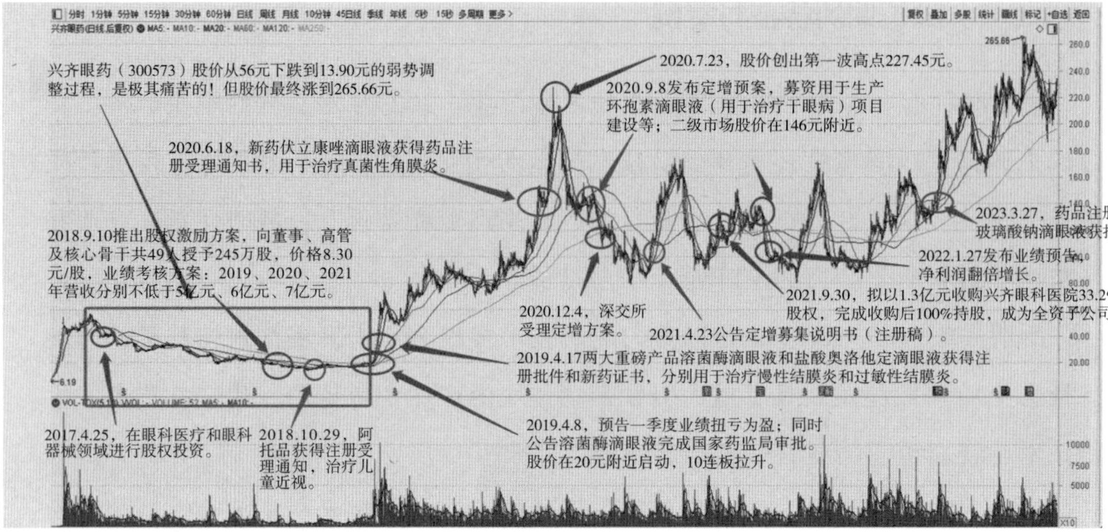

图2-4-4　兴齐眼药（300573）日K线图

（四）产业成熟期的特征与案例

产业的成长过程必然伴随着创新技术的成熟、生产能力和规模的扩张以及渗透率的快速提升。与此同时，在产业成长过程中，部分头部优势企业不断向集团化、大型化方向发展。在这个阶段，随着市场需求的上升，会吸引大量企业进来，厂商数量大幅增加后，随着产量的增加出现供求关系的变化，即市场需求趋向饱和状态。此时，产品销售增长率减缓，尽管利润还在增加，但利润增速已经见顶并稳定在一个适度水平，整个产业进入成熟期。

处于成熟期的产业，产业集中度相对较高，价格相对稳定，利润保持较高水平，经营风险和市场风险都相对较低。由于处于产业成熟期的上市公司盈利能力稳定，而且资本支出相对较少，因此会保持较高的股利支付率，故比较适合价值型、固收型的稳健投资者。购买这类股票往往能获取稳定的现金分红。

在判断产业成熟期上市公司投资价值时，需要关注股息率指标。股息率是每股股利与股票价格之间的比率。

股息率 = 每股分红/每股股价

股息率是衡量企业是否有投资价值的重要标尺之一。若连续多年股息率超过

1年期银行存款利率（比如2024年银行的1年期定期利率大约为1.6%～1.9%，即10万元一年利息大概1600～1900元），则基本可以视这只股票为收益型股票。股息率越高越吸引人。高股息率是上市公司吸引价值投资者和长期投资者的重要指标，高股息率意味着股市对投资者的吸引力提升。

股息率高说明：（1）公司盈利能力强。股息率较高的公司往往具有较强的盈利能力，因为它们有能力支付更高的股息回报给股东。（2）公司分红水平较高。股息率高的公司，倾向于提供较高的分红比例，符合股东利益。（3）公司稳定性强、吸引力高。股息率可以作为投资者选择股票的一个重要参考标准，因为它提供了一定的稳定性收益，并且股息率较高的股票在市场上的吸引力较强。

下面我们来了解一下处于产业成熟期的经典案例——山西汾酒（600809）。

我国白酒行业历史悠久，已进入充分市场化竞争的阶段，是十分典型的传统产业和成熟产业。产业成熟期的特征有：市场规模大，品牌竞争激烈，且各大厂商都会占有一定的市场份额，而且在一个相对较长的时期内，各大品牌的生产布局和市场份额处于一个相对稳定的状态，相互竞争的手段一般会转向非价格手段，比如提高品质、优化产品结构、加强售后服务、扩大品牌影响力等。

随着消费升级和人们生活水平的提高，白酒行业也在不断调整和优化，以满足日益多样化的市场需求。与此同时，消费升级带来品质、价格以及消费观念的升级，白酒行业的品质消费趋势，包括新场景、新服务体验、新文化表达都引领着多元化的白酒消费需求，推动着白酒市场向高端化发展。统计数据显示，在白酒销售收入中，500元以上高端白酒的销售收入占比约为40%，且占比逐年提高。消费者越来越注重白酒的口感、品牌和酿造工艺，愿意为高品质白酒支付更高的价格。除了传统的饮用需求外，白酒在礼品、收藏、宴会等领域的需求也在增长。另一方面，数字化正在成为白酒行业竞争中的重要因素。随着互联网技术的发展，数字化转型已经成为白酒行业的必然趋势。越来越多的企业开始借助互联网平台进行线上销售，提升品牌知名度和市场占有率。同时，数字化技术也为企业提供了更加精准的消费者画像，使得营销更加精准有效。

山西汾酒（600809）是清香型白酒国家标准的制定者之一，其主要产品汾酒是我国清香型白酒的典型代表，以汾酒为基酒加工而成的竹叶青酒是著名的保健养生酒，在国内外享有盛名。汾酒文化源远流长，酿造历史悠久，清香品质卓越，被誉为“中国白酒产业的奠基者、传承中国白酒文化的火炬手、中国白酒酿造技艺的教科书、见证中国白酒发展历史的活化石”，是“国酒之源、清香之祖、文化之根”，可谓当之无愧的“中国酒魂”。

从公开披露的信息看，山西汾酒（600809）高度重视投资者回报，多年来一直保持较高的股利支付率。自上市以来，山西汾酒（600809）已累计分红25次，分红总金额超116亿元，如表2-4-1所示。正因为山西汾酒（600809）长期保持较高的股息率，才能吸引长期资金推动股价保持强势运行格局，如图2-4-5所示。

表2-4-1　山西汾酒（600809）近年分红方案一览表

分红年度	董事会日期	分红方案（含税）	分红总额（亿元）	股权登记日	除权派息日	每股收益	加权净资产收益率（%）	股利支付率（%）
2016	2017.4.28	10派5.5元	4.76	2017.7.13	2017.7.14	0.6989	13.24	78.70
2017	2018.4.27	10派6元	5.20	2018.8.16	2018.8.17	1.0904	19.04	55.03
2018	2019.4.27	10派7.5元	6.54	2019.8.20	2019.8.21	1.6940	25.08	44.27
2019	2020.4.28	10派9元	7.84	2020.6.18	2020.6.19	2.2339	27.42	40.29
2020	2021.4.27	10送4股派2元	1.74	2021.7.2	2021.7.5	3.5504	35.09	5.63
2021	2022.4.28	10派18元	21.96	2022.6.27	2022.6.28	4.3749	42.04	41.33
2022	2023.4.28	10派33.2元	40.50	2023.6.21	2023.6.26	6.6492	44.74	50.03

数据来源：上市公司公告。

股利支付率，也叫股息发放率，是指公司每年创造的净利润以多大的比例向股东进行分配。比如公司当年创造了100亿元净利润，向股东分配了50亿元净利润，则股利支付率为50/100×100%=50%。

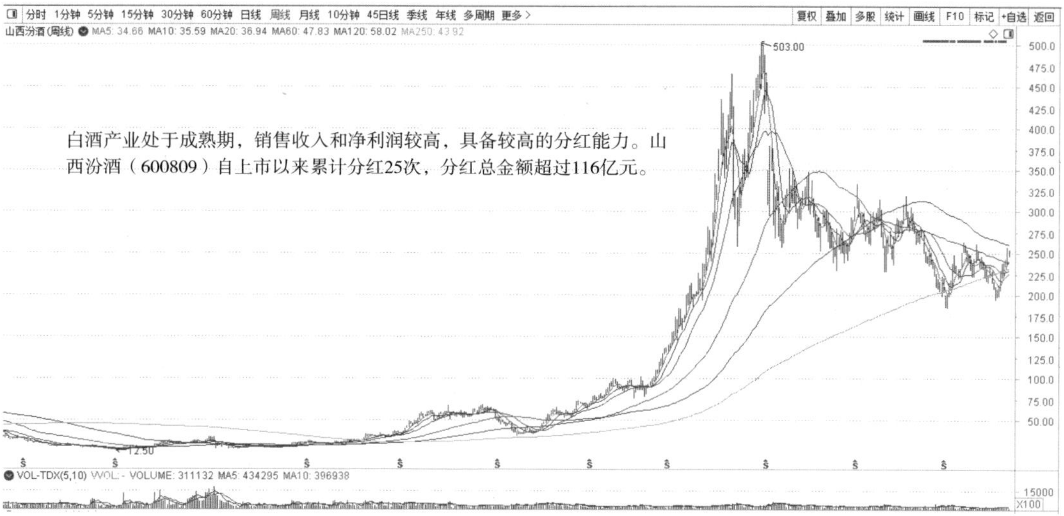

图2-4-5　山西汾酒（600809）日K线图

高股利支付率是上市公司向市场传递其具有稳定现金流和盈利能力的积极信号，表明管理层对公司的盈利能力充满信心，有助于吸引偏好投资收入稳定的投资者，如退休人员或固定收益型投资者。处于产业成熟期的上市公司，维持高股利支付率被视为公司信誉和稳定性的标志，能够提升公司在资本市场的形象。总之，分红是上市公司回报投资者的重要途径，长期稳定的分红是衡量上市公司投资价值的重要标志。

作为资本市场的基本制度之一，分红制度在近年来我国持续出台的相关政策推动下越发完善。2024年3月，中国证监会密集发布多项政策性文件，其中《关于加强上市公司监管的意见（试行）》（以下简称《意见》）提到，引导和激励A股常态化分红机制进一步健全。《意见》提出，上市公司应制定积极、稳定的现金分红政策，明确投资者预期。对多年未分红或股利支付率偏低的上市公司，通过强制信息披露、限制控股股东减持、实施其他风险警示（ST）等方式加强监管约束。上市公司以现金为对价，采用要约方式、集中竞价方式回购股份并注销的，回购注销金额纳入股利支付率计算。加强对异常分红行为的监管执法。在政策的加码和鼓励下，上市公司在自身稳定发展的同时，对于投资者的回馈意识明显加强。统计数据显示，2023年A股年度分红金额达2.24万亿元，占当年A股上市公司归母净利润总额的42.43%。2023年A股分红金额刷新历史纪录，分红比例处于历史高位。2018年至2022年，上市公司累计现金分红总额分别为1.23万亿元、1.32万亿元、1.53万亿元、1.92万亿元和2.13万亿元。

（五）产业衰退期的特征

产业进入衰退期是客观规律，是产业发展新陈代谢过程的表现，该阶段的主要特征包括产业规模的萎缩、产品功能的衰退和老化等。这个阶段会出现大量的替代品，导致这个阶段的企业常出现利润水平不断下降甚至亏损的局面，企业经营风险明显加大。

从产业生命周期理论来看，一个产业会经历“幼稚产业→先导产业→主导产业→支柱产业→夕阳产业”的过程，这也是资本在某一行业领域“形成→集中→大规模聚集→分散”的过程，是新技术“产生→推广→应用→转移→落后”的过程。

二、Gartner曲线——产业趋势的本质是技术创新

Gartner曲线，也叫新技术成熟度曲线或市场炒作曲线，如图2-4-6所示。

我们需要承认的是，产业趋势的本质是技术创新。几乎任何一项重大技术创新从出现开始，都会经历几个炒作阶段。从原理上看，在创新技术出现的早期，基本上只有技术人员了解，这个状态可能持续很长时间（萌芽期）。当某一天受到偶然因素刺激，比如技术重大突破、革命性产品发布，或者媒体的重磅报道，便开始引发市场关注，并推动创新技术在各种场景应用。由于人们对于一项创新技术带来的潜在机遇都会很兴奋，因此创新技术会吸引创业者蜂拥而上，这个阶段主要靠大量创业者的热情驱动（情绪驱动），短时间内就可能出现过热状态（泡沫期），从创新技术萌芽，到市场关注，再到吸引大量创业者涌入形成泡沫的时间可能是几个月，也可能是两三年。

但单纯依靠创业者的热情支撑的泡沫是很难维持的。当创业者、投资人发现关键核心技术短期内难以快速突破，或者短期内无法得到市场验证的时候，投入

的资本无法兑现盈利，创业热情就会快速消退，短时间内由于情绪推动形成的泡沫就会破裂，并跌入谷底（幻灭期）。但无论如何，一项创新技术的出现一定会有一批耐心的创业者扎实推进关键核心技术的突破和场景应用，并最终推动创新技术商业化落地（恢复期）。而且随着创新技术的成熟，产品的市场渗透率不断提升，企业迎来爆发式的增长（成熟期）。

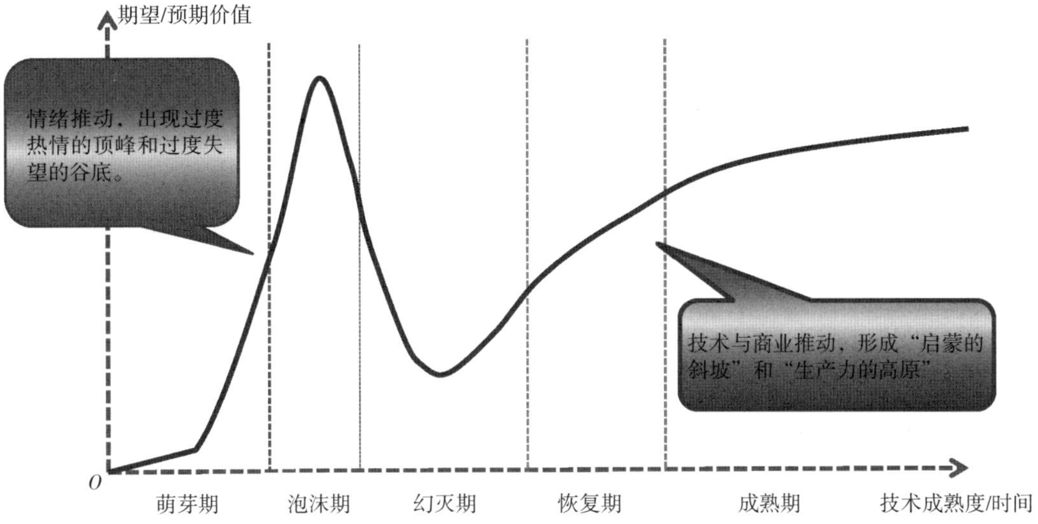

图2-4-6　Gartner曲线

Gartner曲线于1995年首次发布，它提供了新技术的采用模型。该模型认为新技术会经历以下几个过程：（1）新技术出现，即技术触发因素。（2）过度热情，出现期望过高的顶峰。（3）过度失望，进入“幻灭的谷底”。（4）逐步采用和实际采用，形成“启蒙的斜坡”和“生产力的高原”。

理解Gartner曲线有利于我们把握一项创新技术应用的投资时机和退出时机。比如我们可以通过Gartner曲线评估AI技术的成熟度、市场炒作程度和未来市场前景，有助于投资者了解AI技术的发展阶段，并制定相应的投资策略。

从具体的投资实战角度看，Gartner曲线的应用需要注意以下几点：

（1）在技术触发的萌芽阶段：由于新技术刚刚出现，市场炒作还十分有限。这个时候需要重点关注新技术的潜在影响和应用前景，及时抓住早期的投资机会。由于这个阶段新技术尚处于早期阶段，投资风险相对较高，因此要结合自身的风险承受能力等级考虑，可以采取适量仓位试错买入的策略。但从炒作周期来看，新技术的萌芽阶段往往是重磅题材诞生的朦胧阶段，也是上涨最为猛烈的阶段，对于激进型的投资者，或者是“敢为天下先”“第一批吃螃蟹”的投资者来说，及时进场可能会获得极为丰厚的利润，尤其是极具想象空间的战略级、颠覆性的创新技术。

当然，在情绪推动下进入曲线峰值的泡沫期，由于市场对新技术的炒作快速达到顶峰，此时盲目追涨投资的风险很大。因此，在峰值的泡沫阶段，应关注新技术的实际应用价值和潜在的市场风险，要审慎评估进场时机，注意避免盲目跟风追涨，规避被市场过度炒作后的高位追涨风险。

（2）在新技术“幻灭的谷底”阶段：这个阶段由于相关新技术负面消息的传播，市场对新技术的炒作明显消退，并很快进入“幻灭的谷底”。这个阶段对于投资者来说，反而是一个寻找被错杀低估的机会的重要机遇。在这个阶段，除了密切跟踪新技术、新产品的进度之外，还要密切跟踪新技术可能带来的市场潜力和核心竞争力，筛选真正拥有核心技术优势、产品竞争优势以及渠道优势，具备长期发展潜力的上市公司进行投资布局。

（3）随着技术的成熟和商业化的落地，即Gartner曲线逐渐形成“启蒙的斜坡”阶段和“生产力的高原”阶段。这个阶段经历了Gartner曲线的“幻灭的谷底”阶段，部分参与者早已退出，相应股价经历高峰后已经大幅回落，而经过大浪淘沙后有一部分公司会陆续披露创新技术或重磅新产品的进展，甚至开始获得订单实现商业化落地。这个阶段可能会出现持续密集的催化剂，推动股价大幅上升。

因此，从产业生命周期理论角度看待主题投资、成长投资与价值投资，可以得出图2-4-7，即产业萌芽阶段为主题投资期，产业成长阶段为成长投资期，产业成熟阶段为价值投资期。

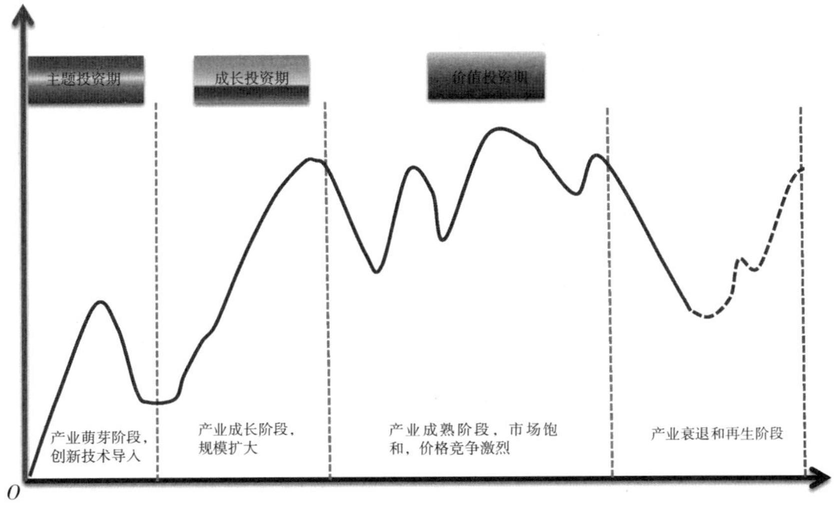

图2-4-7　从产业生命周期角度理解投资属性

从产业生命周期理论角度看，主题投资一般是指产业趋势投资的早期阶段的一种投资方式，而成长投资和价值投资，分别处于产业趋势的成长阶段和成熟阶段。产业生命周期从导入期到成长期，有一个核心观察指标——渗透率。

三、产业生命周期理论的核心观察指标——渗透率

所谓渗透率，就是当前需求和潜在市场需求的比较，是指某一特定产品或服务在市场上的销售量（或销售额）占据整个市场总量的百分比。我们可以用它来衡量特定行业或市场的渗透程度，即该行业的产品或服务在整个市场中的普及程度。渗透率曲线如图2-4-8所示。

一般来说，渗透率在5%以下，说明产业还处于导入期，发展相对比较缓慢，体现在财务指标上可能没有很好的表现。而当渗透率达到5%～10%时，整个产业开始进入快速发展阶段，这个阶段财务指标可能出现爆发性增长，也是业绩弹性最大的时候，证明产业具备巨大的发展空间，市场会给予更高的溢价和估值，可能形成“戴维斯双击”。当渗透率达到60%以上时，整个产业进入成熟稳定期，很难出现高估值，财务指标增速明显放缓。

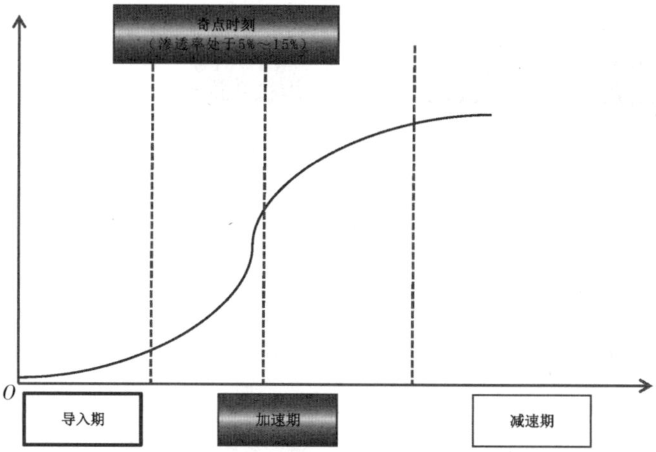

图2-4-8　渗透率曲线

需要提醒的是，上市公司的总市值或股价往往会提前于产业渗透率高点前见顶。背后的原理是成长股股价一般在公司业绩增速最快的阶段，充分享受市场给予的估值溢价；而一旦上市公司业绩和利润增速放缓，例如从50%下降至30%，或者由30%下降至10%，可能就会开启“戴维斯双击”的序幕。

因此，在投资布局的时候，需要特别关注渗透率的变化，在渗透率快速提升至奇点阶段时（10%）买入，然后一直持有到行业渗透率达到30%，甚至40%至50%的水平，兑现盈利后再去寻找下一个产业大趋势。

驱动产业渗透率的因素主要包括政策因素、技术因素和市场需求，比如通过扶持政策引导资金的大规模投入，通过技术创新扩大应用场景实现降本增效，在市场需求方面，实现自主可控国产替代以及消费升级等。

经过上述分析之后，我们再重新认识股票的投资属性时，可以更加清晰地认识到各种投资风格与产业生命周期阶段、驱动因素和背后的理论支撑之间的相互关系，如表2-4-2所示。

表2-4-2　投资风格与对应的理论关系

对应理论	投资风格		
	主题投资（事件驱动）	成长投资	价值投资
投资周期	短线、中短线	中线趋势、中长线	长线
产业生命周期阶段	初创期（萌芽期）	成长期	成熟期
Gartner曲线	萌芽期	“幻灭期谷底”、技术和商业进展推动形成的“启蒙的斜坡”阶段	成熟技术+商业驱动的“生产力的高原”阶段

续表

对应理论	投资风格		
	主题投资（事件驱动）	成长投资	价值投资
驱动因素	情绪驱动	技术创新+商业化驱动	成熟技术+商业化驱动
理论、方法	Gartner曲线、新技术扩散模型、金融行为理论等	产业经济学、渗透率方法、“戴维斯双击”	经济学价值理论
适合投资者类型	私募、游资、激进型投资者	私募、公募、资管、长线耐心资本、进取型投资者	公募、保险、社保、资管、稳健型或保守型投资者

四、主题投资的操作策略

从实际操作流程来看，针对处于产业生命周期初创期的主题投资，操作决策基本步骤如下：首先，结合市场情绪和资金特点，预判热点性质，即首先主观区分是主流热点、次主流热点还是非主流热点。其次，在作出预判的同时，为避免踏空，可以先试错轻仓买入，确认后再追涨加仓。再次，对于主流热点，在实际操作中可以直接买相对确定的龙头股，也可以买后发品种；如果属于次主流热点，有绝佳出击机会也可以重仓搏杀；若是非主流热点，则轻仓参与，并且严格按照短线策略手法应对，不能恋战，要及时卖出。

不同的热点性质，对应不同的理念和不同的操作手法。具体归纳如表2-4-3所示：

表2-4-3　主题投资的操作策略

预判过程	确认热点性质	仓位策略与交易手法	对应交易理念
试错轻仓买入	主流热点	直接买入相对确定的龙头股；或者买入后发品种如龙2、龙3。确认后追涨加仓。（轻仓试错+确认追涨加仓）	主流热点，意味着持续性和高容错率，这个时候重仓买入为上上策，行情来了，胆子就要大一点，这个时候是提高市值的最好时机，龙头、补涨都可以上，持股周期也可以适当放宽
试错轻仓买入	次主流热点	如有绝佳机会可重仓搏杀。（控制仓位、跟随趋势）	次主流和非主流的行情，需要更高的控制力和理解力，这时就要多一分小心，控制仓位、跟随趋势，争取做到大赚、小赚，尽量不亏或者小亏，持股周期一般是一天
	非主流热点	轻仓参与，隔日卖出	

五、深刻理解投资主线的内涵——新能源汽车的渗透率奇点

从前面的内容我们可以大致作出总结，应当从产业生命周期理论和Gartner曲线去理解投资主线的本质。由于同一时期，不同产业技术成熟阶段、政策支持力度、市场需求和市场接受程度等因素都有差异，就会导致阶段性主线有战略、战术之分，从时间维度上也可以分为短期主线、中期主线和长期主线。从实际操作来看，投资主线一定是资金的主战场，是能带来赚钱效应的主流热点，也是在某个时间周期里的市场热点风口所在。比如2010年的智能手机、2013年的移动互联网、2019年的5G、2021年的新能源、2023年的人工智能。表2-4-4是关于我国新能源汽车产业发展趋势的时间节点与政策、渗透率等相关数据。

表2-4-4　我国新能源汽车产业发展趋势

<table>
<tr><th rowspan="2">项目</th><th colspan="4">产业生命周期阶段</th></tr>
<tr><th>萌芽期</th><th>成长期</th><th>加速成长期
（政策优化调整期）</th><th>成熟期</th></tr>
<tr><td>时间</td><td>2000—2008年</td><td>2009—2018年</td><td>2019—2022年</td><td>2023年至今</td></tr>
<tr><td>政策</td><td>新能源汽车被列入863计划12个重大专项之一；
国家出台《汽车产业发展政策》《车辆生产企业及产品公告》等促进我国新能源汽车发展</td><td>国家重视程度提升；
财政补贴力度加大；
鼓励私人购买；
电动车销量快速增长</td><td>新能源技术逐渐成熟，国家对新能源补贴政策退坡；
我国新能源汽车产业由政策导向转向市场导向</td><td>2023年汽车销量为3009.4万辆，新能源汽车销量为949.5万辆，市场占有率31.6%</td></tr>
<tr><td>新能源汽车渗透率</td><td>—</td><td>—</td><td>2020年：5.5%（渗透率奇点）；
2021年：13.69%（渗透率奇点）；
2022年：25.46%</td><td>2023年：31.6%</td></tr>
<tr><td>案例</td><td colspan="4">科达制造（600499）股价从2020年10月29日的4.10元上涨至2021年11月24日的26.78元，最大涨幅超过5倍。
天齐锂业（002466）股价从2020年11月2日的19.42元上涨至2021年8月30日的143.17元，涨幅高达637%</td></tr>
</table>

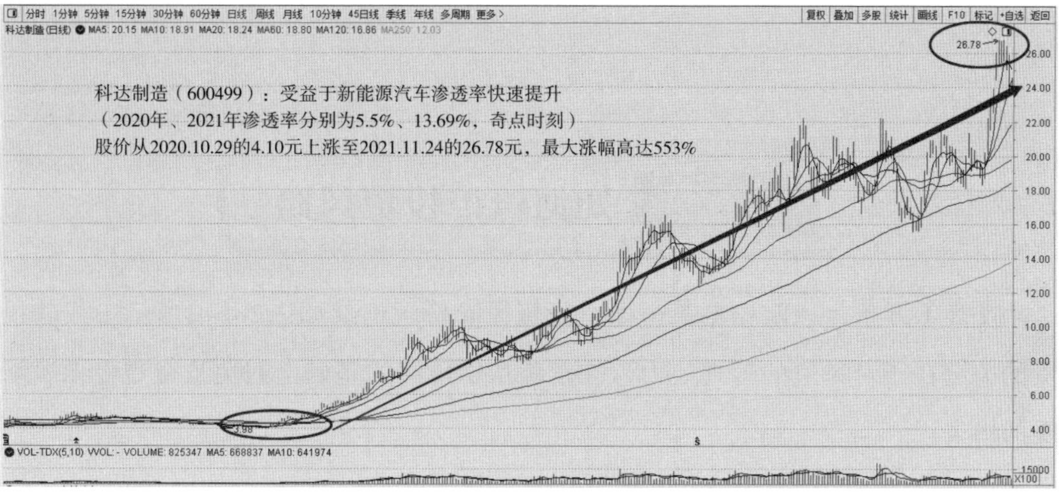

图2-4-9　科达制造（600499）日K线图

如图2-4-9所示，科达制造（600499）股价从2020年10月29日的4.10元上涨至2021年11月24日的26.78元。最大涨幅超过5倍，为553%。

本质上，任何一项投资都需要遵循社会和产业的发展规律，并从中寻找到最优秀的公司。当前社会经济转型升级的背景下，在各个产业中，代表新质生产力方向的战略性新兴产业和未来产业具备潜在的增长空间。历史会反复证明，只有代表未来发展方向的公司才会有发展前景。只要坚持正确的投资方向，与企业长期共同成长，得到良好的投资回报将会是大概率事件。

CHAPTER

第五章 如何管控投资风险

投资千万条，风险控制第一条，投资风险管理框架如图2-5-1所示。成功投资的关键在于对风险的管理能力，在正确认识风险的基础上避免自身遭受无法承受的损失。

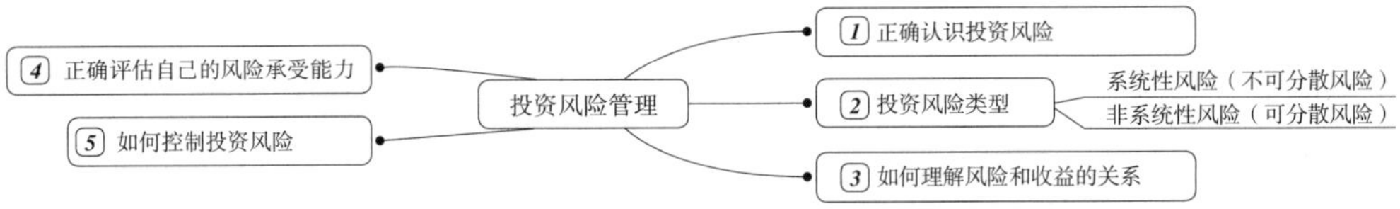

图2-5-1　投资风险管理框架

价值投资大师格雷厄姆在《证券分析》一书中强调了风险管理的三个关键要素（如图2-5-2所示）：首先，要正确认识投资风险。其次，要回避杠杆投资，过度放大杠杆投资一旦不及时追加保证金，就会被迫强制卖出，或者更容易形成心理恐慌压力导致操作动作变形，低位割肉，不但血本无归，还会导致负债累累。最后，必须正确评估个人风险承受能力，理性决策，别被情绪影响。

图2-5-2　风险管理三要素

一、认识投资风险

投资最大的风险是没有风险意识以及对投资风险的不理解。对于投资风险的理解，主要包括三个方面：首先，风险是投资结果的不确定性。投资投的是未来，凡是未来的事情都是不确定的。其次，风险是损失发生的可能性，或可能发生的投资损失。最后，风险是收益的波动性。市场总是处于波动之中，尤其是市场出现恐慌性抛售的时候，价格会严重偏离内在价值。曾经有人把投资风险比作自然界的“龙卷风”，以此提醒人们一定要提前做好防范措施来应对这种高度的不确定性和严重的破坏力。墨菲定律[①]告诉我们，如果事情有变坏的可能，不管这种可能性有多小，它总会发生。即极端事情发生的概率大于零，如果时间足够长，该发生的事件就会发生，哪怕它是极端事件。

投资风险分为“系统性风险”和“非系统性风险”。系统性风险也被称为整体性风险或不可分散风险，是市场整体波动的风险，即由整体政治、经济、社会等宏观环境因素对证券价格所造成的影响，对所有股票都会有影响。系统性风险通常是由公司外部因素引起的，例如严重通胀、周期共振、能源危机、严重自然灾害、宏观政策失当、经济危机、战争、政权更替等。系统性风险是所有企业或个人都无法控制的。系统性风险主要有：政策风险、经济周期性波动风险、货币流动性风险、市场风险、不可抗力的风险。

系统性风险主要有以下三个特征：第一，它是由共同因素引起的。经济方面的如利率、现行汇率、通货膨胀、宏观经济政策与货币政策、能源危机、人口趋势、经济周期循环等。政治方面的如政权更迭、战争冲突等。第二，它对市场上所有的参与者都有影响，只是有些市场参与者比另一些市场参与者的敏感程度高一些。第三，它无法通过分散投资来消除。由于系统性风险是个别企业或行业所不能控制的，是由社会、经济、政治大系统内的一些因素所造成的，因此它会对绝大多数市场参与者造成影响。比如2018年A股市场发生的股权质押风险，直接危及信贷和银行系统。统计数据显示，截至2018年12月28日，A股市场质押股数

① 墨菲定律：任何一件事情，只要其发生的概率大于零，该事情总会在某一时刻发生。投资风险管理不能心存侥幸，一定要防患于未然，防微杜渐。

为6345亿股，占总股本的9.75%，质押总市值4.23万亿元，97%的上市公司参与了股权质押。其中质押比例超50%的公司高达772家，出现了“无股不压”的状态。一批上市公司因股价下跌触发了股权质押的平仓线，导致大股东被动减持甚至爆仓，引发连锁反应导致流动性危机。为纾解股权质押风险，管理层采取了一系列措施，包括设立纾困基金、发行纾困专项债券等化解股权质押危机。

由于系统性风险属于不可分散的风险，不是个别行业或企业能够控制的，所以系统性风险无法被根本消除。一旦形成系统性风险，往往会对整个大盘和绝大部分股票走势造成严重冲击，出现泥沙俱下的大面积恐慌性杀跌，导致投资者蒙受巨大损失。比如2008年美国次贷危机引发的全球金融海啸、2015年6月发生的杠杆泡沫破裂风险、2016年初的熔断机制引发的恐慌性下跌行情、2024年春节前的雪球产品爆仓引发的风险外溢等。因此，在投资过程中，必须时刻保持高度警惕，对可能发生的风险溢出或形成多米诺骨牌效应的风险因素加强分析、监测和识别，一旦出现系统性风险苗头，应该结合市场情况按照策略模型规范及时调整资金仓位比重，比如当行情性质发生重大变化或转折时，或行情所处阶段属性发生调整时，应及时通过调整持仓结构和仓位比重来规避市场风险。

非系统性风险又被称为可分散风险，一般是指与整个市场波动无关的风险，比如某个行业或公司的业绩大幅度下滑，导致股价下降，这就是非系统性风险，它只是影响单个行业或单个公司。行业政策变化、产业技术革新、上市公司经营管理、财务状况、市场销售、重大投资等因素的变化，会对公司股价产生重大的影响。非系统性风险主要有：（1）经营风险；（2）财务风险；（3）道德风险；（4）信用风险（也称违约风险）；（5）技术革新的风险；（6）产业周期的风险。非系统性风险可以通过多样化投资构建投资组合进行分散，即发生于个别或少数公司的风险事件，可以被其他公司的利好事件抵消。

如图2-5-3所示，投资的总风险=系统性风险+非系统性风险

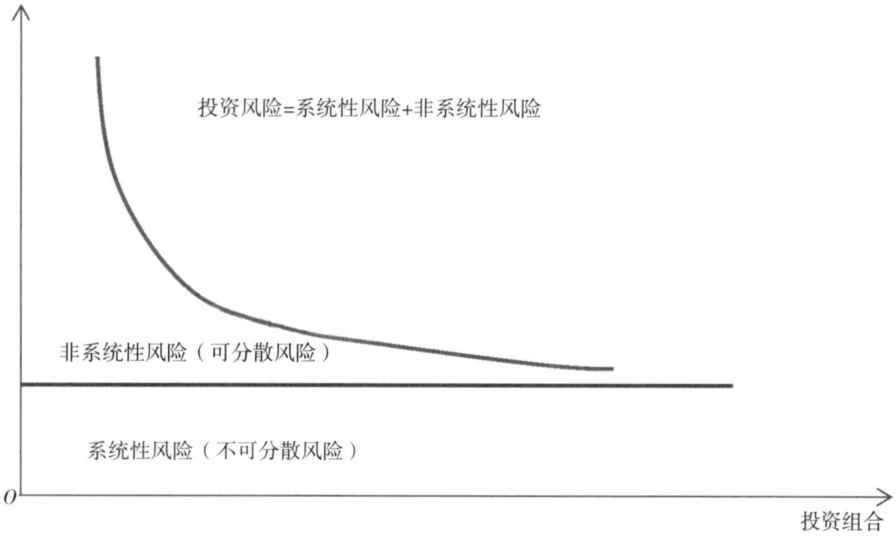

图2-5-3　投资的总风险

二、风险收益曲线的内涵

投资者期望获得较高收益的同时，往往要承担更高的风险。比如，国债相对安全，但回报率较低，相比而言，股票市场波动性更高，比债券市场有更高的风险，但长期看则有可能会获得更高的投资收益。正确理解风险和收益的关系是投资的第一步，在投资决策过程中，处理好风险与收益的平衡是一条重要的原则。

如图2-5-4所示，传统的风险收益曲线认为，风险与收益呈现正相关的关系，即“高风险—高收益；低风险—低收益”。但从实际结果来看，承担高风险并不一定能获得高收益，因此风险收益曲线的真正含义，应该是投资预期收益要与承担的风险相匹配，风险高的投资要求有较高的预期收益；较高的投资风险面临收益的大幅波动，对应要求较高的风险承受能力。

从实际投资来看，更高的投资风险会导致更加不确定的结果，也就是说，收益的概率分布更广。假设定价公平时，风险较高的投资意味着：（1）更高的预期收益；（2）获得较低收益的可能；（3）在某些情况下，可能会产生损失。从这个角度看，传统的风险—收益曲线图存在一定的误导性，它虽然表现了风险

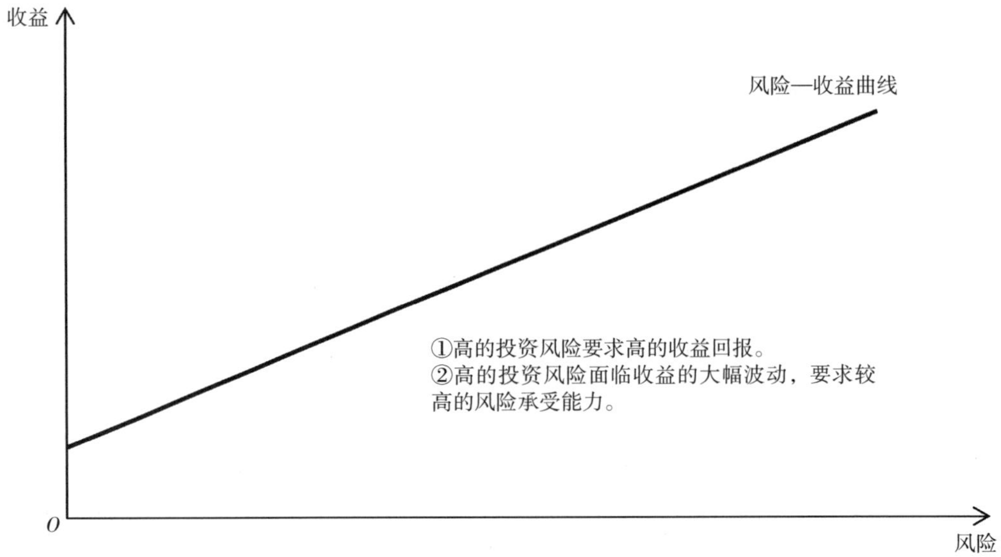

图2-5-4　传统的风险—收益曲线

与收益之间的正相关关系，却没有真正体现结果的不确定性。对于普通投资者来说，最需要担心的投资风险，可能是永久性亏损的风险。霍华德·马克斯认为一个更合理的风险—收益曲线图可能是如下的简化形态，如图2-5-5所示。

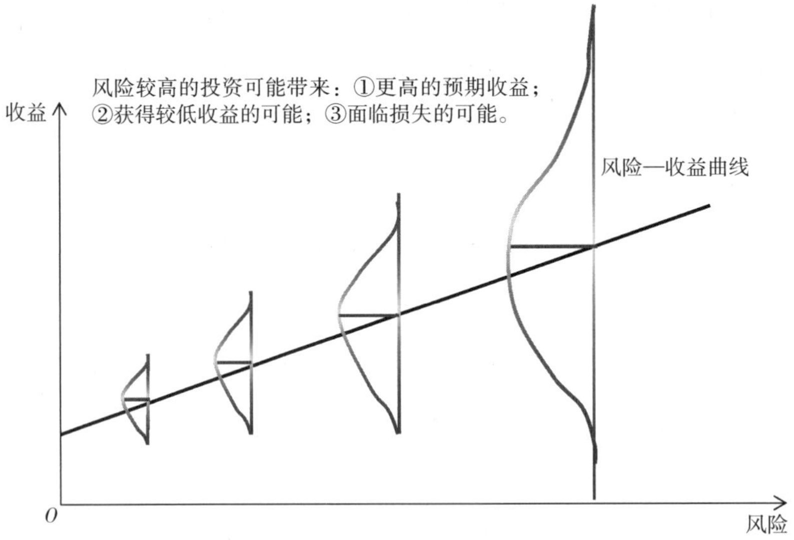

图2-5-5　霍华德·马克斯风险—收益曲线

在投资实践中，收益概率并不是呈正态分布的，从图中我们可以看到风险和预期收益之间的正相关性，也能看到收益的不确定性，以及随着风险的增大而加大的亏损概率。我们在多年的投资实践中接触过大量的案例，在同样的行情阶段，面对同一只个股操作，不同的人会出现不同的结果，有的人能够取得较好的投资收益，有的人却亏损巨大，说明在承担同样风险的情况下，每个人的收益不尽相同。

正因为风险和收益之间的关系十分复杂，所以如何平衡风险和收益之间的关系，是投资决策过程中的最核心最重要的环节。

因此，我们判断一笔投资是好是坏的标准，就是风险和收益是否能够相匹配。比如，一笔投资承担相对较低的风险就能获取较好的投资收益，那这就是好的投资。什么情况下才能实现较好的投资呢？比如当市场在底部区域出现极端行情的时候，市场一片恐慌之际看似风险极高，但实际要承担的风险并不大，这个时候进场投资往往能获得较好的回报。

三、加杠杆的本质是借钱炒股

古希腊著名的哲学家、数学家、物理学家，被称为“力学之父”的阿基米德曾经说过：“给我一个支点，我就能撬起整个地球。”这就是著名的杠杆原理。目前利用杠杆资金进行投资、消费的现象十分普遍，但加杠杆并不适合所有人。

加杠杆是指投资者通过杠杆作用，用较少的资金去交易较多股票的行为，本质上就是融资借钱炒股。杠杆放大投资收益的同时，也放大了投资风险。一旦加杠杆投资，无形中就会增加巨大的压力。因此，普通投资者应尽量回避杠杆投资，因为过度放大杠杆投资一旦不及时追加保证金，就会被迫强制卖出，或者更容易形成心理恐慌压力导致操作动作变形，低位割肉，不但有可能血本无归，还可能导致负债累累。

四、正确评估自身的风险承受能力等级

在投资之前，除了认识投资风险、理解风险—收益曲线的真正内涵之外，一定

要正确评估自身的风险承受能力等级。为了更好地评估投资者的风险承受能力等级，中国证券业协会于2017年发布了《投资者风险承受能力评估问卷》，从财务状况、投资知识、投资经验、投资目标和风险偏好五个维度对投资者风险承受能力等级进行评估（如图2-5-6所示），并通过测评问卷打分，将投资者风险承受能力等级分为C1（保守型）、C2（谨慎型）、C3（稳健型）、C4（积极型）和C5（激进型）5个等级，根据适当性原则对客户提供与其风险等级相匹配的产品或服务，具体见附录。

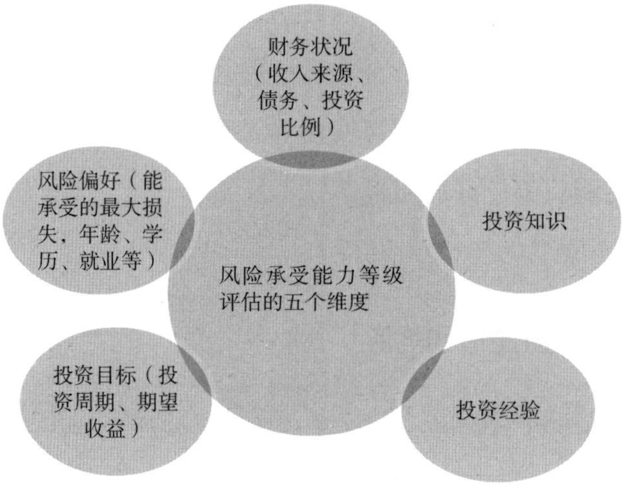

图2-5-6　风险承受能力等级评估的五个维度

所谓“知己知彼，百战不殆”，正确评估自己的风险承受能力等级是投资决策和风险管控的关键一环。投资必须量力而行，在投资之前，一定要了解自己能够承受的最大损失，才不至于因为股市的波动而影响正常的工作生活。否则，一旦投资损失超过自身的风险承受能力等级，就会导致心态变坏，甚至破罐子破摔，自暴自弃，最终导致投资失败。

五、如何管控投资风险

投资风险管控，就是采取适当的措施来降低或规避投资过程中的风险。当市场出现明确风险信号的时候，必须严格执行风险预案及时减仓，如果风险进一步扩大蔓延，就要果断卖出，保存实力，保存资金，才能在行情触底的时候抓住大底机会，才有机会赚到大钱。尤其是在遇到系统性风险的时候一定要果断卖出，以防止损失无限扩大。俗话说得好，“留得青山在，不怕没柴烧”，当灾难性的系统性风险到来时，及时止损控制风险才是王道。

有人曾经统计过股票被套和对应解套回本涨幅的数据，来说明及时止损的重要性。

被套10%，需要涨11.11%才可以回本；

被套20%，需要涨25%才可以回本；

被套30%，需要涨42.86%才可以回本；

被套40%，需要涨66.67%才可以回本；

被套50%，需要涨100%才可以回本。

实际上，从操作角度看，在处理风险和收益的关系时，应该提前制定投资预期收益目标和相应的风险管控措施，包括风险预警信号的识别、风险预警参数的设置、风险管控的实施方案等。如果任由风险扩大，最终可能会造成自身无法承受、不可挽回甚至不可逆的投资损失，酿成大错。比如某一笔投资预期是获得15%的收益，那么就要设定好10%的止损线，一旦触及止损线就应该果断卖出控制风险；又比如某一笔投资期望获得翻倍的收益，那么相应就要预设50%的下跌或回撤的承受能力，同时还要有相应较长时间持股的耐心。由于每个人的个性特征、投资经验和专业能力是不一样的，各自的风险承受能力也有明显差异，所以在制定风险管控措施时，必须结合投资者自身的实际情况来设定风险预警系列参数。

我们假定某投资者的风险承受能力等级为C3级，期望收益为50%，能承受的最大损失为账户总资产的20%，回撤幅度不超过20%，那么可以根据上述条件设定风险预警参数、风险管控、回撤控制方案。至于每一笔操作的仓位，可以对应换算成动态的止盈止损预警线和止盈止损线。其中预警线以实际操作线的80%作为参考，比如回撤幅度为20%，对应的回撤预警线可以设定在16%，即触发预警线16%时就要作出决策，看是否应进行部分止盈或全部止盈落袋为安，这个要根据投资者自身的风险承受能力来决定，即根据投资者自身对利润回撤的容忍度大小来决定回撤节奏。需要再次强调的是，回撤越大，利润创新高越难，50%的回撤需要100%的涨幅才能恢复原来的利润。

投资过程的风险控制，需要投资者具备认错的勇气。投资本质是一种概率，任何投资都有潜在风险，不可能保证任意一笔操作都能100%成功。每一次决策从结果来看，要么盈利要么亏损，一旦作出决策后，实际走势与预期走势出现偏离时，当偏离值达到预设的止损预警线和止损点位时，应该果断执行计划，防止风险失控。

在投资过程中保持密切跟踪和勇于认错是极其艰难的，这是由人性决定的，很少有人能够主动认错。索罗斯曾坦率地说："对其他人来说，犯错是一种耻辱，对我而言，承认自己的错误是一种骄傲，一旦我们认识到理解上的不足是人类的先天特征，犯错就没有耻辱可言了，耻辱的只是不能纠正错误。"

从某种程度上来讲，拥有认错的勇气是管控投资风险的核心。因此，对于要在残酷博弈的市场里长期生存发展的投资者来说，犯点小错不要紧，关键是要敢于承认错误，敢于改正错误。在实际走势偏离预期并发出认错信号时，认错越早越好，改正越快越好。一定要牢记：把投资损失控制在自身承受能力范围之内。

总之，变幻莫测的资本市场时刻充满风险波动和挑战，哪怕嗅觉灵敏、眼光独到的专业机构投资者也无法成为"常胜将军"，投资本来就是一种概率游戏。所以，一旦认定投资失误或实际走势明显偏离预期方向时，要严守交易纪律，敢于果断止损控制风险，寻求下一次机会。巴菲特说过："投资有两条法则：第一，永远不要亏损；第二，永远记住第一条。"

CHAPTER 第六章 机会成本与两大解套手法

机会成本是经济学十大原理之一，是指在面临多个方案进行决策时，被舍弃的选项中的最高价值就是本次决策的机会成本，所以机会成本通常又称为选择成本。在作出选择之前，必须对所有方案包括备选方案进行全面分析，一旦决策后结果必然“有得有失”，所谓鱼和熊掌不能兼得。所以在投资管理过程中，需要结合实际情况持续优化完善交易方案。

查理·芒格说：“机会成本是生活中一个基本的筛选标准，如果你有两个疯狂追求你的求婚者，其中一个比另一个好千万倍，你就不用在另一个身上花费时间了。我们筛选投资机会时也是这么做的。”

在实际投资过程中，资金是稀缺的，除非你有源源不断的新增资金。因此在持股过程中，需要结合行情节奏和市场风格不断进行结构优化，调整持股配置比例，将有限的资金尽量做出更优的配置结构，以实现资金效率的最大化。无论是投资大师，还是普通投资者，买入股票后被套是十分常见的情形，一旦买入被套，我们就需要重新审视买入逻辑依据，并结合当前行情特征，对手中所持股票是否符合当前市场投资主线方向进行综合判断，决定是否对当前所持股票进行调仓或换股操作。解套策略通常有以下两种模式。

一、换股策略

在制订持股优化方案时，首先要对当前持股的逻辑是否发生重大变化、所属行业的政策、市场风格与资金偏好等方面作出综合分析判断。如果长期逻辑没有发生大的变化，仅仅是当前市场风格发生轮动，则可以采取机动仓换股策略。毕竟个股的中短期走势会受到大盘风格、主力资金偏好等因素影响，在一段时间内并不具备阶段性走强的机会，或者暂时不会有很好的表现机会。因此可以采取部分仓位或机动仓换股策略，以汰弱留强的方式调整持仓比例，以实现持股结构的优化。

如表2-6-1所示，假定当前所持的股A在阴跌趋势下，如不及时调仓换股，悲观预计可能深套30%～50%；如果采取积极的部分仓位换股策略（半仓换股或全仓换股策略要结合自身实际），换入符合当前主线方向的优质潜力股B，则不但能够避免被深度套牢的风险，甚至通过积极主动策略进行调仓后可能提前解套，反败为胜，两相对比账面资产差距巨大。从机会成本角度，按假定原有持股下跌50%和潜力股上涨50%测算，如果不采取积极换股策略，最终的损失（机会成本）可能高达本金的两倍。

前面提到，如果股票被套10%，后期打平翻本需要涨幅11.11%，如果深度被套50%，后期则需要翻倍涨幅才能回本，被套幅度越大，回本难度越大。因此，针对被套的股票要重新审视买入逻辑，结合行情特点综合评估分析，一旦确认持股形成趋势下跌，且短期内无任何止跌迹象的，建议采取主动策略，灵活运用机动仓调仓换股等解套策略手法。如果一直被动持有弱势股，不及时采取调仓换股策略的话，只会错过更多的盈利机会，不断增加机会成本，最后会演变成巨大的沉没成本。

表2-6-1　调仓换股策略

方案分析	持股特征	
	当前弱势股A	假设换入优质潜力股B
个股特征分析	长线投资逻辑未变，但因市场风格变化，资金关注度不高，且技术特征呈下行趋势的疲弱态势，股价保持震荡阴跌趋势，无明显的止跌迹象，一时半会儿难出现拐点重新走强	符合当前市场炒作的投资主线方向，主力资金高度关注，股性活跃，且处于上升趋势的回踩买点规则，采取部分仓位换股跟进

续表

方案分析	持股特征	
	当前弱势股A	假设换入优质潜力股B
股价趋势分析（股价路线图）	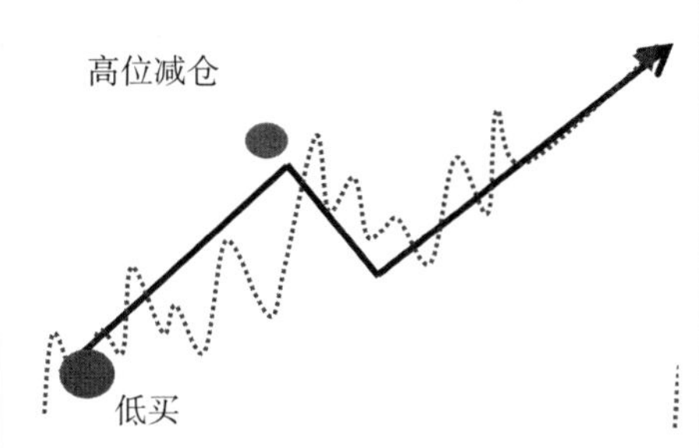	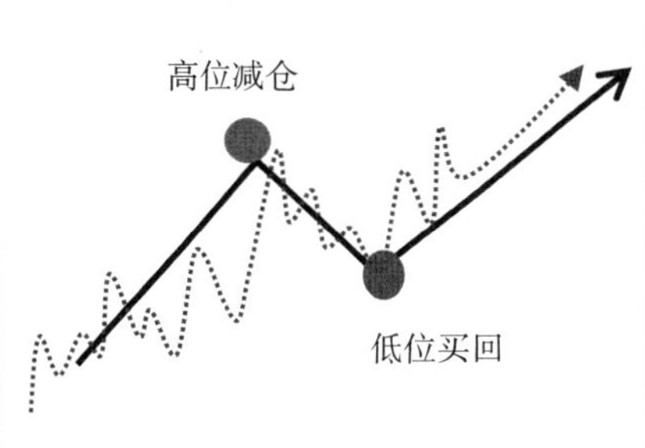
调仓换股操作方案与效果评估	综合预判：乐观情形下，股价下跌幅度预计大于20%，即账面浮亏可能继续扩大20%以上；悲观预计股价继续下跌幅度高达50%，即账面浮亏可能扩大至50%	综合预判：保守情形下，股价涨幅空间不低于30%；乐观情形下，波段趋势或涨幅空间不低于50%
对比总结	在股票A阴跌走弱的趋势下，假设不主动采取措施调仓换股，悲观预计可能深套50%；假设采取积极的换股策略（半仓换股或全仓换股策略），换入上升趋势的股票B，最后不仅能避免存在深度套牢风险，且能够快速解套，反败为胜。从机会（时间）成本角度，按假定原有持股下跌50%和潜力股上涨50%测算，如果不采取积极换股策略，最终的损失（机会成本）可能是原来本金的两倍	
风险预案	在制定调仓换股策略时，首先要充分做好各种推演情形和应对策略；在调仓换股时，要注意采取部分仓位分批分笔的手法，先试探换股，确认后要进一步加大换股仓位，如果预期走势出现明显偏差，要及时纠正调整，避免越陷越深	
原理：行情风格轮动和市场资金偏好会影响某个板块及个股阶段性表现，正所谓此一时彼一时；暂时卖出下跌趋势的弱势股票一方面是为了规避当前持股进一步下跌造成账户持续缩水的风险，同时是为了降低机会成本，换入符合当前主线方向的优质标的，跟上投资主线和市场热点节奏，争取资金最大化利用		

二、滚动策略

采取滚动策略解套的方法，主要是针对现有持股，在不采取换股策略的情形下，利用机动仓高抛低吸滚动操作，把握行情节奏，比如股价处于上升趋势或下降趋势时，把握趋势上轨和下轨，或者箱形结构的顶底等进行机动仓的高抛滚动。

如表2-6-2所示，机动仓滚动操作通常有两种常见手法：一是先卖后买，就是在不增加资金的情况下，采取波段高位卖出，待股价回调后，触发买点法则时重新低位买回；另一种手法是先买后卖，在有条件追加资金的情形下，先低位买入，待有价差或股价上升至阶段高点后卖出，通过机动仓反复滚动，实现降低持股成本、快速解套的策略。

表2-6-2 机动仓滚动策略

<table>
<tr><th rowspan="2">方案分析</th><th colspan="2">滚动操作手法</th></tr>
<tr><th>先买后卖
（追加资金买入，作为机动仓先买后卖）</th><th>先卖后买
（现有持股区分底仓和机动仓）</th></tr>
<tr><td>个股特征分析</td><td colspan="2">投资逻辑未变，符合行情风格和主力资金偏好，股价形成趋势性上涨。
把握波段趋势高点和回踩买点，比如上升趋势的箱形结构、趋势性行情的上轨和下轨等</td></tr>
<tr><td>机动仓买卖点示意图</td><td>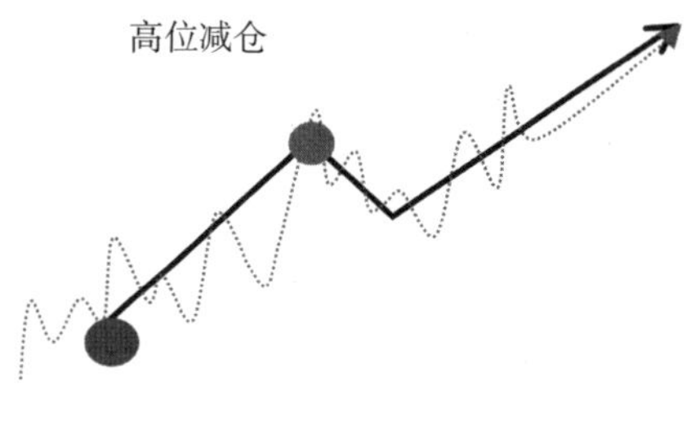
</td><td>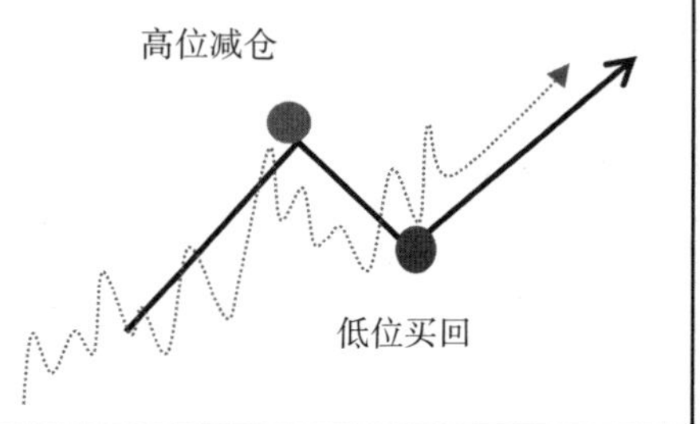
</td></tr>
<tr><td>效果分析</td><td colspan="2">在采取机动仓高抛低吸的策略手法实现解套目标时，首先要明确底仓、机动仓的比例，做好综合评估并制订好详细的交易计划。通过机动仓高抛低吸或日内做T反复滚动操作，可以有效降低持股成本，相比被动持股等待，更加积极主动利用行情波动</td></tr>
<tr><td>风险预案</td><td colspan="2">在采取机动仓高抛低吸时，同样要遵循分批分笔操作的交易手法，防止在高抛低吸滚动操作时出现明显的失误</td></tr>
<tr><td colspan="3">原理：在判断股价中长期趋势不变的情况下，通过采用机动仓高抛低吸、加强波段滚动操作，从而实现降低持仓成本、快速解套的目的</td></tr>
</table>

三、比较常用的买卖点法则

常见的买点法则有：

（1）趋势法则，即趋势回踩买入法则。在上升趋势，即股价沿10日或20日均线趋势向上，股价受行情波动影响会强势回踩10日或20日均线，确认支撑后股价重新放量走强，股价每次触及或跌破10日或20日均线可以作为参考买点。

（2）重要均线买入法则。股价在上升趋势中，往往会在重要技术位置如年线、半年线等关键技术点位获得强力支撑，后期股价重新放量走强，每次回踩半年线或年线附近即可作为参考买点。

（3）形态法则。股价形成头肩底、双底、V型底、圆弧底结构，通过量价特征判断出现突破的临界点。尤其是成交量温和放大逐步脱离底部区域时，发出买入信号，可以作为参考买点。

（4）平台突破（均衡）法则。股价呈现平台蓄势整理2周，放量突破上攻迹象明显，向上打破均衡状态时可以作为买点信号。

（5）长针买入法则或双针买入法则。股价在经过长时间下跌后，出现快速下探再急速拉回出现长针，这种长针往往是恐慌情绪最后释放的特征，可以作为参考买点。

（6）低位高换手买入法则。股价相对低位连续两天或一周换手率超过一定比率，比如50%、100%，具体换手率数据需要结合投资实践不断改进。

卖点法则与买点法则类似，主要包括破位卖出（减仓）法则，比如股价跌破关键的技术和心理支撑线，呈现放量杀跌时；股价经过一轮上涨后，技术形态已经形成明显的顶部；股价在高位出现长阴线断头侧；股价连续快速拉升之后放出历史天量，且高位收阴，形成天量天价的高位特征等，这些都可作为卖出信号参考。在采取机动仓滚动高抛减仓时，还要注意以下其他规则：比如前期高点法则、历史高点减仓卖出法则，以及根据交易计划，按提前制订好的预设止盈止损点卖出减仓。

做交易就像平时开车一样，当趋势向好、成交量温和放大、股价上行阻力不大的时候，就应该敢于加仓，这就好比在平直的高速路上，如果前方没什么车辆，就可以踩油门加速；而遇到行情震荡上行乏力的时候，就应该把仓位降下来规避可能存在的风险，就像开车时遇到车辆较多、路况不好或急转弯的路段，就要踩刹车控制车速避免碰撞。

平时开车的时候，我们还要眼观六路、耳听八方，时不时还要注意看左右两边以及中间的后视镜，检查是否有其他车辆靠近，注意排查风险。交易也一样，在持股过程中要及时做好跟踪、收集、整理、分析对行情、板块及个股走势可能产生影响的信息，及时优化调整交易方案。

3

投资理念心法篇

理念是财富的源泉

好心态

理念是财富的源泉；

投资成功需要了解自己，扬长避短。

理念决定财富，正确的投资理念是财富的源泉。要想在股市里长期生存，我们必须建立一套适合自身性格特征的研究方法体系、交易战法规则以及树立正确的投资理念。中央金融工作会议指出，要推动中长期资金入市，树立理性投资、价值投资、长期投资的理念。

CHAPTER 第一章 三投资理念与“五要五不”

《辞海》（1989）对“理念”一词的解释有两条，一是“看法、思想、思维活动的结果”；二是“理论、观念”，通常是指思想，有时也指表象或客观事物在人脑里留下的概括的形象。人们对事物的判断首先有意念或想法，然后才有正确的观念，上升到理性高度的观念叫“理念”，如图3-1-1所示。

①意念（想法）—②观念—③理念（正确的观念上升到理性高度）。

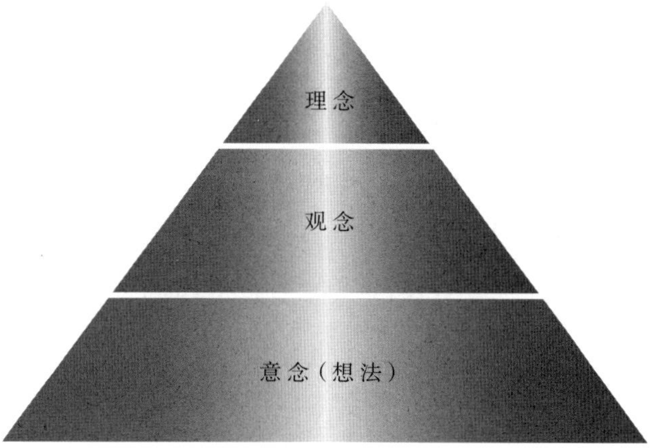

图3-1-1　意念（想法）、观念与理念

投资理念就是对股价涨跌表象背后人性本质规律的高度概括，既是对股价涨跌循环客观现象和本质特征整体性的诠释，也反映了股价涨跌背后对人性中的贪婪和恐惧的抽象的理论认识。从投资者角度来讲，所谓投资理念，是体现投资者个性特征的，用于指导其日常分析研判和决策，反映其投资目的和意愿的一种价值观。

所谓理念，包含着理性、信念的深刻内涵。那什么才是正确的投资理念呢？首先用排除法，贪念、嗔念、妄念、执念肯定都不是正确的投资理念。对于正确的投资理念，相信每个人的理解都会有差异，但核心一定是回归事物的本质。就投资股市而言，首先，要遵循股市的自身运行规律，认真理解股市的本质，股市跟其他事物一样存在周期特征，譬如一年有春夏秋冬四个季节，又譬如农民种果树，不可能今天种树明天摘果，因为这是违反自然规律的。其次，要不断总结学习，与时俱进，及时改进以取得行之有效的投资分析方法，提升认知能力和水平。最后，就是通过实践修炼自我，管控负面情绪，克服贪婪和恐惧的弱点，只有这样，才能真正理解股市的本质，实现财富的稳健增值。

值得大家重点关注的是，2024年4月12日，新“国九条”发布，明确提出“深化退市制度改革，加快形成应退尽退、及时出清的常态化退市格局”。新“国九条”坚持以习近平新时代中国特色社会主义思想为指导，进一步贯彻落实中央金融工作会议精神，是继2004年、2014年两个“国九条”之后，又时隔10年，国务院再次专门出台的资本市场指导性文件，充分体现了党中央、国务院对资本市场的高度重视和殷切期望。新“国九条”坚持远近结合、标本兼治、综合施策，明确了资本市场高质量发展“五个必须”的深刻内涵，分阶段规划了资本市场“未来5年”“到2035年”“到本世纪中叶”高质量发展的目标，系统提出了强监管、防风险、促高质量发展的一揽子政策措施。2024年1月16日，习近平总书记在推动金融高质量发展专题研讨班提出了“五要五不”的中国特色金融文化要求：要诚实守信，不逾越底线；要以义取利，不唯利是图；要稳健审慎，不急功近利；要守正创新，不脱实向虚；要依法合规，不胡作非为[①]。

此前，中央金融工作会议指出，要推动中长期资金入市，树立理性投资、价

① 中国人民银行党委理论学习中心组：《积极培育中国特色金融文化，为推动金融高质量发展、建设金融强国提供强大支撑》，《人民日报》2024年4月26日第10版。

值投资、长期投资的理念（简称“三投资”理念）。所谓理性投资，就是要建立适合自身的投资体系，在日常投资决策过程中保持独立思考、冷静分析、理性决策，合理配置。坚持价值投资理念，就是要重视基本面分析，理性交易，不盲目跟风，不过度投机炒作。坚持长期投资理念，就是要理性看待市场的短期波动，不因短期的涨跌而频繁过度交易。

但在实际投资过程中，绝大部分投资者都很难做到完全理性，特别容易受到股价短期波动的影响出现情绪化的非理性操作。我们都了解过费斯汀格法则：生活中的10%是由发生在你身上的事情组成，而另外的90%则是由你对所发生的事情如何反应所决定。你可能控制不了前面的10%，但你完全可以通过你的心态和行为决定后面的90%。如果任由自己的脾气发散扩大，不但可能导致连锁反应，还会对身体造成无法估量的伤害。

任何事情的发生都是有内因的，要抓住事情的本身，而不是只为发泄自己的情绪。有效控制住不良情绪，生活中的意外和麻烦会因此减少很多。我们都知道痛苦由心而生。有的人身陷困境，心灰意冷自甘堕落，而有的人不论遇到什么困难，都心存希望、不断努力冲破枷锁。投资过程也一样，如果任由负面情绪裹挟，带着情绪做交易，就注定不会有好的投资结果。我们经常听到一句话：“一念天堂，一念地狱。”大概的意思是人的一个念头，可以决定事物的发展方向，要么幸福安定，要么万劫不复。因此，我们在作决策的时候，一定要理性冷静，千万不能意气用事。上升到投资理念层面来说，就是只有真正树立起理性投资、长期投资、价值投资理念，以闲钱投资量力而行，做耐心资本，才可以最大程度避免股价的短期波动对心理层面的冲击。

CHAPTER 第二章 情绪的周期性波动规律

情绪是内心活动过程的一种心理体验，反映人们对事物的一种态度。心理学家罗伯特·普鲁契克（Robert Plutchik）认为人类有以下8种基本情绪：快乐、信任、恐惧、惊讶、悲伤、厌恶、愤怒和期待。根据普鲁契克的理论，这8种基本情绪能够让人们生存并适应环境。

从投资实践来看，股价的涨跌必定会引起人们情绪的起伏波动。当股价上涨的时候，人们会体验到正面的或愉快的乐观情绪；反之，当股价下跌的时候，人们会体验到负面的或不愉快的悲观情绪。根据乐观情绪和悲观情绪程度不同，可以进一步对情绪进行划分，比如股价的下跌会引起人们猜测后面可能有更加糟糕的情形，悲观情绪会被进一步放大，出现紧张不安、烦躁焦虑，甚至惊慌的情绪反应，而长时间的焦虑情绪会产生抑郁，对股价什么时候能上涨，或者怎么做才能解套扭亏不抱希望。

反过来一样，当股价上涨时，人们会猜测后市股价还会进一步上涨，乐观情绪会不断自我强化，从开心愉悦到兴奋激动，再到得意、亢奋。而情绪的起伏波动，具有周期性变化特征，即存在情绪周期。

所谓周期规律，是指事物围绕中心点或者长期趋势形成上下波动的现象。包括从谷底开始的复苏阶段（a）、上涨阶段（b）、筑顶阶段（c）、反转阶段（d）、下跌阶段（e）、筑底阶段（f）以及再次复苏阶段（g）和再次上涨阶段（h）组成，如图3-2-1所示。

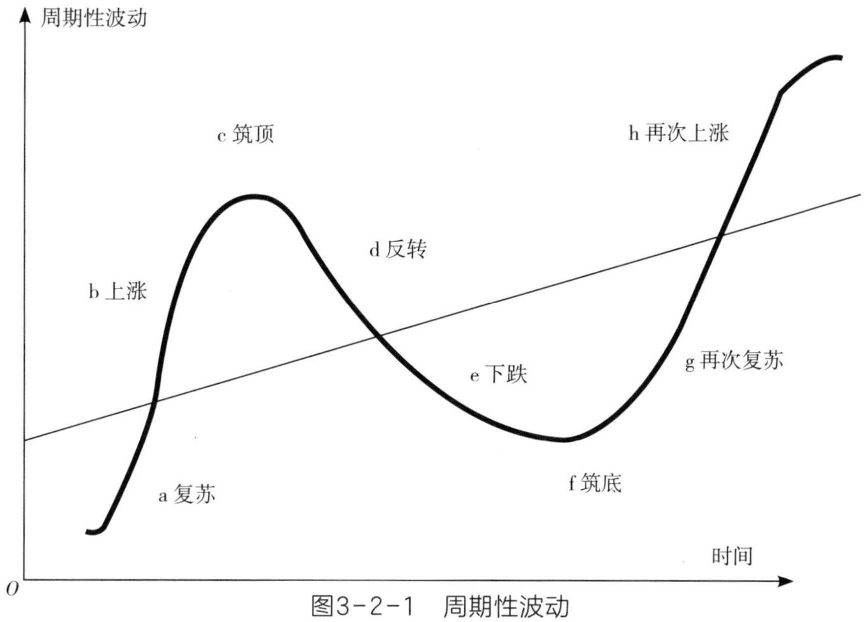

图3-2-1　周期性波动

复苏阶段（a）：行情从一个受到过度压制形成的底部极端点，或者“谷底”，开始复苏，移向中心点，或者向均值回归。

上涨阶段（b）：行情继续摆动，经过中心点，冲向顶部的极端点，或者“顶峰”。

筑顶阶段（c）：形成一个顶峰。

反转阶段（d）：行情从顶峰开始反转，向下修正，移向中心点，或者向均值回归。

下跌阶段（e）：行情继续向下运动，经过中心点，而且继续移向一个新的谷底。

筑底阶段（f）：形成一个底部。

再次复苏阶段（g）：行情又一次开始复苏，从谷底开始反转，向中心点回归，或者向均值回归。

再次上涨阶段（h）：接下来，行情又一次持续震荡上行，经过中心点，而且移向另外一个新的顶峰。

与巴菲特、索罗斯等齐名的价值投资者霍华德·马克斯在他的《周期》一书中，重点阐释了心理周期。投资像硬币的两面，不可分离。正面是追逐利润，反面是承担风险。从追逐利润方面来讲，投资人面对股票波动的心理和情绪就像钟摆，在恐惧和贪婪两个极端之间来回大幅摆动，如图3-2-2所示。

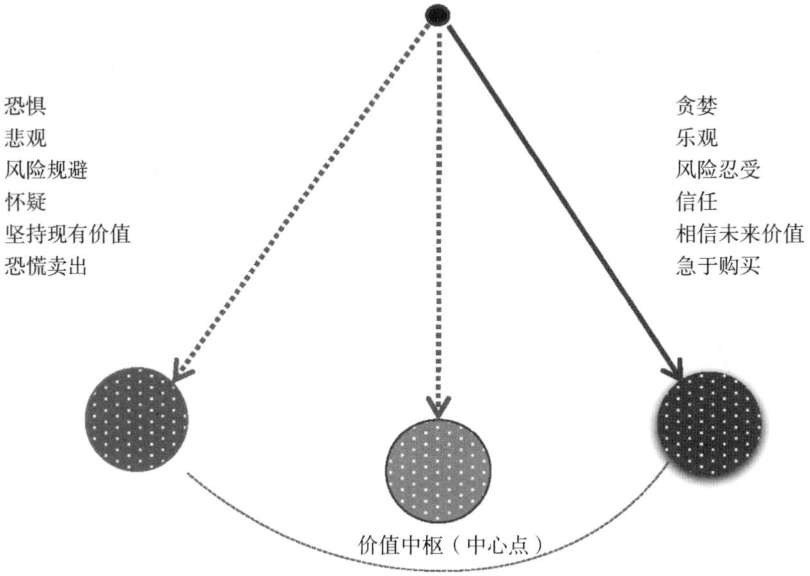

图3-2-2　情绪钟摆

像钟摆一样摆动的6个投资因素：

（1）从贪婪到恐惧。

（2）从乐观到悲观。

（3）从风险忍受到风险规避。

（4）从信任到怀疑。

（5）从相信未来的价值，到坚持现有价值。

（6）从急于购买到恐慌卖出。

上述这些两极分化现象，其实在很大程度上是互相交织的。从投资的另一面承担风险来看，投资人面对风险的态度也是大起大落的，具有周期性，从过度风险规避到过度风险容忍。

对于资本市场来说，周期永不变，物极则必反。当钟摆处于两端的极限位置时，来去就会太匆匆。逆向投资大师约翰·邓普顿有句名言："牛市总在悲观中诞生，在怀疑中成长，在乐观中成熟，在兴奋中死亡。"市场从底部开始反弹后，如果你怀疑市场会调整进而高抛低吸，须警惕踏空的风险。A股三十多年的月K线走势显示，大多数时候都是没有行情的“垃圾时间”，甚至是亏损的难熬时刻，如图3-2-3所示。但是，一旦牛市来临，你就会收获酣畅淋漓的惊喜，即“80%的收益来自那20%的时间”。所以，你得静下心来，认真冷静复盘分析一下当前所处的市场阶段，戒骄戒躁，在难熬的时候再给自己一些信心和耐心，等待收获季节的到来。毕竟股票投资更像是一场“马拉松”，考验的是耐心和毅力，保持在场上或许是更好的办法。

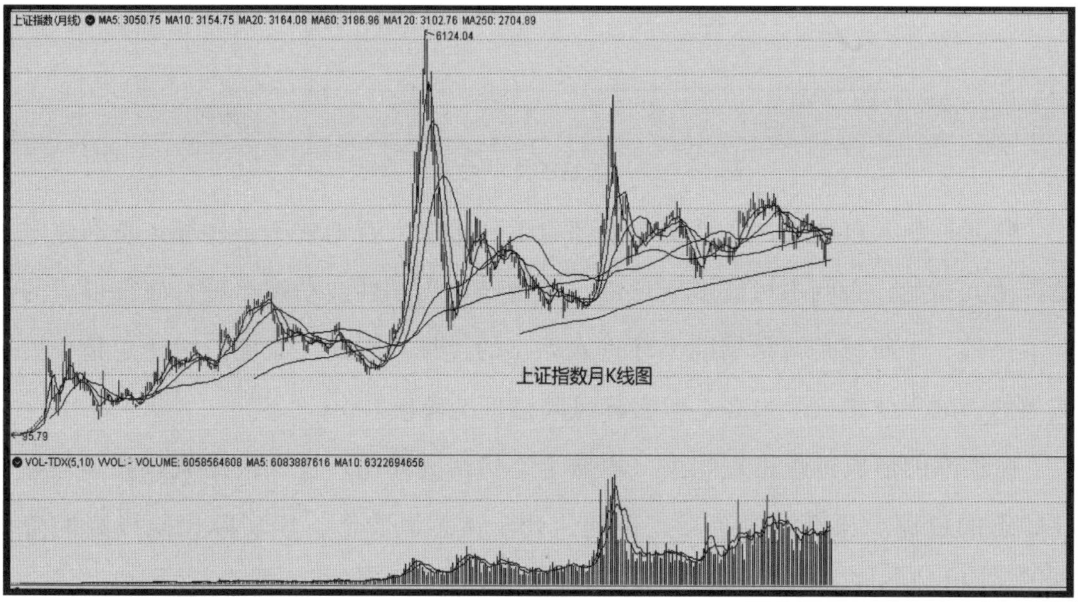

图3-2-3　上证指数月K线图——大部分时间需要等待

市场情绪存在典型的周期性波动规律。在情绪周期的复苏阶段，股价经过最后杀跌后开始逐步企稳回升，此时投资者在稍感安慰并看到希望的同时，内心依然充满矛盾和纠结，会处于观望的状态。在上涨阶段，伴随股价的进一步回升，投资者内心逐渐感受到愉悦、开心、兴奋，尤其是在估计行情即将快速上涨时会感到激动不已。在筑顶阶段，在赚钱效应的驱使下，投资者内心会感到得意，在贪婪情绪的影响下，过度的兴奋终究会变成亢奋，飘飘欲仙，此时此刻，任何善意的风险提醒都是徒劳的，投资者恨不得把全部家当都压上去，但这个阶段的实际风险已经极高，再前进一步可能就是“万丈深渊”，如图3-2-4所示。

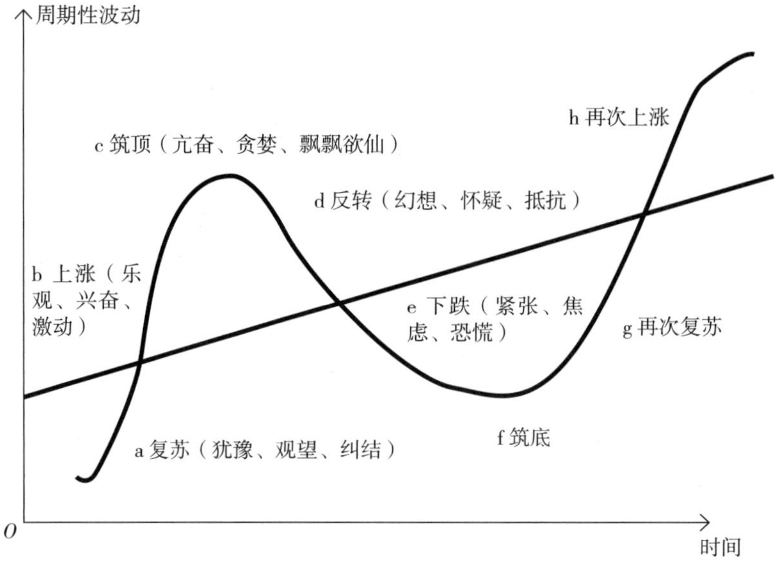

图3-2-4　情绪的周期性波动规律

底部是令人煎熬的，几乎所有人都看不到希望，否则就不是底部；顶部注定是群情亢奋的，否则不可能形成顶部。从情绪的周期性波动规律看，底部形成的基本过程，本质就是情绪周期循环进入冰点的过程。因此，筑底阶段注定是令人煎熬的，处于体感风险很高，但实际风险极低的阶段。

而顶部的形成过程正好相反，本质上是情绪周期循环进入极度疯狂甚至是癫狂状态的过程。顶部的情绪是亢奋的，处于体感风险低，但实际风险极高的阶段，如图3-2-5所示。

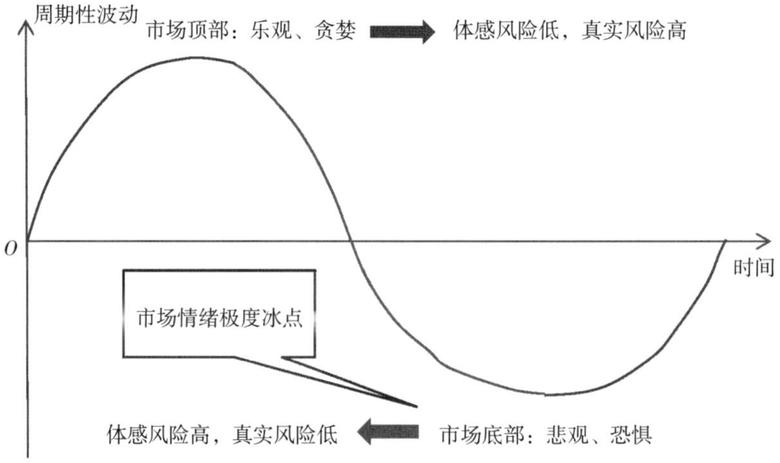

图3-2-5　市场情绪与风险关系

CHAPTER 第三章 情绪周期循环造就了行情顶底

一个完整的情绪周期由两个运动方向相反的模式组成，即由多方循环和空方循环组成。不同的阶段伴随着各种情绪与心态周期循环，具体如表3-3-1所示。其中，多方循环由乐观贪婪情绪主导。多方循环的基本过程：看不懂→怀疑→跟随（乐观）→疯狂（激动加仓）→幻想（飘飘欲仙）→最终幻想破灭，顶部形成。在多方循环中，市场在赚钱效应的驱动下，贪婪情绪在利益面前不断扩散、放大、自我强化，直到疯狂状态。

表3-3-1 情绪周期阶段的循环

阶段	多方循环			空方循环			新的多方循环	
	复苏阶段	上涨阶段	筑顶阶段	反转阶段	下跌阶段	筑底阶段	再复苏阶段	再上涨阶段
情绪与心态	犹豫、观望、希望、安慰、纠结、矛盾	开心、愉悦、乐观、兴奋、激动	亢奋、贪婪、得意、飘飘欲仙	幻想、抵抗、怀疑、否定	焦虑、紧张、忧虑、害怕、恐慌、惊慌、投降、懊悔、失望	绝望、崩溃、麻木、抑郁、伤心、悲伤、无奈、愤怒、仇恨	重燃希望、获得安慰、再次犹豫、再次纠结	再次乐观、再次兴奋、再次激动

反过来，空方循环由悲观恐惧情绪主导。空方循环的基本过程：幻想→犹豫→抵抗→崩溃→最终崩溃盘解脱，底部形成。股价刚开始下跌，怀疑、幻想可能还会上涨，进行抵抗。随着股价的不断下跌，市场情绪开始逐步崩溃，投资者不断割肉离场；而等解套的人进入麻木状态，当麻木积累到一定程度，投资者就不得不卖掉持仓来寻求解脱。

总之，人们的贪婪情绪一定会在利益面前不断放大，而恐惧、绝望情绪在幻想崩溃后彻底释放，每一个上涨的过程都会让贪婪情绪发挥得淋漓尽致，每一个下跌的过程也会让悲观恐惧情绪彻底呈现。这种情绪波动伴随股价的涨跌周而复始，这是由人的本性或者说人的基因决定的。经过痛苦的底部煎熬之后，大部分投资者已经纷纷割肉离场观望，即使出现反弹，也不敢再轻易进场，存在典型的“蛇咬效应”[①]。但此时新一轮的周期行情已经悄然启动，先知先觉的资金陆续进场，对于股价的底部启动和指数的止跌回升，大部分投资者都会视而不见，并重新经历从看不懂、犹豫观望，到怀疑、跟随，再到兴奋、疯狂的新一轮贪婪情绪主导的周期循环。

① “蛇咬效应”是指人们在经历一次损失或挫折后，会变得更加谨慎和保守，不愿意再冒险。

CHAPTER

第四章 股价波动的本质：情绪能量的流动

一、霍金斯能量等级

情绪本身是看不见摸不着的，是人们的内心感受，是对外部事件的感知而产生的心理活动和心态，比如开心、愉悦、焦虑、紧张、担忧、愤怒等。

情绪的本质是一种能量，能量的属性是流动的，情绪的变化就是能量的流动。能量有正负，对应的情绪有正面情绪和负面情绪，或者叫积极情绪和消极情绪。采取积极乐观的情绪去面对事情，能够使人精神焕发、奋发向上；如果同样的事情采取悲观消极的情绪去应对，会使人垂头丧气、失去斗志，不但对问题的解决没有任何帮助，甚至还会损害身体健康。

情绪能量无处不在，时刻影响着我们的思维、行为和决策。美国著名心理学家大卫·霍金斯（David R. Hawkins）花了三十多年的时间，研究证实了人们的情绪有各个不同的级别。霍金斯能量等级（情绪能量等级）如图3-4-1所示。

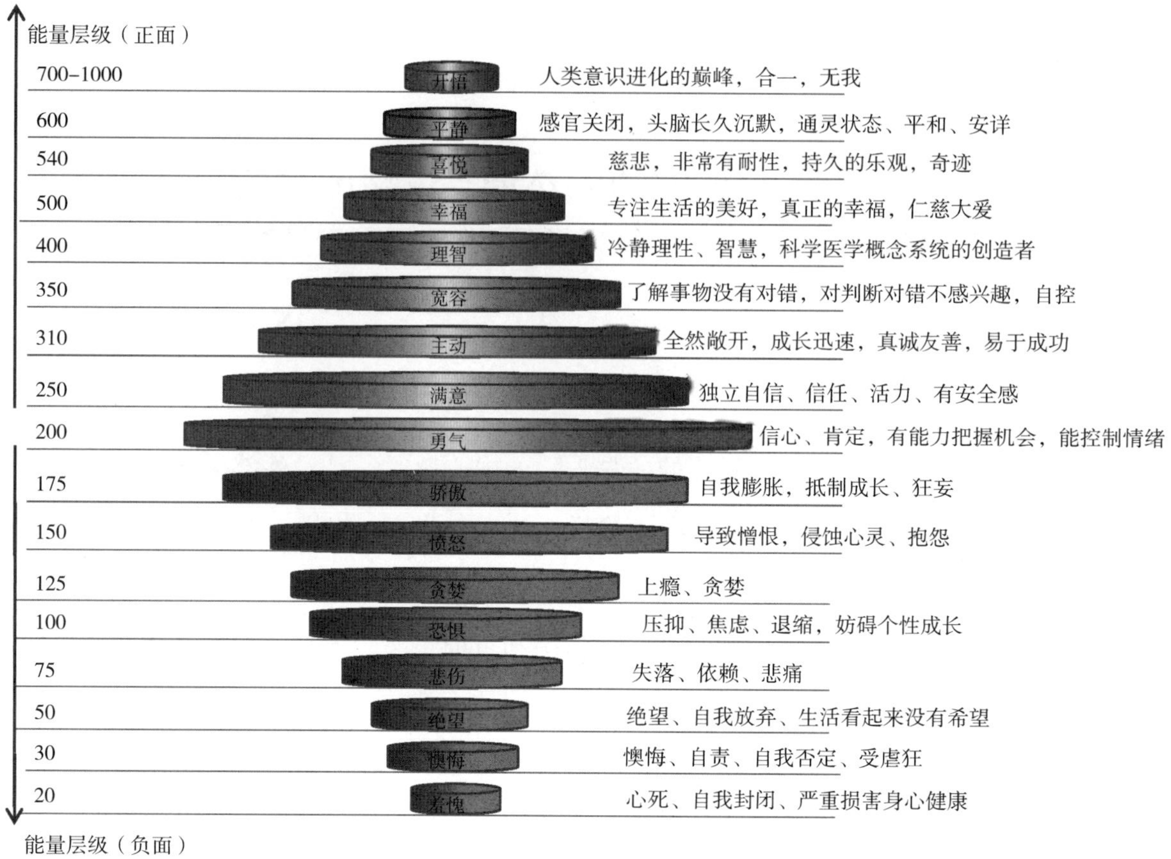

图3-4-1　霍金斯能量等级（情绪能量等级）

二、情绪周期与行情阶段

前面提到，情绪是人们看待市场整体或个股的普遍心态，包括观望、犹豫、乐观、兴奋、激动、贪婪、亢奋、悲观、恐惧、绝望、麻木等。市场情绪会影响投资决策，导致股价波动；股价波动反过来会进一步强化市场情绪，导致行情或股价波动脱离基本面，如图3-4-2所示。

巴菲特在《聪明的投资者》的序言中写道："要想在一生中获得投资成功，并不需要顶级的智商、超凡的商业头脑或内幕消息，而是需要一个稳妥的知识体系作为决策基础，并且有能力控制自己的情绪，使其不会对这种体系造成侵蚀。

对情绪的约束是你自己必须做到的。”显然，巴菲特认为，在投资决策过程中，情绪的管理十分关键。股市如战场，情绪心态决定成败。

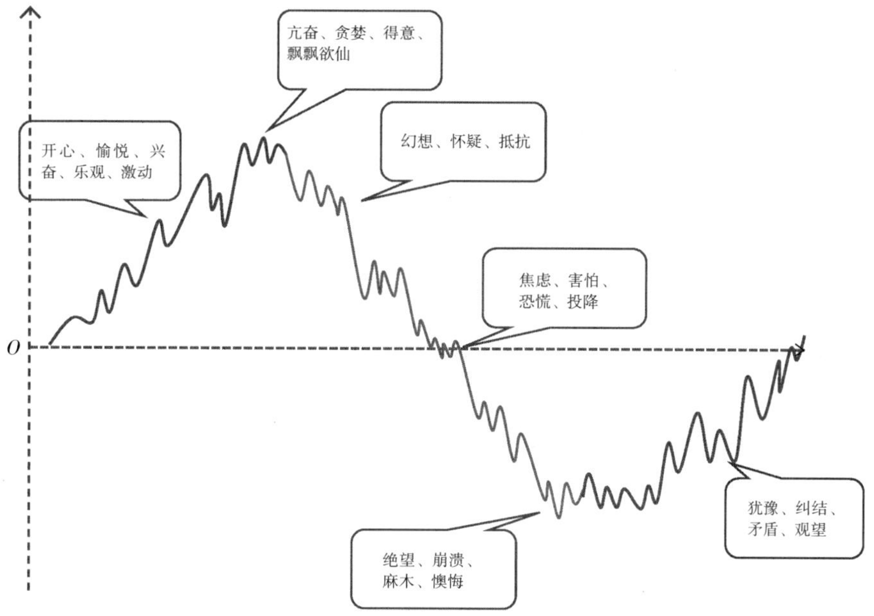

图3-4-2　情绪周期与行情阶段

（一）亢奋与贪婪情绪能量造就了行情顶部（筑顶阶段）

股价的涨跌波动一定会带来情绪的起伏波动，这是人之常情。大部分投资者都是看到股价涨了，才会跟随买入，尤其是每一轮牛市行情的末期。由于赚钱效应的持续扩散，大量场外投资者怀揣赚钱的梦想蜂拥而入，整个市场群情亢奋，人们贪婪的情绪在利益面前表现得淋漓尽致，生怕动作慢一点就失去赚钱机会，急忙追涨买入。

这个阶段，反映市场情绪疯狂、亢奋的核心观察指标，比如新增开户数、新发基金规模、两融余额等会迭创新高，开户数和基金销售火爆，“日光”基金频现。相对应的盘面特征指标，比如换手率、成交量等进入高位，呈现“天价天量”的典型特征。从技术走势看，指数振幅会明显加大，尤其是在情绪高涨的最后阶段，尽管盘中不时出现急杀，但由于群体亢奋的情绪推动，很快会收复失地，形成单日“V”型强势反转的分时走势图。如图3-4-3所示，2015年6月4日上证分时走势图上演V型反转的强势“假象”。

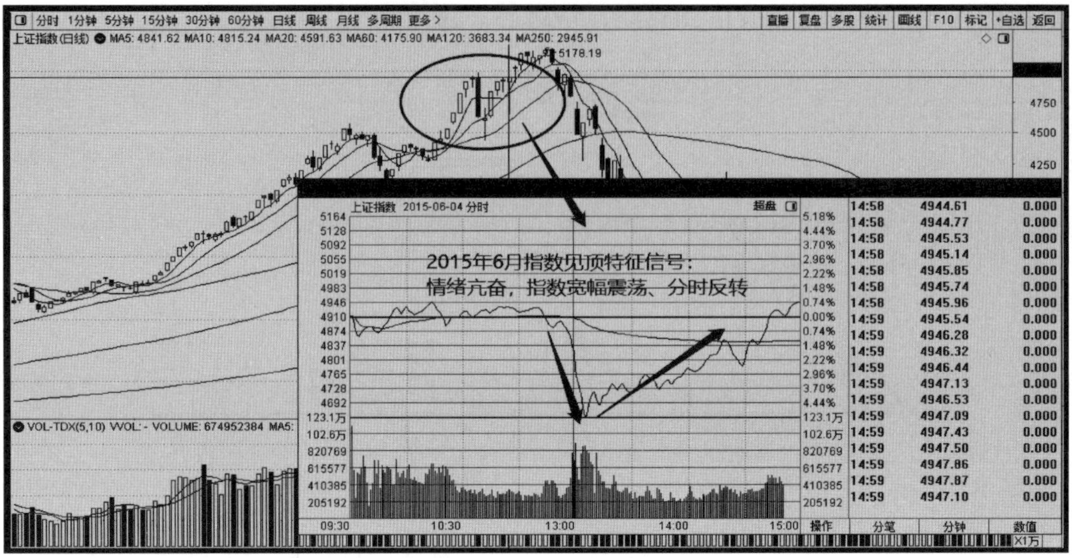

图3-4-3　2015年6月4日上证分时走势图上演V型反转“假象”

但完全靠情绪推动的行情注定无法走得更远。2015年6月8日，沪市创出单日13099亿元的成交天量，在经历最后的冲刺后，行情最终在2015年6月15日掉头向下，杠杆牛的泡沫正式破裂，紧接着沪指以迅雷不及掩耳之势，于2015年6月16日、6月23日和7月2日，相继跌破20日均线、60日均线和半年线的重要关口，出现快速破位下跌，均线系统呈现空头排列，此时市场才如梦初醒，但已经严重被套，个股普遍套牢30%～50%，无法动弹。

无论是大盘行情还是个股行情，往往会呈现相应的技术筑顶特征，比如高位出现十字星K线，一般预示趋势的逆转，是股价见顶或即将见顶的信号之一。另外，对于连续上涨行情后出现的长阴杀跌，俗称“断头杀”长阴线要保持高度警惕。“断头杀”的长阴线是指高开低走的单日跌幅在6%以上的阴线实体，或大于前一交易日K线实体三倍以上的阴线。大阴线代表市场空头占据绝对优势，空方向多方疯狂攻击，多方彻底溃退。如果出现光头光脚的长阴线，说明做空动力非常强大，市场供需明显失衡，预示着资金不计成本地出逃。在一波拉升行情的后期出现长阴线，是行情见顶的重要信号，行情反转向下的概率极大。比如2015年5月28日，上证指数出现了跌幅高达6.5%的“断头杀”，预示行情即将见顶。

如果人们能够理性分析，对可能见顶的风险信号保持高度警惕，克服人性中的贪婪，在行情见顶阶段采取边打边撤逐步降低仓位的策略，是可以有效规避行情筑顶阶段的操作风险的。

总之，亢奋和贪婪情绪造就了行情顶部。在贪婪情绪的驱使下，行情筑顶阶段极易出现“一买就套”的情况，存在高位套牢的风险。

（二）顶部反转阶段幻想、怀疑与抵抗的情绪导致越陷越深

最要命的时候，就是指数刚开始下跌的时候，此时大部分投资者依然沉浸在赚钱的“幻想”中，在惯性思维的驱使下以为这是一次普通的正常的调整，对于行情发出见顶信号持“怀疑”的态度，甚至根本不相信或者不愿意相信行情已经结束，于是不断地补仓试图摊低成本进行“抵抗”，结果越陷越深，直到用完最后一颗“子弹”，才真正醒悟过来，意识到行情结束时为时已晚，可能导致近半年来的努力功亏一篑，“一朝回到解放前”。

心理学家认为，幻想是一种心理活动，是个体在面对现实压力和挑战时寻求心理平衡的一种方式，是一种逃避客观现实的防御机制。奥地利心理学家西格蒙德·弗洛伊德提出，心理防御机制是指个体在面临挫折或冲突的紧张情境时，其内部心理活动中具有的自觉或不自觉解脱烦恼，减轻内心不安，以恢复心理平衡与稳定的一种适应性倾向。从积极的角度看，幻想可以帮助投资者缓解焦虑、释放压力、激发内在动力，恢复心理平衡，从而更好地应对工作生活中的各种挑战。但从投资决策角度看，幻想终究是幻想，不能把幻想与现实等同起来，更不能把幻想作为投资决策的依据，通过“幻想”来指导买卖操作。

在行情见顶回落的初期，由于惯性思维，绝大多数投资者还沉浸在“赚钱”的憧憬中无法自拔，因而其对行情见顶信号视而不见，严重脱离现实原则和正常的逻辑思维，完全按照幻想来指导投资决策，有“幻想”自然就会“怀疑”已经发出行情见顶调整的信号，进而作出错误的决策，越跌越买，越套越深。实际上，“幻想”并不能真正解决问题，甚至还会对投资决策带来极大的破坏。

当股价见顶回落时，往往会发出经典的见顶反转信号。在技术形态上，见顶

形态包括：（1）三重顶。三重顶是指价格上升到一定高点后出现回落，回落后价格又开始上涨，上升达到前期高点附近时再次发生下跌，跌至前期低点附近时价格又一次开始上升，这次上升到达前两次高点附近价位后，价格转为下跌并跌破前两次形成的低点（颈线位），且不能在短时间内成功收复颈线位，则三重顶成立。在三重顶构筑过程中，股价来回折返的走势能够起到一定的迷惑作用，交易者并不认为顶部已然到来，甚至会认为这是一个极其正常的盘整。（2）头肩顶。头肩顶和三重顶类似，区别在于头肩顶的第二次上涨明显超出第一次上涨的高点，第三次上涨则明显低于第二次上涨的高点，于是形成了一个类似人的头部和双肩的图形。（3）双重顶（M型顶）。双重顶形态是指价格走势呈现出二次探顶的特征。一般来说，在价格走势二次见顶的第二次冲顶上涨过程中，往往会出现明显的缩量，预示买盘动能已然枯竭，无力继续推动价格维持上升趋势。

从操作角度看，人们必须对市场发出的见顶信号保持足够的敏感，并严格按照预设的预警线和风控线对操作风险进行控制。但事实上，股价见顶信号出现后，大部分投资者仍在幻想此时的行情属于正常的“技术调整”，加上侥幸心理作祟，会错过最好的减仓或止损时机，甚至过早补仓，导致越陷越深。所谓侥幸心理，是指人们在面对风险和危险时，存在一种自以为是的心理，认为自己不会遭受不幸的事情。根据心理学的解释，侥幸心理是人的一种自我欺骗，也是心理自我防御的一种方式。

法国著名哲学家狄德罗说过：“人生最大的错误，往往就是由侥幸引诱我们犯下的，当我们犯下不可饶恕无从宽释的错误之后，侥幸隐匿得无影无踪。”侥幸心理是投资决策过程最可怕的一种心态。抱着侥幸心理就像走在万丈悬崖边上，看似安全，实则危机四伏。因此，在投资过程中投资者必须抛弃一切不切实际的幻想，提前做好风险管控执行方案预案，一旦风险信号触发，应该果断执行风险控制措施。

在行为金融学中有感知风险和真实风险的概念。当市场情绪高涨的时候，感知风险低，实际风险高；相反地，当市场一片恐慌的时候，感知风险高，但实际风险处于低位，如图3-4-4所示。

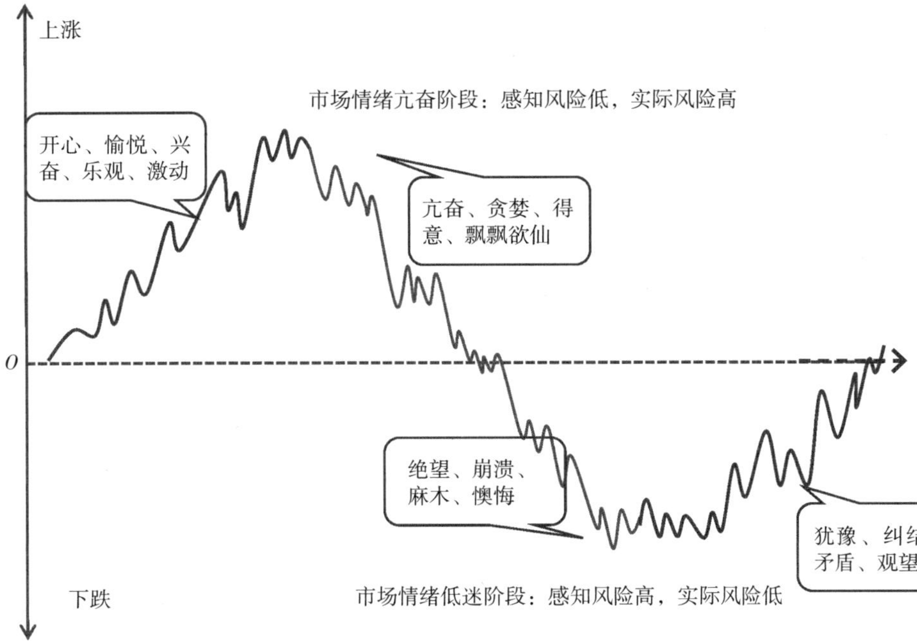

图3-4-4　感知风险与真实风险的关系

（三）害怕情绪陷入恐惧的旋涡，下跌阶段失去理性输掉心态

随着股价的进一步下跌和套牢程度的不断加大，投资者的悲观情绪会进入自我强化的阶段，紧张、害怕、焦虑的情绪会伴随股价的“跌跌不休”而陷入恐惧的旋涡，加上负面情绪的不断传染，最终会形成强大的大众情绪“飓风”。

恐惧是因为担心股价进一步下跌，害怕本金亏没了而心神慌张。

面对股价的持续下跌，投资者出现紧张焦虑的情绪是正常的，需要冷静理性地看待。股价下跌本身是风险释放的过程，正所谓“涨上去的是风险，跌下来的是机会”，在下跌过程释放风险的同时，市场也在积蓄上涨动能。

面对被套的局面，投资者要冷静分析看待。进入投资市场，谁都不是神，即使是巴菲特、芒格这样一流的投资大师，以及拥有庞大投研团队的基金经理和机构投资者也会犯错，也会被套，关键是在被套后依然要保持良好心态。我们都明白这个道理：炒股其实就是炒心态，股价的波动下跌一定会超乎所有投资者的预期，切忌因为股价被套或账户的暂时浮亏而陷入恐惧的旋涡，输掉心态、失去信心和理性。

因此，当出现紧张焦虑的情绪时，适时调节情绪和心态十分关键。做股票投资和种庄稼一样，需要保持足够的耐心，守好自己的一亩三分地，等待庄稼的成熟。查理·芒格曾说过："成功投资的关键因素之一就是拥有良好的性格和心态——大多数人总是按捺不住，或者总是过度担心。"

当股价出现连续下跌的情形时，我们不能因此而自暴自弃。彼得·林奇说过："股市波动的历史规律告诉我们，所有的大跌都会过去，股市永远会涨得更高。"历史经验还表明，股市大跌其实就是释放风险、创造投资的一次好机会，能以低廉的价格买入优秀的公司股票。彼得·林奇经历过很多次股市大跌，但仍然取得了非常优秀的成绩。他的策略就是：第一，不要因恐慌而全部贱价抛出股票。第二，对持有的好公司股票要有坚定的勇气。 第三，敢于低价买入或加码优质公司股票。

尤其是遇到大幅下跌，我们更不能在暴跌后盲目割肉杀跌，除非在暴跌前就已经成功减仓，已经暴跌了再割肉意义就不大了。我们重温一下彼得·林奇的名言："每当股市大跌，我对未来忧虑之时，我就会回忆过去历史上发生过40次股市大跌这一事实，来安抚自己那颗有些恐惧的心，我告诉自己，股市大跌其实是好事，让我们又有一次好机会，以很低的价格买入那些很优秀的公司股票。"

当恐惧不可避免时，我们该如何应对？在1933年的全球经济大萧条时期，面对史无前例的极度恐慌状态，罗斯福说"我们唯一要恐惧的东西是恐惧本身"，此言一语道破恐惧的真谛。很多投资者经常为市场波动而焦虑，在遇见风险后会想尽办法将其切割出去才会舒服。但对于专业投资人来说，在买入股票的时候，风险也就随之产生了，因为风险无处不在，既有看得见的风险，还有看不见的风险。在市场下跌、众人夺路而逃的时候，恐慌往往还会被进一步放大。对于投资人来说，需要保持乐观，需要将自己托付给命运、信仰和机制。悲观者睿智，乐观者盈利。

美国投资家查尔斯·艾里斯有句名言："当闪电打下来的时候，你最好在场。"大致意思是，在投资领域，当极端行情出现时，绝大多数人是没有能力跑掉的。如果你期望逃掉下跌，那同样会错过上涨。众所周知，股市中同样存在神奇的“二八法则”——投资收益的80%，基本上是依靠20%的时间赚来的。这也是查尔斯·艾里斯所强调的。既然大部分回报是通过少数交易日带来的，那么期盼着完美地抓住上涨、逃过下跌是很不现实的。股市中还有“黄金20天”的说法，意思是说，如果一年中错过上涨最好的20天，那么这一年基本上就赚不到钱了。要想获得这黄金20天的收益，就要在大多数平淡无奇的日子里慢慢熬。

历史反复证明，成功的投资人在经历各种沉浮时始终盯住核心逻辑，当市场出现波动时，尽管会承受巨大压力，但对于具备成长性和价值基因的优质潜力股，在其投资核心逻辑没有改变时，应该敢于逆势坚守。只是因为股价的波动或一时的被套，就屈从于内心的恐惧心理并非明智的决策，因为惊慌惧怕而低位割肉，只会把手中的廉价筹码向主力拱手相让。

（四）从绝望、崩溃、麻木到最终割肉解脱，底部永远伴随情绪的极度冰点

周期永不变，物极则必反。底部的形成遵循周期规律，而筑底过程注定是煎熬的。持续的下跌行情会让市场陷入恐慌和绝望之中，正是这种负面情绪的自我强化进一步加剧了市场抛压，并给我们带来痛苦和无助感。根据行为心理学，人们的外在行为都是基于内在的情绪和信念，在情绪低落、焦虑、抑郁的时候，我们会完全基于内在的恐惧感而追涨杀跌，或者破罐子破摔，失去判断力。在这种集体恐慌的情绪能量影响下，如果我们没有清醒的认知和意识，只会被这巨大的磁场越卷越深而无法自拔，内心愤怒、自责、悔不当初。此时，我们必须尽力调整好自己的情绪和心态，避免被强烈的群体情绪所裹挟。我们要理性地认识到，在市场上做正确的事，几乎都会带来痛苦，当你选择在底部割肉交出廉价筹码时，尽管远离了痛苦，但远离痛苦也注定远离了成功。一定要记住，能挺到最后的，才是最终的赢家！真正能忍受煎熬的成功者注定是少数人。尤其是坚守成长与价值投资理念的投资者，在持股过程中一定会经历种种坎坷，这正是整个交易过程中最艰辛、最难熬的一个环节。投资者在持股过程中必定会受到各种负面

噪音、价格周期、产业周期以及大众情绪周期的影响，进而产生怀疑、否定、惊慌、绝望等消极情绪，甚至很大概率会被负面情绪影响而作出错误的判断。

而真正成功的投资人，恰恰是因为在持股过程中不为外界因素所干扰，敢于坚持正确的逻辑判断，忍受住常人难以忍受的下跌调整的煎熬，才能最终收获满意的投资回报。正如一句投资名言，让你赚到大钱的股票，恰恰就是曾经伤害你最深的股票。

筑底阶段需要我们耐心、耐心、再耐心。股票投资是一场“马拉松”，需要有足够的耐心和定力。正如种果树一样，在等待果实成熟的过程中，难免会经历风雨，只要果树没有被狂风骤雨摧毁，我们在风雨过后加强管理提高技能，果树必然会焕发新的生机。投资也一样，即使是历史上的大牛股，在持股过程中投资者同样会经历调整过程中的种种煎熬。其实，股价的筑底阶段，也称磨底阶段，磨底磨的就是耐心。我们需要清醒地认识到，股价的调整并不会抹杀公司的内在价值，只有不被悲观绝望情绪裹挟，保持足够的耐心和定力，忍受住常人难以忍受的股价下跌的折磨，避免在底部恐慌杀跌割肉，才能收获成功的喜悦。因此，只要我们学会控制情绪、学会自我调整恐惧心态，不因股价的波动而过度恐慌，保持耐心和定力，就一定能够为获得良好收益打下基础，获得长期成功。切记：耐心、耐心、再耐心，投资最后拼的都是心态。

通常而言，在这个阶段，投资者的情绪会经历从害怕、恐慌、绝望、投降到崩溃的过程，相对应地，股价会跌破前期低点不断创出新低，或跌破历史底部后继续探底，等到“最后一跌”时，市场几乎完全崩溃，最终只能缴械投降。从博弈角度看，对手与你之间的博弈无非就是威逼加利诱，通过折腾你的账户浮动盈亏来摧毁你的心理，让你心惊肉跳寝食难安，无可奈何只好割肉离场，此时对手也就顺理成章拿走你的筹码。正如逆向投资大师约翰·邓普顿阐述的市场运行的规律：牛市总在悲观中诞生，在怀疑中成长，在乐观中成熟，在兴奋中死亡。你的对手往往是在众人最悲观的时刻买进，在众人最乐观的时刻卖出。

信心和耐心是成功投资者的宝贵品质。没有永恒的黑夜，只有未到的黎明。在市场筑底阶段，信心和耐心才是制胜的关键，克服人性的恐惧才能成为真正的赢家。成长价值投资正如跑“马拉松”，不图一时之快，但求长期稳健，欲速则不达，慢就是快。在投资领域，稳健的业绩意味着真正的投资能力和品质。

（五）复苏阶段犹豫、纠结、矛盾的情绪容易导致踏空

在完成底部构筑的复苏之前，市场往往会发出明显的底部特征信号。从技术形态特征来看，主要包括以下几种情形：（1）底部横盘。底部区域横盘是主力吸筹的常见手段。低位横盘一般周期相对较长，而且没有明显的放量过程，主力通过时间来消磨投资者的信心和耐心，迫使投资者卖出廉价股票。值得重视的是，这类个股一旦行情启动，往往一鸣惊人。（2）潜伏底。潜伏底的时间通常比较长，但其突破后产生的成交量激增和股价的暴涨也是惊人的。潜伏底是横有多长，竖有多高。潜伏底一旦爆发，上攻势头十分猛烈，常常会造成连续逼空的行情。（3）金针探底（单针探底）。单针探底由单根带长下影线实体较短的K线（阴线或阳线）形成，是一个止跌反转信号。单针探底形态是K线图较为常见的底部反转形态之一。（4）双针探底。这种形态由两根有一定间隔的带长下影线的K线组成，此形态出现在价格连续下跌之后，表示价格已经出现过两次探底，下档有较强的支撑，也是下降趋势即将结束的信号，底部基本确认有效，它经常发生在一段下跌行情的底部。双针探底形态是K线图较为常见的底部反转形态之一。（5）地量见地价。地量见地价指的是在成交量创出此轮行情的最低量时，股价也创出此轮行情新低，这是量减价跌的极端情况，此情况常出现在长期下跌末端，后市结束下跌转而上涨概率大。（6）三重底。三重底是长期下降趋势逆转的更为扎实的复合底部信号。其形成的机理是股价持续下跌，当跌至某一低位时，吸引了逢低买盘介入，股价回升，形成第一个底部。当股价升至一定高度时，前期抄底的短线获利盘和解套盘纷纷沽出，股价再次下挫。当跌落至前一低点附近时，买盘再次介入，股价回弹，形成第二个底部。当股价升至前高点附近时，再次遇阻回落，由于前两次下跌股价在相近低位都获得了支撑，当形成第三次低点时，买盘明显踊跃，股价节节攀升，放量突破前两次回落高点。成交量在三次上攻行情中呈现出逐级放大的态势，尤其在形成第三个底时的成交量要明显

放大，股价须带量突破颈线位将最终确认形态成立，由此将展开新一轮升势，所谓“三重底、涨不停”。除了三重底底部形态外，常见的还有双底、头肩底、圆弧底等。（7）黄金坑。目前大多数投资者都认同，机会是跌出来的。股价经过长时间横盘筑底之后，主力资金通常不会轻易给你抄底买入的机会，而是通过制造“黄金坑”“炸弹坑”让你踏空、让你低位割肉，最后一次将不坚定的筹码洗出去。因此，主力制造的“黄金坑”往往就是最佳的布局良机。几乎所有牛股，在行情启动之前，主力都要向下“挖坑”，造成一种主力要出货的假象，以此来迷惑散户，进而达到清洗不坚定筹码的目的。

经过长时间低迷期的行情完成筑底后将开始启动，进入初升阶段。悲观者谨慎、信心动摇，但乐观者前行。市场处在持续磨底过程中，越是倍感煎熬的底部时刻，越可能迎来柳暗花明的转机。最难的时刻都已经过去了，因此，在启动初期阶段，我们更不能被短期的困难、暂时的情绪蒙蔽了“登高远望”的双眼，毕竟行情总在低迷时产生、在犹豫中上涨，市场越是纠结，我们越是要对市场抱有信心。

所谓，“一朝被蛇咬，十年怕井绳”。当大盘行情或股价从底部刚刚拉起时，市场信心还十分脆弱，由于思维惯性，大多数股民的心态还停留在此前股市下跌的恐惧中，这时有任何风吹草动，都会产生“惊弓之鸟”的效果，很容易就把宝贵的筹码拱手相让。

股市的涨跌也遵循“钟摆效应”，没有只涨不跌的行情，股价也不会永远在低位徘徊。在股市投资的漫漫旅途中，80%的时间都是在忍受煎熬，只有20%的时间在享受收获。若无法在80%的时间里坚持住，就无法品尝到后面那20%时间的甜美硕果。

我们一直相信，长期坚持做难而正确的事，最终将获得时间的馈赠。穿越黑夜就是黎明，不要倒在黎明前。底部不是一个点位，而是一个区间。巴菲特说：“等到知更鸟到来时，你将错过整个春天。”涨上去的是风险，跌下来的是机会。真正的投资者对于好公司好股票应该越跌越乐观，越涨越悲观。买得便宜是硬道理，伟大都是熬出来的。

（六）上涨阶段伴随兴奋、乐观情绪的自我强化

上升阶段无疑是最激动人心的一个阶段。股价逐渐突破前期的底部震荡区间，步步高升。最典型的上升阶段可分为3个上升波段和2个调整波段，即波浪理论所说的上升5浪。主升段：在上升阶段的中期，通常会存在一个上涨最为干净利落的波段，称为主升浪。主升浪后期，早期投资者开始撤出，短线投资者进一步占据主导地位，股价的涨速甚至会进一步提升。

股价进入上升阶段，要提防技术上的“假摔”。从博弈的角度看，“假摔”是主力资金刻意制造恐慌的手法，意图是把跟风资金和持股不坚定的筹码震出来（或叫清洗浮筹）。技术“假摔”的共性包括：（1）假摔是突然的。表现在K线图上就是毫无防备地杀出一条很长的阴线。（2）假摔的幅度通常很大。K 线的下降幅度通常超过人们设定的预警线的7%，因为一个小幅度的下跌不会产生威胁的效果，不至于让人们产生害怕的情绪。只有大幅急跌形成“断头阴影”，才会有一看就会产生“坚定卖出”的信号假象。这时，主力资金便会利用人们的害怕情绪实现洗盘的目的，这是第二个关键特征。（3）反手拉起猛。因为是“假摔”，清理时间不会很长，股价不会持续地下跌。所以真正的“假摔”趋势会在很短的时间内直接反弹。这是第三个特点，就是杀跌时间短，反手拉起很猛，让你措手不及。所以，即使上涨阶段伴随着兴奋乐观情绪的不断强化，但投资者也常常会因为出现“假摔”动作而紧张、害怕。

在上涨阶段，股价通常会出现先下蹲再起跳的特征，下蹲起跳是股价启动先形成“下蹲”动作，即在上涨过程中股价突然回调连续击穿短期均线，造成“破位”的假象。从博弈角度看，下蹲的意图包括：（1）清洗浮筹，减轻启动主升浪中的抛压。主力资金在建仓完毕之后，在启动主升浪之前下蹲，目的是将不坚定的筹码洗出局，有利于减轻启动主升浪中的抛压。（2）测试市场的买入力度。股票下蹲从技术角度看是为了回踩支撑位（5日均线或10日均线），测试买入力度，让主力资金在博弈过程中掌握更多主动。在上涨过程也会出现类似搓揉线的特征。所谓搓揉线，是一根T型K线和一根倒T型K线的组合，就像洗衣服来

回搓揉一样。出现搓揉线，在趋势图中表明主力在洗盘，经过来回搓揉自然会洗得干净。

总之，不同行情阶段伴随着人们不同的情绪反应，负面的情绪会直接影响投资决策判断与操作，当我们出现表3-4-1的各种情绪状态时，应当主动疏导，做好自我情绪管理。

表3-4-1 情绪状态管理

股价所处阶段	情绪状态	情绪管理
高位回落；一买就套，股价开始下跌	幻想、怀疑、抵抗	股价的涨跌波动必然会带来紧张焦虑的情绪，是人之常情，但过度紧张或过度担心的情绪容易引发极度恐慌心理而做出非理性的杀跌。因此，股票投资时刻保持理性和良好的心态最为重要。股价持续下跌波动必定会给我们带来情绪的起伏，甚至追涨杀跌的本能应激反应。查理·芒格曾说过："成功投资的关键因素之一就是拥有良好的性格和心态——而大多数人总是按捺不住，或者总是过度担心。"但需要强调的是，如果认定高位构筑顶部出现向下拐点，切忌心存幻想
股价连续下跌，下跌趋势形成（顶部确认，头部形成）	怀疑/否定/拒绝、自我麻醉	股价连续下跌后形成下行趋势时，由于思维惯性，大众情绪大概率还停留在牛市思维，把下跌趋势看作上涨的回踩或回调。由于心存幻想和侥幸，极有可能浅套变成深套，正确的做法是，认清现实，切莫自我麻醉，彻底摆脱惯性思维，理性冷静应对，果断做好止盈止损措施，将仓位降低至合理水平
放量破位下跌（重要支撑线破位）	恐惧/害怕、畏惧	当行情持续下跌，尤其是出现泥沙俱下放量下跌的情形时，内心的恐惧不可避免。此时大部分投资者都会被市场恐慌情绪影响，害怕、恐惧，手足无措。此时最好的办法就是保持冷静、独立思考、以史为鉴。在1933年的全球经济大萧条时期，面对史无前例的极度恐慌状态，罗斯福说"我们唯一要恐惧的东西是恐惧本身"，此言一语道破恐惧的真谛。但对于很多投资者来说，会经常为市场波动而感到焦虑，尤其是技术面的破位杀跌对内心造成极大冲击时，会想尽办法将股票低位割肉才会舒服。其实，如果股票已经大跌了，再低位割肉已经无济于事，反而应摆脱众人恐惧的情绪旋涡，独立思考，冷静对待，甚至开始逆向思维
跌至前期新低	绝望、精神错乱	美国投资家查尔斯·艾里斯有句名言："当闪电打下来的时候，你最好在场。"大致意思是，在投资领域，当极端行情出现时，绝大多数人是没有能力跑掉的。如果你期望逃掉下跌，那同样会错过上涨。众所周知，股市中同样存在神奇的"二八法则"——投资收益的80%，基本上是依靠20%的时间赚来的。这也是查尔斯·艾里斯所强调的。既然大部分回报是通过少数交易日带来的，那么期盼着完美地抓住上涨、逃过下跌是不现实的。股市中还有"黄金20天"的说法，意思是说，如果一年中错过上涨最好的20天，那么这一年基本上就赚不到钱了。要想获得这黄金20天的收益，就要在大多数平淡无奇的日子里慢慢熬
股价创新低（股价跌破历史/前期低位）	惊慌、恐慌	邓普顿阐述了市场运行的规律：牛市总在悲观中诞生，在怀疑中成长，在乐观中成熟，在兴奋中死亡。最悲观的时刻正是买进的最佳时机，最乐观的时刻正是卖出的最佳时机

续表

股价所处阶段	情绪状态	情绪管理
缩量下跌，股价进入历史底部区域	投降	持续的调整让市场陷入恐慌和绝望之中，也正是这种负面情绪的自我强化进一步加剧了短期抛压并带来痛苦和无助感。根据行为心理学，人们的外在行为都是基于内在的情绪和信念，在情绪低落、焦虑、抑郁的时候，我们会完全基于内在的恐惧感而追涨杀跌，或者破罐子破摔，失去判断力。在这种集体恐慌的情绪能量影响下，如果我们没有清醒的认知和意识，将只会被这巨大的磁场越卷越深而无法自拔。此时，我们必须尽力调整好自己的情绪，避免被强烈的群体情绪所裹挟。我们要理性地认识到，在市场上做正确的事，几乎都会带来痛苦，当你选择在底部割肉交出廉价筹码时，尽管远离了痛苦，但远离痛苦也注定远离了成功。一定要记住，能挺到最后的，将是最终的赢家！能忍受煎熬的成功者注定是少数人
低位盘整、缩量磨底	失望/没信心、沮丧	在股价持续调整和探底过程中，市场情绪必然会经历从焦虑、害怕，到恐慌、绝望甚至沮丧、抑郁的过程，大多数投资者都难以忍受这种刻骨铭心的痛苦和折磨，并受到资金期限压力等影响不得不割肉离场。从过往的投资案例看，没有一只大牛股不经历大幅洗盘和筑底煎熬的阶段。成功与失败最终取决于心态，以及对股价波动的容忍度。成功的投资不必用极致操作去博短期高收益，而应该淡化短期回报，从长期视角出发，行稳致远，实现资产的稳健增值。股价经过长时间横盘筑底之后，主力资金通常不会让你轻易得到抄底买入的机会，而是通过制造“黄金坑”“炸弹坑”让你踏空、让你低位割肉，最后一次将不坚定的筹码洗出去。因此，主力制造的“黄金坑”往往就是最佳的布局良机。几乎所有牛股，在启动行情之前，都要向下“挖坑”，造成一种主力要出货的假象，以此来迷惑散户，进而达到清洗不坚定筹码的目的
底部反复，成交量低迷偶有反弹	抑郁/浮躁、萧条	弱势探底阶段，无论对股价还是对投资人的心理都会造成极大的杀伤力，这个阶段最需要的就是信心，越是困难时期越要坚定投资信念，同时要有坚持不懈的勇气。我们坚信，所有的下跌都会过去，不仅如此，在挺过最艰难的时刻之后，将迎来一路坦途和远超预期的收获。 股市的涨跌也遵循“钟摆效应”，没有只涨不跌的行情，股价也不会永远在低位徘徊。在股市投资的漫漫旅途中，80%的时间都是在忍受煎熬，只有20%的时间在享受收获。若无法在80%的时间里坚持住，就无法品尝到后面那20%时间的甜美硕果。 我们相信，长期坚持做难而正确的事，最终将获得时间的馈赠。穿越黑夜就是黎明，不要倒在黎明前。悲观者睿智，乐观者前行。底部不是一个点位，而是一个区间，从长期来看，买得便宜是硬道理。巴菲特说：“等到知更鸟到来时，你将错过整个春天。”从来没有什么救世主，创造财富全靠我们自己。涨上去的是风险，跌下来的是机会。真正的投资者对于好公司好股票应该越跌越乐观，越涨越悲观。买得便宜是硬道理，伟大都是熬出来的

CHAPTER 第五章 利用情绪价值打破“721魔咒”

心理学家阿德勒说过：“成熟并不是看懂事情，而是理解人性。”

人性，绝对是一个极其复杂的话题。简单来说，所谓人性，就是人的本性，是人类普遍具有、与生俱来的心理需求、情绪状态或性格特征。世间万事万物都在变化，唯有人性不变。

人性有优点，也有弱点。人性的弱点包括贪婪、恐惧、冲动、患得患失、焦虑、完美主义、急躁、做事急于求成等，如果无法逾越人性弱点的鸿沟，不能有效地管控负面情绪，这些负面情绪就会成为投资交易的绊脚石。股价K线涨跌背后，都是贪婪与恐惧情绪的呈现。投资时，人们需要深刻理解人性，并克服人性的贪婪与恐惧，才能在变幻莫测的市场里长期生存。

情绪会对我们的投资行为产生重要影响。当我们处于乐观、兴奋的情绪状态时，思维会更加积极，更容易应对挑战。而当我们处于沮丧、焦虑或恐惧的情绪状态时，思维会变得消极，对应的行为受到影响，容易自暴自弃，进而选择逃离。显然，不同的情绪状态直接影响日常的投资决策、判断能力和操作行为。

A股市场有一个著名的“721定律”。所谓“721定律”或“721魔咒”，是指从盈亏角度统计出来的股民比例呈现七亏二平一盈的现象。意思是说，从长期来看，总有70%的人赔钱，20%的人保本，只有10%的人赚钱。当然，这个定律没有得到充分的数据验证，不一定准确，比如在某一个特定的牛市阶段，可能大部分投资者都能够赚钱；而在极端行情背景下，赚钱的比例可能连10%都没有。“721定律”或许有一些夸张的成分，却在某程度上反映了股市残酷的现实。

为什么会出现“721魔咒”？

随着股价的涨跌波动，不同股价走势对应不同的情绪心态。正因为受这些情绪心态的主导，大部分股民才会亏损。尤其是对于大部分新股民来说，短线买入后稍微涨一点，就觉得自己是股神；股价一出现调整下跌就害怕，马上割肉。

有一则广为流传的段子，大概是这么描述股民追涨杀跌的行为怪圈：一涨就激动，一激动就幻想，一幻想就盲目追高，一追高就被套，一被套就骂，一骂就深套，一深套就绝望，一绝望就割肉，一割肉就反弹，一反弹就踏空，一踏空就骂，一骂就开始涨，一涨就犹豫观望，一犹豫就大涨，一大涨就去追，一追又被套。负面情绪裹挟的追涨杀跌如图3-5-1所示。

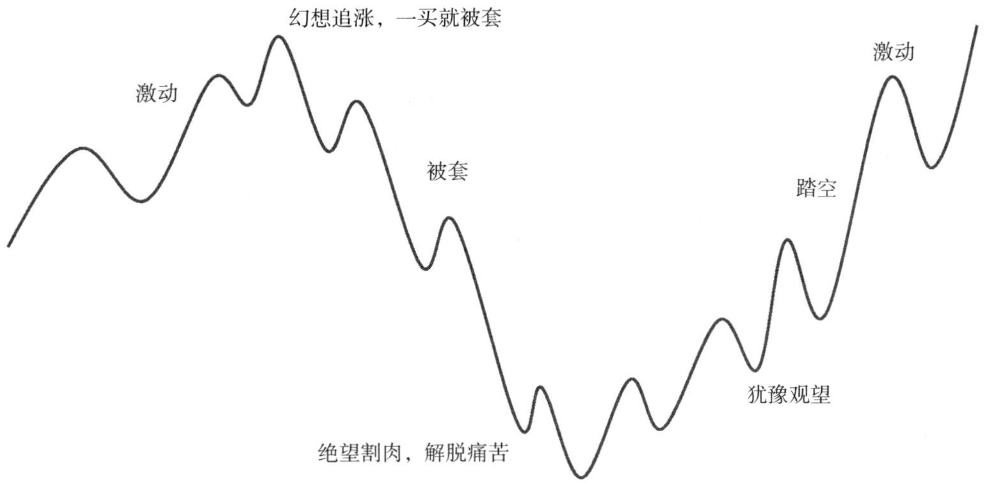

图3-5-1　负面情绪裹挟的追涨杀跌

从实际操作来看，当股价处于持续下跌和进入筑底阶段时，市场情绪必然会经历从焦虑、害怕，到恐慌、绝望甚至沮丧、抑郁的过程，大多数投资者都难以忍受这种刻骨铭心的痛苦和折磨，有些投资者可能还面临资金期限压力，不得不割肉离场。但从历史的投资案例看，没有一只大牛股没经历过大幅洗盘和筑底煎熬的阶段。成功与失败，最终取决于心态以及对股价波动的容忍度。尤其是在弱势探底阶段，股价下跌到最后，即使是几分钱几毛钱的微小波动，都会成为“压死骆驼的最后一根稻草”，对投资者的心理造成极大的杀伤力！

但在这个关键阶段，投资者最需要的就是信心，越是困难时期越要坚定投资信念，还要有坚持不懈的勇气。历史反复证明，所有的下跌都会过去，不仅如此，在挺过最艰难的时刻之后，只要不在黎明前的至暗时刻倒下，必定会迎来崭新的一天，获得远超预期的收获。这种收获就是克服人性弱点之后，用耐心和信心换回来的“情绪价值”，只有利用好“情绪价值”，才能真正打破“721魔咒”。

其实，价值投资的鼻祖格雷厄姆很早就曾指出，散户在熊市底部、牛市初期的时候，往往投入的资金量比较小，都是尝试性地买入；而当市场开始上涨时，投资者才有信心逐步加大仓位，可是等到市场涨到顶部的时候，散户大众的情绪往往最激动最亢奋，这时候仓位也是最重的。对应的投资心态也从最初的恐惧变为贪婪、亢奋、飘飘欲仙。然而，此时的市场风险已经悄然来临，随时会出现大的调整，还在幻想中的投资者根本来不及反应就会遭受巨大的损失。这种损失不但会让前期的盈利损失殆尽，往往还会因投资者冒险不断加码造成更大的亏损。

实际上，真正的情绪价值，体现在投资者及时了解和感知自己的情绪状态，尤其是出现负面情绪时，要能够有效稳定住自己的情绪，不要出现“别人贪婪我更贪婪，别人恐惧我更恐惧”的盲目跟风与从众，陷入情绪的旋涡而无法自拔。大家可能对逆向投资大师邓普顿有一定了解，他在70多年的投资生涯里，一直奉行一项投资座右铭：“在别人都在沮丧地卖出时买入，在别人都在热情地买入时卖出，这样逆向投资，需要你的意志极其坚强才能坚持做到，但是最终会给你带来极其丰厚的长期回报。”巴菲特在2008年金融危机爆发时发表在《纽约时报》上的一篇文章中提出：“我投资买入股票时奉行一个简单的原则——在别人贪婪时恐惧，在别人恐惧时贪婪。”

在连续下跌甚至暴跌的行情中，几乎所有的股票都在下跌，可谓惨不忍睹，这种情形下大多数投资者几乎都被恐惧、绝望的情绪包围，落荒而逃。当投资者被悲观情绪裹挟，在市场悲观情绪自我强化并不断蔓延扩散的影响下，究竟还有多少人能作出理性的判断？资本市场博弈本来就是极其残酷的。所以每一次行情的筑底阶段，投资者都要告诫自己，不要被恐惧、绝望的情绪干扰而失去理性，尤其是不要被过度悲观的市场情绪影响，要把自己修炼成真正经得起恐惧绝望情绪冲击的人。面临投资至暗时刻，要坚信熬过去就会迎来转折。当自己感到恐惧绝望、十分难受的时候，相信对手也会有同样的感受，此时往往正是快要见底的关键转折点。正所谓狭路相逢勇者胜，只有保持正确的投资理念，不急于求成，相信短期的股价下跌并不会洗去公司的内在价值，逆境时敢于坚守甚至敢于逆势布局，才能真正打破“721魔咒”。

CHAPTER

第六章 被负面情绪裹挟的八大不良行为习惯

在长期的投资咨询实践中，我们接触过大量的投资者，从他们的日常投资行为习惯中，大致可以总结出以下常见行为：喜欢跟风追逐热点，赚一点就抛，频繁操作，高位不止损后被深度套牢，不及时止盈落袋为安，急于重仓抄底，结果越陷越深，等行情到底部时又过度担心、极度恐慌、杀跌造成在底部被割肉，一旦行情来了又不敢买，犹犹豫豫最终踏空机会等。上述行为都是在股价波动影响下，被负面情绪裹挟，导致操作变形扭曲，最终造成投资亏损局面的原因。下面我们先梳理一下股民常见的一些行为痛点或不良行为习惯，如表3-6-1所示。

表3-6-1 投资常见的不良行为习惯

常见错误行为	原因剖析	针对性的行为纠偏方案
跟风买入，一买就被套	从众心理，看见别人买了，怕吃亏，于是跟风追涨，根源在于人性的贪婪。其实一开始就已经买错了	买入时建议采取分批分笔建仓方式，避免重仓一买就套的被动局面；加强仓位管理
总担心被套，赚一点就抛，一卖就涨，错过大牛股	之前在股市吃过亏，“一朝被蛇咬，十年怕井绳”，总是担心亏损被套，所以赚一点就赶紧卖掉，不该卖的却早早卖出	深入分析买入的逻辑是否还在，理性作出卖出决策，提前做好交易计划，避免过多受盘面走势干扰
赚钱心切，追涨杀跌，频繁操作	这是贪心浮躁心理导致的，对股市赚钱的期望值很高，总想一夜暴富	树立正确的投资理念，减少频繁操作
不懂得及时止损，浅套变成深套	侥幸心理，总想等反弹后再卖出，没有交易计划或交易规则，操作随意	根据自身的风险承受能力和投资风格偏好，合理设置止盈止损预警机制，有效控制回撤。 制订交易计划，冲顶过程采取分批减仓策略
没有及时逃顶及时止盈，盈利变巨亏	这是贪心导致的，总想挣更多，做交易时没有提前预设计划目标	
急于抄底，重仓抢反弹	老股民常见的错误行为，急于抄底，结果抄底抄在半山腰	做好交易手法和仓位管理，防止重仓冒进

续表

常见错误行为	原因剖析	针对性的行为纠偏方案
犹豫踏空	这是犹豫谨慎型股民的常见错误行为，前怕狼后怕虎，总是害怕或担心买入后被套，观望犹豫导致错失机会	制订交易计划，可以采取分笔买入的交易手法，避免踏空
贪心随性，来回坐过山车	既贪心又随性，没有提前做好交易计划，不懂得仓位管理，导致反复坐过山车	加强仓位管理，要善于利用机动仓进行滚动操作

一、从众心理，喜欢跟风追涨，一买就被套

大部分投资者都喜欢追热点，打开行情软件，一看到某个股的股价正在上涨，就急忙跟风追涨买入。这种操作行为在新股民中尤其常见。从心理角度看，这是一种从众心理的表现，股价上涨背后是有资金在推动的，代表对应股票被市场一致看好，投资者一看到股价上涨生怕买不进，错过赚钱机会，于是急忙追进去，也就是常说的追涨，其根源在于人性的贪婪。

这种跟风追涨操作对于偏好短线操作的投资者来说，可能会把握到瞬间即逝的起涨点；但这种追涨操作一旦遇到筑顶行情或弱势行情，被套的概率很大。这种追涨操作一般是在情绪较为兴奋、激动时发生，既然是情绪追涨买入，在交易策略上就应该采取分笔建仓的方式，即可以通过仓位管理和资金管理来控制跟风追涨一买就被套的风险。

二、总担心被套，赚一点就跑，一卖就大涨，错过大牛股

赚一点就跑，一卖就大涨这种情形通常出现在长期被套的股民中，由于持股时间很长，吃过亏，已经怕了，所谓“一朝被蛇咬，十年怕井绳”，股价反弹后一旦解套恨不得赶紧卖掉，生怕股价再次跌回去又面临被套的风险，所以赚一点或回本后就赶紧出手。这种行为本质上是“蛇咬效应”导致的。

针对这种情形，正确的做法应该是重新检视当初买入的逻辑依据是否还在。如果买入逻辑还在，前期的下跌被套是市场风格等其他原因导致的，那就不应急于全仓卖出，而应该综合研判当前的行情性质、投资主线方向，优化调整交易计划，采用分批减仓的策略，从而避免出现一旦解套就跑、痛失大牛股的遗憾。

三、焦躁心理，赚钱心切，频繁追涨杀跌

频繁追涨杀跌的操作是十分典型的焦虑情绪化操作，是投资心态已经完全被负面情绪裹挟而扭曲的一种表现。从心理角度看，这类投资者主要是对短线赚钱的期望值很高，总想一夜暴富或急于求成，是典型的浮躁心理在作祟。

一旦出现这种频繁的追涨杀跌操作，一定要先暂停操作，疏解情绪化的问题，重新调整心态、冷静思考后作出合理的计划方案。否则，带着情绪去操作，很有可能陷入恶性循环。

四、心存侥幸不止损，从浅套变深套

从浅套变成深套主要是侥幸心理导致的，尤其是对于注重基本面逻辑的投资者，他们过度看重基本面逻辑而进行决策，忽视了大盘环境和市场风格的变化，对于技术破位所带来的冲击不够重视，容易陷入从浅套变成深套的被动局面。由此也可以看出注重基本面逻辑的研究型投资者更容易出现被深度套牢的情形。

针对潜在深套的风险，一定要结合自身的风险承受能力和对股价波动的承受能力，做好交易计划和风险预警，一旦触及预警线应及时采取减仓措施，确保大部分资金不被深套。

五、情绪亢奋不止盈，账面盈利变巨亏

在筑顶阶段，投资者的情绪一般处于亢奋的状态，在贪婪的情绪驱使下总想押注全部家当幻想着挣更多钱。出现这种情况的大部分投资者都缺乏风险意识。

因此，在市场一片狂热的时候，我们一定要冷静、冷静、再冷静，对于获利颇丰的投资品种，一定要提前制订好退出计划，在冲顶的阶段逢高减仓锁定利润“落袋为安”，而不是任由贪婪情绪蔓延，得意忘形。

六、急于抄底，重仓抢反弹

这是老股民常见的错误行为。老股民经历过多次“牛市”和“熊市”，炒股经验丰富。这也使他们常常在行情见顶之后的短期反弹中，自恃技术经验老到勇于“火中取栗”，急于重仓冒进去抢反弹，结果往往抄底抄在半山腰上。这种案例屡见不鲜，即使自身经验再丰富，也要心存敬畏。

七、犹豫踏空

踏空，是犹豫型性格股民和在股市吃过大亏的股民的常见行为。自己明明看好某只股票，结果眼巴巴地看着股价上涨，心里想买却没有实际行动。性格犹豫的股民，行动总是慢一拍，前怕狼后怕虎，总是害怕买进去后被套，股价启动时犹犹豫豫，最终错过上涨行情的买点，造成踏空，后悔不已。

针对这种性格的投资者，只要制订好交易计划，采取分笔分批买入的交易策略，就能够有效避免踏空，不再错失良机。

八、贪心随性，来回坐过山车

股价涨涨跌跌，明明有很好的波段操作机会，但是在有波段趋势行情赚了很

多时却没有止盈，煮熟的鸭子飞了；股价跌回原地时又不管不顾，结果竹篮打水一场空。这种类型的股民，往往既贪心又随性，究其原因，还是没有制订好交易计划，充分利用好仓位管理的手法。类似这种情形，完全可以采取“底仓+机动仓”的交易手法来应对股价趋势性波动带来的滚动操作机会。

CHAPTER

第七章 改变不良习惯的系统方案行为模型

好习惯是投资成功的钥匙。英国作家萨克雷说过："播种行为，可以收获习惯；播种习惯，可以收获性格；播种性格，可以收获命运。"想要摆脱长期亏损被套的721魔咒，就必须改变不良习惯。

普利策奖获得者、耶鲁大学历史系学士、哈佛商学院企业管理硕士、《纽约时报》商业调查记者查尔斯·都希格，在他的著作《习惯的力量》一书中强调：习惯不能被消除，却能被替代。只要掌握习惯回路，学习观察生活中的暗示与奖励，找到能获得成就感的正确的惯常行为，无论是个人、企业还是社会群体，都能改变根深蒂固的习惯。

查尔斯·都希格认为，我们的大脑中改变习惯的过程是由三步组成的。第一步，一个暗示，能让大脑进入某种自动行为模式，并决定使用哪种习惯。第二步，一个惯常行为，这可以是身体、思维或情感方面的。第三步则是一个奖赏，这让你的大脑辨别出是否应该记下这个回路，以备将来之用。慢慢地，这个由暗示、惯常行为、奖赏组成的回路变得越来越自动化。改变习惯看起来似乎应该更复杂，但事实上，大脑是可以接受重新编排的。你需要做的仅仅是刻意为之。

2007年，斯坦福大学的行为设计实验室在福格（B. J. Fogg）博士的主导下，提出了一个福格行为模型。该模型揭示了驱动人类所有行为的3个关键要素，解析了每一个要素在驱动人类行为中的重要作用，提供了激发每一个要素以更好地推动行为改变的有效方法。

福格行为模型认为，一个人要做一件事，需要有足够的动机、可以胜任的能力和有效的提示线索。只有当三者同时满足时，行为才会发生。用公式表达为B=MAP，其中B（Behavior）是行为，M（Motivation）是动机，A（Ability）是能力，P（Prompt）是提示线索，如图3-7-1所示。

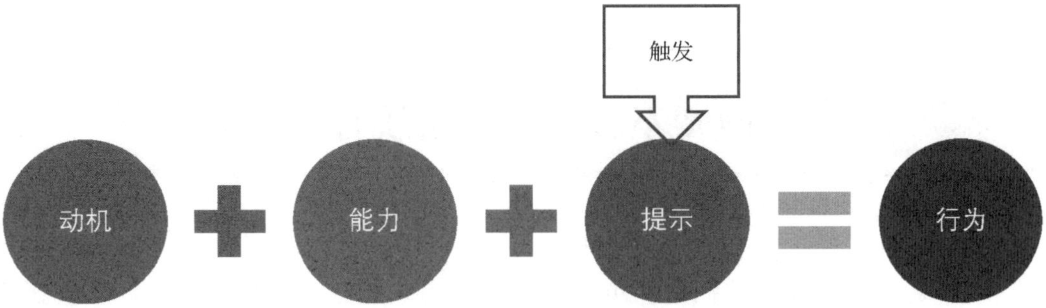

图3-7-1　福格行为模型

福格教授建议的改变行为的系统方案有三个步骤：创建新习惯，终止旧习惯，用新习惯替换旧习惯。从投资来看，可以建立改变不良投资习惯的模型，如图3-7-2所示。黄金行为包括3个标准：一是这个行为能让你实现愿望（影响）；二是你想做出这个行为（动机）；三是你可以做到这个行为（能力）。黄金行为可以是单次动作，也可以是需要不断重复的习惯。

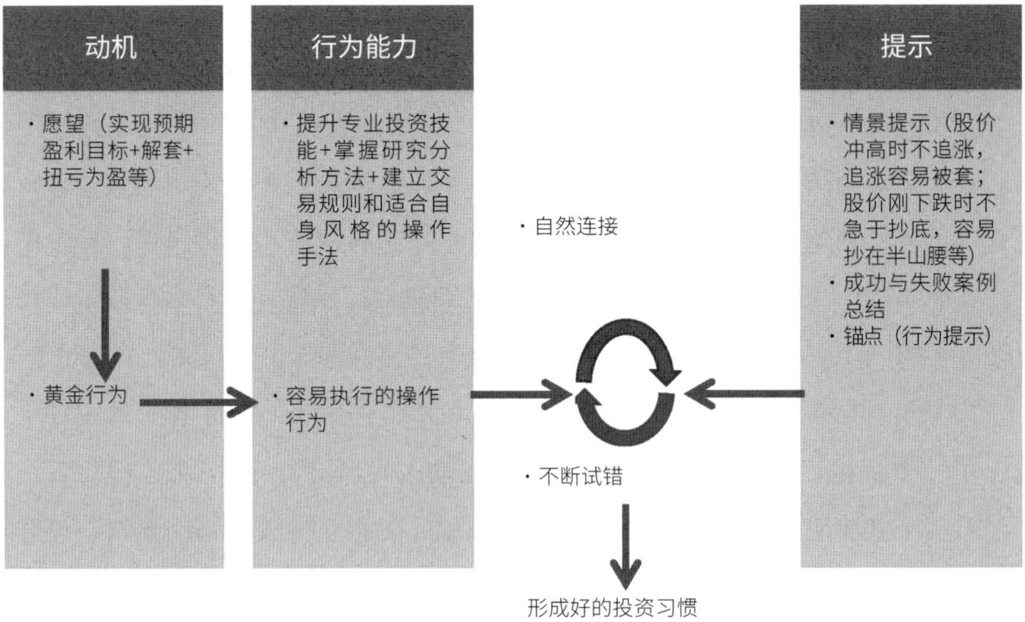

图3-7-2　福格教授建议的改变行为系统方案

CHAPTER 第八章 成功投资秘诀在于性格与心态

巴菲特说："我成功的秘诀，原因不在于智商，而在于性格、习惯和脾气。"

共同基金之父罗伊·纽伯格，在长达68年的投资生涯中，共经历了26次熊市，包括1929年和1987年两次历史上最惨烈的股市崩盘，但他没有一年赔过钱，这个纪录很可能"前无古人，后无来者"，他因此被业内称为股市"不倒翁""世纪炒股赢家"。而令纽伯格受益匪浅的可能就是他总结的"成功投资十大原则"，其中的第一条就是"认识自己"。纽伯格认为投资者应首先对自己诚实，在开始研究股票之前，必须首先研究自己，包括了解自己的性格优势、劣势等。

其实，每个人都有自身的性格优势。普遍的观点是，人的性格是天生的，所谓"三岁定八十"，其实也有些性格是后天长期习惯积累而成的。每个人都有优缺点，当然性格优势也对应有一定的性格劣势，关键是扬长避短，发挥自身性格优势，克服人性的弱点，定会有所成就。

我们通过处理一件事情或任务来演示不同个性特质的人群对待过程和结果的态度，假定横轴是时间过程，纵轴代表的是目标或结果，如图3-8-1。

处于第一象限的是追求完美的理性稳重型个性人群，他们做一件事情通常会先制定好目标，按部就班有计划有步骤地推进。处于第二象限的是冲动的急性子个性人群，这种性格特征的人群对于目标结果十分看重，做一件事总是雷厉风行，恨不得说到做到，马上实现。第三象限的人群十分机灵活泼，很聪明，但做事通常比较随意，目标不明确，而且有严重的拖延症，不到最后一刻都不紧张，经常被人指责为"临时抱佛脚"。处于第四象限的是慢性子人群，这种性格特征的人群喜欢跟在别人后面做事，且生性多疑，做事磨叽，但十分仔细认真。

性格投影到股市层面，也对应有四种不同的性格特征及操作风格习惯。

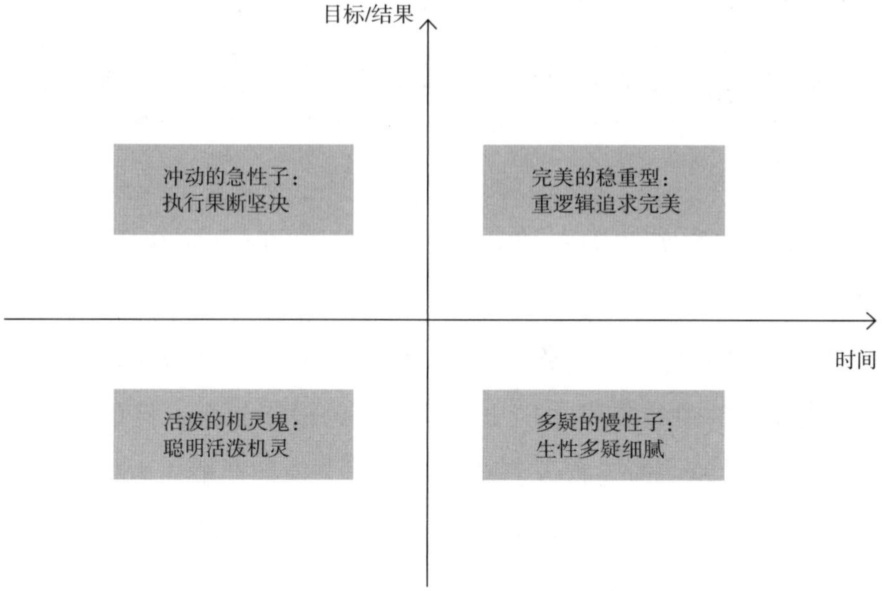

图3-8-1　人们的性格特征类型

一、完美的稳重人

责任心强、做事周密有计划、理性完美、注重逻辑是这一类人群的普遍特征。稳重是每一个炒股成功人士都具有的一种品质。稳重代表着遇事沉着冷静，不焦躁，处事谨慎而踏实，能够缜密考虑，不会浮躁冒进，比较可靠。稳重的人，往往会站在相对客观的立场去看待问题，懂得自己的思想感情对事物的影响比较小，不会意气用事，而是就事论事。

理性稳重型性格的投资者在买入时会特别看重股价的逻辑和安全边际，甚至会多看几份研究报告再做买入操作，因此能把握较好的波段或长线买点。但在对待卖出操作方面，由于理性稳重型性格的投资者过于注重逻辑，往往会忽略技术层面的影响因素，在卖出时犹豫不决或只是少量轻仓操作，保留大部分的筹码不舍得卖出，因此会出现“坐过山车式”的被动局面。

理性稳重型性格的人由于注重逻辑追求完美，因此总是会过于苛求，希望每次操作都好，容不得半点不好，只要发现操作有一点不好，就责怪自己，拼命地想去改变。这类人需要懂得投资是有概率性的，不要在意一城一池的得失，整体上确保大方向不变就能一步步实现投资目标。追求完美是一件很痛苦的事情，这世上没完美的事与完美的人，我们只要尽力去做好就行了。

追求完美其实是一种非常贪婪的心理，也是一种极端的心理。因为追求完美，你就不允许有一点瑕疵，就不能承担哪怕小小的损失，该止损时难以下手执行。因为追求完美，你会试图抓住所有的波动，不希望漏过任何行情。每个人都有自己的局限性，都有自己不擅长的领域。追求完美的心理很容易导致重仓交易被套或走入频繁交易的极端。

长期价值、理性投资、价值投资是知易行难的事情，只要敢于坚持经过缜密研究推理后的逻辑判断，忍受短期波动，在目标未实现之前保持定力，最后都能收获满意的投资回报。市场上屡屡出现大牛股的事实反复证明，短期所承受的股价波动，事后回看往往都是黎明前的黑暗。需要注意的是，长期投资、价值投资并不等于买入后长期持股不动，当股价持续上涨明显偏离其内在价值，或受到行情节奏和市场风格轮动等影响，股价出现较大波动时，应该采取“底仓不变+机动仓灵活滚动”的主动策略，从而避免简单地重仓，被动持有“坐过山车”，掌握策略主动权才能最大限度实现资产的长期稳健增值。

二、冲动的急性子

生活中我们经常听到“某某人是急性子、暴脾气”这类评价。这种人通常性格很急躁，做事很果断，也很冲动，行为反应很快，执行力特别强。实际上，性格急躁都是习惯积累而成的，比如总是将精力集中在处理重要而且紧急的事务上。可以说，这种习惯也是被迫养成的，因为身居要职工作压力大，生活节奏快，而且不擅长缓解压力。拥有急躁冲动个性的人往往处事果断，执行力或者行动力很强。果断的人一定是敢于承担责任的人。

赚钱心切是“股市急性子”的典型特征。在对待股市的买卖操作方面，拥有这种个性特征的人群通常敢于追高，擅于捕捉起涨点机会。同时，这种个性的人一旦做错也会敢于承认，果断止损出局，能够有效避免找“后悔药”吃。不过需要注意的是，股市里边的急性子，由于过于激进的操作习惯，喜欢重仓冒进或过早抄底，因此往往也容易陷入追涨被套的被动局面。

对于“股市急性子”而言，积极主动的操作习惯，的确是策略果断执行的保障，但这种操作习惯对快速反应能力和执行能力的要求都很高。为了避免错误决策带来的重挫，建议这类人群在每次交易行动时，尽量不要满仓进出。

快速反应、买卖果敢、当机立断是操作成功的有力保障，正所谓“青山常在，柴不等人”。主动、果断、严格执行止损纪律是股市生存的核心法则。但需要提防的是，在瞬息万变、变幻莫测的市场中，随时可能会遭遇“黑天鹅”。股市急性子在投资过程中务必心存敬畏，敬畏市场、敬畏风险，切忌重仓冒进。尽量不要满仓进出，而应该采取分批分笔的交易手法，合理控制仓位。

三、聪明的机灵鬼

有朝气、很热情、活泼、爱交际、富有同情心、脑子很灵活是这类人群的特征。这种性格的人活泼、好动、敏感、喜欢与人交往、注意力容易转移、兴趣和情感易变换等。活泼型性格的人往往情感外露，热情奔放，他们懂得把工作变成乐趣，而且乐于与人交往。他们能从任何事情中发掘出兴奋点，然后在绘声绘色的描述中，尽情回味其中的欢乐。活泼型性格的人热情开朗，几乎对任何事情都表现出乐观和热心。无论你提议干什么，他们都想干；无论你提议去哪里，他们都想去。

在对待股市方面，他们对股市中的各种题材了如指掌，对于每天各种可能出现的机会都表现出极大的兴趣，也愿意主动跟他人交流自己的心得。然而，这种广泛兴趣也是一把双刃剑，容易导致焦点分散，注意力不集中，在具体操作时，频繁追逐热点，今天这个热点股涨就追这个，明天那个涨就追那个，表面上似乎把握了所有的热点轮动机会，但最终的结果可能是两边挨板子。这种性格的人，非常容易在追逐热点机会中迷失方向，对待股市机会往往采取“熊掰棒子”的做法，总幻想后面还有更大的机会存在，而对手中的机会缺乏足够的耐心。

在股市里边，“聪明的机灵鬼”总是幻想通过精确的操盘节奏，把握住所有热点轮动机会，殊不知这基本是“乌托邦”式的想法，即使是短线高手也是做不到的。因此，需要保持平和的心态，时刻谨记“机会众多别花心，把握得住才是真”，需要紧紧守住自己手中的廉价筹码，只要有机会轮动，终究会轮到自己的。如果总是幻想通过精确的操盘节奏，捕捉到所有热点轮动机会，反而容易在频繁追逐热点的过程中迷失方向，最终痛失大牛股。

所以，在日常操作中，这类性格的人群要尽量避免在没有深度研究的前提下仅凭盘感随意买卖。根据不完全统计，随意操作导致高位套牢的概率高达70%。因此，我们需要三思而后行，谋定而后动，对市场机会作出取舍，力求把握主线机会，并采取波段操作策略来获得良好的战绩。

四、多疑的慢性子

遇事左右摇摆、做事拖泥带水、生性多疑、犹豫不决是这类人群的普遍特征。这类人群多属于“研究型”性格，做事十分认真仔细，可谓细致入微，同时对外界事物反应很敏感，对一件事或某种东西非常敏锐，能快速察觉。可以说，谨慎是一种聪慧，现实生活中很多职业需要这种谨小慎微的品性，缺少这种修养很容易引起问题。例如，银行业人员稍不谨慎就会导致账目错乱，医生稍有不慎就会造成人命关天的医疗事故，股市投资也一样，我们常常说“小心驶得万年船”。

其实，真正厉害的人都是慢性子。古语有云：“欲速则不达。”在股市操作上，这类人群由于生性多疑，对个股的基本面、技术面等都持有怀疑态度，一定要了解清楚内在逻辑并得到盘面验证才开始行动；同时在买入个股时非常小心谨慎，因此通常会在买点反复确认后才进场操作，不会轻易追高，总是耐心等待关键点再出手，所以赢面高。

不过需要注意的是，过于谨慎会适得其反。遇到事情考虑太多细节，就容易抓不住核心要点，甚至会忽视影响事物发展的最根本、最关键的因素。这种处事犹豫、过于注重细枝末节的性格就好像心里面经常装着一杆“秤”，称来称去，该买不买，该卖不卖，结果就会错过机会，常常吃后悔药。谨慎过度就会转变成为怯懦、畏首畏尾，做事战战兢兢；我们常常听到有人说“饿死胆小的”，意思就是有一部分股民经常踏空就是过于谨慎导致的。

谨慎是一种聪慧，毕竟投资是一场漫长的修行，越是走得远，越能体会到谨慎的可贵。能够在股票市场上成功的人，都有一个共同特征，就是不断地通过学习提高自己的认知水平。从某种程度上讲，交易的过程，就是一个不断学习和进化的过程，这个过程没有终点。需要注意的是，过度的谨小慎微也会引起缩手缩脚，不敢放手去做，导致错过买入良机或者止盈时机。积极主动是炒股成功的基本要素，主动买入往往能及时捕捉到更多的市场机会，而及时主动卖出能锁定利润。

CHAPTER 第九章 借鉴顶级投资大师成功的理念

跟着世界顶级投资大师学投资，是投资的捷径之一。学习成功投资者的投资哲学，是我们了解市场、认清自己的重要方式，也是逐渐形成属于我们自己的投资哲学的必由之路。投资哲学作为我们每个人投资决策行为的内在规范，不一定能确保赚钱，但是一定可以帮助我们养成更加稳定从容的投资行为和投资心境。表3-9-1是世界顶级投资大师的投资理念，可供读者参考。

表3-9-1 世界顶级投资大师的理念

投资大师	投资名言警句	投资哲学与成功投资的关键点	投资借鉴
沃伦·巴菲特	投资的第一原则是永远不要亏钱，第二原则是记住第一原则。 沃伦·巴菲特投资法则：第一，注意规避风险，保住本金；第二，规避风险，保住本金；第三，记住前两点	成功投资的关键：常识、纪律和耐心	“当别人害怕时，你要贪婪；当别人贪婪时，你要害怕。” 不要害怕等待。沃伦·巴菲特的法则是，“不要轻易挥棒，要挥棒也不要打到坏球”。他曾经引述美国红袜队强棒威廉斯（Ted Williams）的话，“当个好打者，你必须选好球来打”。遇到真正的好球前，巴菲特宁可紧握现金，也不轻易出手，“他比大多数的投资者都看得清楚，手上有大量现金，并不一定就会减损公司表现，现金是一种策略型资产”。这并不代表沃伦·巴菲特不想获取更多收益。他深信，“贪婪是好的”，但要有足够的耐性，“在别人恐惧时你要展现贪婪，在别人展现贪婪时你要恐惧”

续表

投资大师	投资名言警句	投资哲学与成功投资的关键点	投资借鉴
彼得·林奇	《彼得·林奇的成功投资》一书中，记录了彼得·林奇1987年股灾时的心路历程："在那一时刻，我真的不能确定，到底是到了世界末日，还是我们即将陷入一场严重的经济大萧条，又或者是事情并没有变得那么糟糕。"彼得·林奇总结说，这场股灾让自己汲取了很多教训：一是投资者应该忽视股票市场的起起落落。如果你在股市暴跌中绝望地卖出股票，那么你的卖出价格往往会非常低。二是即使很恐慌，也应该保持清醒	情绪可能是一个真正的业绩杀手，市场下跌容易让你在恐慌中抛售，或者市场暴涨容易让你贪婪地抢购被高估的股票	股市波动的历史规律告诉我们，所有的大跌都会过去，股市永远会涨得更高。历史经验还表明，股市大跌其实是释放风险，创造投资的一次好机会，能以很低的价格买入那些优秀公司的股票
约翰·邓普顿	牛市总在悲观中诞生，在怀疑中成长，在乐观中成熟，在兴奋中死亡。（机会总是在悲观中产生、在犹豫中成长，在乐观中成熟，在兴奋中结束。）	即使周围的人都在抛售，你也不用跟随，因为卖出的最好时机是在股市崩溃之前，而非之后	作为最著名的逆向投资者，约翰·邓普顿的投资方法被总结为："在大萧条的低点买入，在疯狂非理性的高点抛出，并在这两者间游刃有余。"他在全球范围内梳理、寻求已经触底但又具有前景的国家以及行业，投资标的都是被大众忽略的企业。他相信，完全被忽视的股票是最让人心动的便宜货——尤其是那些投资者们都尚未研究的股票
本杰明·格雷厄姆	格雷厄姆说："长期看，市场是称重器；短期看，是投票机。"	市场总是在过度兴奋和过度悲观之间摇摆，智慧的投资者是从过度悲观的人那里买来，卖给过度兴奋的人	本杰明·格雷厄姆有"华尔街教父"的美誉。代表作品有《证券分析》《聪明的投资者》等。他认为世上本没有一夜暴富的方法，往往最简单的方法就是最好的方法。他建议投资者应该持有正确的态度，相信自己的判断，为自己着想。一个投资者必须既具备良好的企业分析判断能力，又具备一种能把自己的思想行为和那些在市场上盘旋的情绪隔绝开来的理性能力，只有这样才能取得投资上的成功

续表

投资大师	投资名言警句	投资哲学与成功投资的关键点	投资借鉴
乔治·索罗斯	金融市场在不均衡中运转造成市场参与者的市场预期与客观事物出现不可避免的偏差，寻找市场可能出现过度非均衡的倾向是发现投资机会的捷径。 乔治·索罗斯认为，股票市场运作的基础不是逻辑层面，而是基于群体本能的心理层面，理解金融市场中混乱的根源正是其挣钱的良方	稳定的心理素质：稳定的心理素质和钢铁般的意志是乔治·索罗斯成功的重要秘诀，他理解市场有非理智的一面，因此，他就如同牧羊人一样，在大部分的时间随着羊群移动，一旦出现机会就会敏锐地觉察到并冲到羊群前面。 散户投资人的认知缺陷和盲从会使市场过度扩大，而当偏差过大至超过某个临界点时，则会出现相反趋势。乔治·索罗斯在大部分时候会一边跟着趋势走，一边寻找趋势的转折点并准备反向投资	乔治·索罗斯揭示了市场偏见：根据反射理论，市场天生就不稳定，偏见和认知缺陷将进一步导致市场波动，又将再次影响投资者的期望，认知和现实间出现双向的回馈，这种不稳定将对投机者极为有利。 金融市场参与者的认知有其内在的缺陷，即偏见。当投资者的认知和现实之间存在巨大差距时，就产生了分歧。分歧是一直存在的。有缺陷的认知导致金融市场自食其果，投资者自身也陷入盲目的狂热之中。乔治·索罗斯告诉人们，投资者要具有国际视野，不能目光狭隘
菲利普·A. 费舍	菲利普·A.费舍个人最主要的持股是摩托罗拉和德州仪器，前者是他持股最多的股票，持有21年，股价总计上涨了20倍。从菲利普·A.费舍的实例中，我们可以体会一个成功的投资者如何以最有用的方式，找到出色的公司，保持套牢3年的原则，买进并套牢，只要原来的买进原则未变，就不理会市场的风风雨雨，最后胜率一定大增	投资目标应该是一家成长型公司，公司应当有按部就班的计划使盈利长期大幅增长，且内在特质很难让新加入者分享其利润的高成长。这是菲利普·A.费舍投资哲学的重点。 菲利普·A.费舍认为投资生涯最重要的四个字就是：长期持有。 抱牢股票，直到公司性质发生根本变化、公司成长到不再能够高于整体经济增长水平。除了以上两个因素外，除非有非常确凿的证据，否则绝不轻易卖出	在投资中，选对赛道往往比努力更重要。菲利普·A.费舍重视公司的成长性，重视利润率，重视管理层的好坏，与优秀的人同行，与优质的上市公司一起成长。 历史因素固然需要考虑，但是主宰股价走势的是未来，不是过去。公司所处行业的变化、市场竞争力的变化、新产品的推出、管理层的更换等，更应该成为投资者潜心研究的内容
查理·芒格	查理·芒格特别推崇逆向思维，他凡事总是反过来想。这样的思维更容易发现别人发现不了的东西，也更容易对事物给出整体全面的判断。 查理·芒格曾说过："成功投资的关键因素之一就是拥有良好的性格和心态——大多数人总是按捺不住，或者总是过度担心。"	真正的成事者，都是长期主义者。他们以价值为指向，以智慧、耐心为后盾，在更大的时间与空间里展现自己的精神力量。查理·芒格本人是长期主义的践行者，体现在投资上，他表现出极大的耐心。在投资中，查理·芒格会耐心等待好机会的到来，而不是频繁地买入卖出	在查理·芒格的世界里，长期主义更有资格与条件去享受"复利的幸福"。无论是做人还是做事，一旦你打开格局，并持之以恒地去坚持"正确的东西"，就会看到复利的伟大力量。如果既能理解复利的威力，又能理解获得复利的艰难，就等于抓住了理解许多事情的精髓

CHAPTER

第十章 拥有一套核心哲学是长期交易成功的根本要素

一、交易的背后是哲学与信仰

交易的背后，往往体现了一个人的哲学思想和信仰。哲学本身是一门探索人类思维、存在、价值和本质的学科，就像混沌世界的一盏明灯，让你在迷茫的时候能找到努力的方向。而真正的信仰能让人从内心深处获得力量，本质是对成长投资与价值投资理念的认同和追求，让人不会因为股价波动、噪音和情绪起伏的干扰而动摇持股的信心，尤其是在投资过程中遇到暂时的困难和挑战时，信仰能给人带来勇气和继续前行的强大力量。科学、哲学与信仰的递进关系如图3-10-1所示。法国思想家、诺贝尔文学奖得主罗曼·罗兰曾说："人这一生，最可怕的敌人，就是没有坚定的信仰。"

顶级投资大师理查德·德里豪斯说过："拥有一套核心哲学是长期交易成功的根本要素。"没有核心哲学，你就无法在真正的困难时期坚守你的立场或坚持你的交易计划。你必须彻底理解、坚决信奉并完全忠实于你的交易哲学。为了达到这样的精神状态，你必须做大量的独立研究。一种交易哲学不可能从一个人的身上传递到另一个人的身上，你只能用自己的时间和心血去得到它。

图3-10-1　科学、哲学与信仰的递进关系

哲学能够指导我们了解自己、了解别人、了解市场。巴菲特说："别人贪婪时我恐惧，别人恐惧时我贪婪。"这句话就闪耀着哲学的光辉。崩溃往往在众人贪婪时形成，机会往往在众人恐惧时产生，作决策时需要运用哲学正确认识自己和大众，选择合适的时机。乔治·索罗斯认为，金融市场有其运行的自然规律，但市场参与者对市场的认识是有限的，受时间、知识水平、获取渠道和获取能力的限制，难以客观地根据完整的信息作出判断，因而往往出现决策偏差。这种偏差一旦形成市场合力，就会使金融行情大幅度偏离自然规律，愈演愈烈，从而造成"羊群效应"，而市场参与者迟早会发现这样的偏差，于是同样的"羊群效应"的故事又会在反方向上上演。疯狂的偏见必将得到纠正，恐惧的黑暗终将迎来光明。无论是在癫狂状态继续扩大生产规模，还是在恐惧阶段继续裁员缩减规模，都会使我们处于被动不利局面。美国的房利美公司过度追求市场份额，在2007年美国房地产到顶时，仍然购买巨大敞口的风险贷款和证券，最终损失巨大，被评为"运行最差的金融机构"。事物的发展就像个钟摆，要运用哲学发现钟摆的位置与方向。

这种规律不但适用于金融世界，也适用于对整个经济运行甚至社会发展分的析，乔治·索罗斯的成功投资就是运用哲学指导识别"羊群效应"规律的最佳范例。运用哲学，识别我们决策时所处的环境状态；运用哲学，通过事实与逻辑验证市场共识。

如果有一套投资哲学，我们就不会在危机面前惊慌失措。1987年美国股市大崩盘时，当时由美国证券界超级巨星彼得·林奇管理着100多亿美元的麦哲伦基金，一天之内基金资产净值损失了18%，损失高达20亿美元。彼得·林奇和所有开放式基金经理一样，为了应付非比寻常的巨额赎回，不得不把股票都卖了。过了一年多，彼得·林奇回忆起来仍然感到害怕："在那一时刻，我真的不能确定，到底是到了世界末日，还是我们即将陷入一场严重的经济大萧条，又或者是事情还没变得那么糟糕，仅仅只是华尔街即将完蛋？"

之后彼得·林奇又经历过很多次股市大跌，但仍然取得了非常优秀的成绩。他提出了三个建议：第一，不要因恐慌而全部贱价抛出股票。如果你在股市暴跌中绝望地卖出股票，那么你的卖出价格往往会非常之低。1987年10月19日的行情让人感到惊恐不安，但没必要在这一天或第二天把股票抛出。当年11月份股市开始稳步上扬。到1988年6月，市场已经反弹了400多点，也就是说涨幅超过了23%。第二，对持有的好公司股票要有坚定的勇气。第三，要敢于低价买入好公司股票。暴跌是赚大钱的最好机会，巨大的财富往往就是在这种股市大跌中才有机会赚到。

通过复盘历次美股危机下伯克希尔·哈撒韦的持仓情况，我们能发现，巴菲特在美股发生危机时期的投资更容易取得超越市场的业绩。如图3-10-2所示，巴菲特的“股市危机哲学”有几点值得借鉴：第一，坚持价值投资。巴菲特始终坚持“寻找那些业务清晰易懂，业绩持续优势，并且由德才兼备的管理层来经营的优秀企业”，在市场被错估的时候敢于逆势出击。第二，巴菲特一直秉持长期投资的理念，静待玫瑰绽放。第三，在市场混乱时，保持理性和行动的勇气。在历次美股危机时，巴菲特都在践行上述危机哲学和理念。

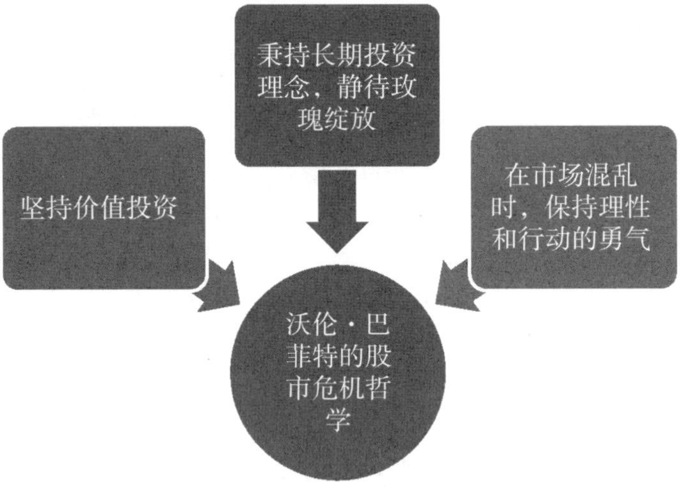

图3-10-2　巴菲特的危机哲学

古语有云“骤雨不终日”，意思是暴雨不会下一整天，用来比喻来势汹汹的东西，往往不会持续太久。历史上每一次市场暴跌都不会持续很久，相反地，暴跌之后往往会暴涨。在市场混乱时，保持理性和行动的勇气，是股市危机哲学中难能可贵的投资品质，尤其是在市场一片恐慌和市场错估的时候要敢于逆势出击。什么才是投资赢家必备的关键要素？并不是别的，而是强大的内心。如果没有强大的内心，那就只有被市场收割亏钱的命。

大家都知道，查理·芒格是巴菲特的黄金搭档。在过去四十多年里，他创造了年均20.3%复合收益率的投资神话。查理·芒格因其洞见底蕴的投资哲学为世人铭记。他在思考问题时十分善于运用逆向思维。例如，他想要知道企业如何做大做强，首先会研究企业是如何衰败的。大部分投资者更关心如何在股市投资上获得成功，而他最关心的却是为什么大部分人在股市中失败。在他看来，所谓成功，有时候并不在于做对多少，而在于少犯错误。

投资过程是一个不断学习、提高认知、自我修炼提升的过程。投资哲学，就是指导我们投资决策的一套理念和原则。我们身处的投资市场变幻莫测，复杂多变，充满了不确定性，因此需要一套属于自己的投资哲学来实现投资目标。投资哲学是在长期大量投资实践的基础上，反复总结，在学习与深思中形成的对市场的高度认知，并将其不断总结提高，用于指导实践并在实践中持续加以完善，在长期反复不断深化之后形成的相对固定的、能够指导交易生存和发展的核心交易准则的概括和总结。投资哲学是源于对市场认识所要采取交易行为的理由，是投资者的思想盾牌，是免受市场情绪裹挟的定心丸。投资哲学是投资过程中的自我修炼，它的特征就是追问本质、不断反思、迭代完善。

被誉为“中国巴菲特”的高瓴资本创始人张磊在《价值》一书中提到了他有三个哲学观，分别是：“守正用奇”“弱水三千，但取一瓢”和“桃李不言，下自成蹊”，如图3-10-3所示。“守正用奇”语出老子《道德经》的“以正治国，以奇用兵”。守正，就是按照正确的方法，要用正道来治理国家；用奇就是出其不意攻其不备的谋略来用兵。所谓守正用奇，意思是恪守正道的基础上，运用出奇制胜的策略来赢得胜利。张磊以“守正用奇”作为投资哲学，就是要在坚持高度道德自律、人格独立、遵守规则的基础上，坚持专业与专注。

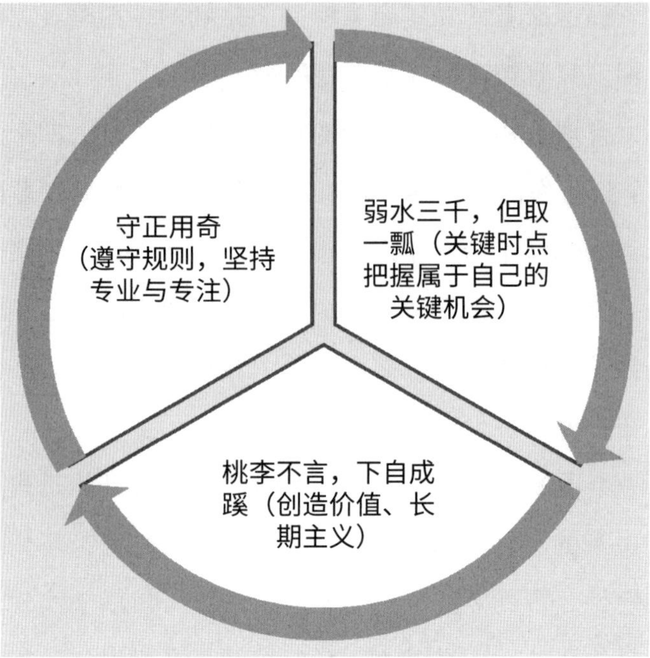

图3-10-3　张磊的投资哲学

“弱水三千，但取一瓢”引申自《论语》，从投资角度来看，是说看准了好的公司或业务模式就要下重注，毕竟在投资决策过程中，最佳的投资机会时间窗口几乎是稍纵即逝的，最重要的是对关键时点和关键变化的及时把握。所谓关键时点，就是在大家都看不懂的时候，只有少数创业者能够在这个时点敏锐察觉产业生命周期的变化。而关键变化，就是环境的结构性变化，包括产业的生态阶段调整、政策的支持、基础设施完善、需求的升级或转移等。张磊以“弱水三千，但取一瓢”的投资哲学观，警醒我们在投资过程中一定要克制住不愿意错失任何好机会的强烈愿望，同时又必须找到真正属于自己的机会。在实际的投资实践中，我们遇到太多这样那样的“贪婪”案例，有些投资者每天都想抓住市场出现的任何热点机会，一旦出现异动上涨机会就恨不得第一时间抓住，东一榔头西一棒槌，到头来竹篮打水一场空。

而“桃李不言，下自成蹊”出自《史记》，在投资学中是说只要做正确的事情，不用到处去宣传，好的企业家会找上门。张磊认为，在漫长的投资过程中，不要过度在意短期创造的社会声誉或价值，应该在意的是长期创造了多少价值。

时间是好生意和好创业者的朋友，在长期主义的路上，与伟大格局观者同行，做时间的朋友。做企业的合伙人、进行超长期投资是张磊的信念和信仰。他把基金做成超长期结构的基金，并且要求所投公司和投资基金的理念完全一致。实现超长期的投资需要两个大前提：一是能做，即你的资本是长期的；二是愿做，即你的投资理念是长期的。张磊以乐观主义创业者的心态创立了高瓴投资，坚持价值投资理念，以长期主义和研究驱动发现价值、创造价值，支持实体经济转型升级，助力产业创新发展。

二、投资应具备的良好品质

（一）耐心——竹子定律

正如前文所讲，投资过程中，最重要的就是保持耐心。有人曾经用新生的竹子来比喻投资耐心。新生的竹子在前4年通常只能长3厘米，而且这3厘米还是长在泥土里的。在这4年的漫长时间里，它需要抵御风雨的侵袭，忍受缓慢而艰难的过程，以默默无闻、坚韧不屈的方式孕育强大的力量。从第5年开始，竹子能以每天30厘米的速度生长，仅用6周时间就能长到15米，这就是著名的竹子定律。竹子破土而出的瞬间，其爆发出来的生命力让人们惊叹。事实上，在前面的4年中，尽管竹子还未破土而出，但其实它已将根系在土壤里不断延伸扎根、吸取养分。显然，竹子的快速生长源于前几年的深厚积累。竹子定律启发我们，做投资需要耐心，如图3-10-4所示。要想获得投资成功，就要意识到成功不可能一蹴而就，不能幻想天天抓到涨停板，或者臆想今天买明天卖实现一夜暴富。投资成功需要经历漫长的等待和磨砺，在持股过程中需要保持耐心和信心。所有的“一鸣惊人”，实质都是“厚积薄发”。

① 投资成功需要经历漫长的等待和磨砺，熬过“3厘米”缓慢过程

② 投资过程需要保持耐心和信心，耐得住寂寞，守得住初心

③ 竹子6周时间长到15米的快速生长，“一鸣惊人”的背后是“厚积薄发”

④ 积蓄的能量越大，爆发的能量越大；让你赚钱最多的往往是伤害你最深的股票

图3-10-4　竹子定律的启发——投资需要耐心

在持股阶段，最需要忍耐的就是股价长时间调整对你的折磨，需要你坚信成长与价值投资理念，只要你持有的是优质企业的股票，就可以耐心地持有。需要强调的是，持股是整个交易过程中最艰辛最难熬的一个阶段，这个阶段你一定会受到一些负面噪音、价格波动，以及大众情绪的影响，进而产生怀疑、紧张、焦虑甚至恐慌惧怕等消极情绪，甚至作出错误的判断而低位出局。而成功的投资人，恰恰是因为在持股过程中不为外界因素所干扰，敢于坚持正确的逻辑判断，忍受住常人难以忍受的下跌调整的煎熬，最终收获满意的投资回报。因此我们一定要铭记：播种和收获从来不在一个季节，想在市场低迷时获得成功，第一需要耐心，等待机会并敢于在市场极度悲观的时候入场。第二要有信心。在低位布局之后，不要被市场的短期波动和市场情绪、噪音所影响，要预设和忍受一定幅度的回撤，要坚信自己低位布局的优质企业的股票价格将来会创出新高。

“欲戴皇冠，必承其重。”正如一位投资前辈所言，让你赚到大钱的股票，恰恰就是曾经伤害你最深的股票。

（二）坚持学习——“一万小时定律”

能够在市场上成功的人，都有一个共同特征，就是不断通过学习提高自己的认知水平。从某种程度上来讲，交易的过程，就是一个不断学习、持续提升认知能力的过程，这个过程没有终点。我们唯有持续学习、终身学习，才能跟上市场生态的不断变化。

投资界公认的投资大师巴菲特和芒格，被称为行走的图书馆，他们即便到了90岁高龄，也从没有停止学习的脚步。巴菲特曾说："我的投资策略有85%来自格雷厄姆，15%来自费舍。"学习前人的智慧和经验，会让自己更快、更好地掌握知识、提升技能，从而获得成功。向投资大师学习无疑是通向投资成功的捷径。年轻的巴菲特正是因为认真学习借鉴了格雷厄姆的价值投资策略，投资业绩才明显改善。他后来感慨地说："在大师门下学习几个小时的效果，远远胜过我自己过去十年里自以为是的天真思考。"

阅读是学习的基础。巴菲特是一个终身学习者，他不断阅读、思考和学习新知识。他曾说过将80%的工作时间用于阅读，通过大量阅读，不仅可以获得有价值的信息丰富知识储备，还培养了洞察力和批判性思维。他鼓励人们要保持好奇心和求知欲，不断提高自己的认知水平和决策能力。这种持续学习的态度可以帮助我们在不断变化的世界中保持竞争力。

学习很重要，知识会带给我们很多新的东西。彼得·林奇是世界上最著名的投资大师之一，他在1977年到1990年管理富达基金的时候，富达基金的复利增长率高达29%。他曾说过，每天拿出一点时间去学习，去研究股票，你会做得比基金经理还好。因为市场上90%的信息都是公开的，剩下的10%要靠你的判断力再加上你的勤劳和努力去获得。

时代是不断变化的，投资环境也在持续变化。无论是职业投资者、投资顾问，还是证券分析师，都需要不断地自我迭代，如果故步自封，放弃了对新事物的学习，那么未来业绩表现可能变得更加不确定甚至令人沮丧。包括投资大师在内，人们在投资过程中总会犯些这样那样认知上的错误，但要相信，今天的伤痕会成为明天的盔甲。要想在投资市场中有所成就，就必须持续学习，这是唯一有效的方法。只有不断学习掌握研究分析方法，通过实践总结改进交易策略，学习投资大师或前辈的成功方法，以及大量阅读研报和专业书籍，我们才能在变幻莫测的市场里立于不败之地。

学习应坚持不懈，不能三天打鱼两天晒网。英国作家马尔科姆·格拉德威尔在《异类》一书中指出："人们眼中的天才之所以卓越非凡，并非天资超人一等，而是付出了持续不断的努力。一万小时的锤炼是任何人从平凡变成超凡的必要条件。”大致的意思是，如果想要成为某个领域的专家，就需要一万个小时的锤炼，这就是著名的一万小时定律。唐代诗人杜甫的“读书破万卷，下笔如有神”，同样表达了广泛的阅读学习和持续积累的重要性。

从提高投资认知的规律来看，第一步就是坚持学习，通过学习掌握更多投资知识，并结合自身的操作情况加以独立思考，在深入思考后付诸行动，做到知行合一，最终会获得改变，如图3-10-5所示。知是行之始，行是知之成。知行两者相辅相成，相互促进。总之，成功需要厚积薄发，需要持续学习、积累沉淀。

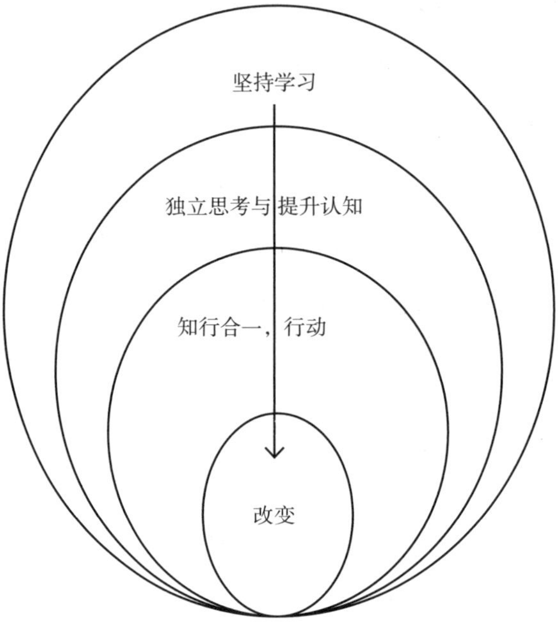

图3-10-5　持续学习提高认知

（三）独立思考与判断

投资需要独立思考和判断。只有独立思考，才能时刻保持警惕，才能有更好的自制力。巴菲特在谈到投资时曾说：“我们没有必要比别人更聪明，但我们必须比别人更有自制力。”做好投资需要具备的能力有很多，包括终身学习的能力、果断决策的能力、耐心等待的能力、坚定执行的能力等，而每一项能力的背后都离不开一种能力，那就是自制力。比如行情不好时敢于空仓就是强大自制力的体现。只有独立思考，才能在人声鼎沸时保持清醒，在市场一片贪婪时敢于空仓应对。尤其在牛市末期和熊市最后一跌阶段的钟摆两端，空仓策略是最好的防守，既能够很好地保存实力，又能让我们更加冷静理性去判断行情，当机会再次来临时我们才能有条件果断出击。

遗憾的是，在实际投资决策过程中，大部分投资者都无法独立思考，多数情形下人们都会屈服于从众心理，喜欢寻找与他观点相同或相近的投资者，期望获得他人的认同。似乎只有找到相同的观点，才能减少内心的担忧和恐惧，似乎只有被他人认同，才敢作出买入或卖出的决策。但他们却忘了，投资的本质是逆人性的，当大多数人的看法高度一致的时候，往往是行情或股价已经充分反映人们预期的时候，也恰恰是风险悄无声息降临的时候。所以，盲目从众，或刻意迎合、认同他人的观点，与独立思考判断的优秀投资品质是背道而驰的。

当然，独立思考并不是固执已见。心理学家艾伦·兰格认为，人经常会高估自己控制事件的能力，形成“控制错觉”，过度自信地犯错。投资需要独立思考与判断，这个判断需要投资逻辑的支撑和持续的市场验证，需要根据产业生命周期阶段、公司发展阶段等基本面情况，以及行情风格轮动和资金偏好顺势而为，避免固执已见和孤注一掷。

（四）犯错不是耻辱，敢于认错是一种骄傲

《左传》有句名言：“人非圣贤，孰能无过？过而能改，善莫大焉。”每个人都有自身的优势和缺点，关键是能够认清自身的不足。敢于承认自己的个性缺点和错误的行为习惯，一旦出现错误及时总结改正，这样才能够真正地成长。俗话说，“小洞不补，大洞吃苦”。掩饰错误，容易错上加错，甚至一发不可收拾，最终酿成大错。所以，常认小错，才不会铸成大错，勇于认错可以时时警醒自己，防微杜渐。孔子说：“吾日三省吾身。”就是要我们经常查查自身的缺陷与错误，有则改之无则加勉，这是人生修养的重要一课。

投资决策的最终盈亏结果是一种概率。作出投资决策后，要对逻辑和市场表现持续跟踪验证，一旦发现逻辑变了，或市场实际表现完全超出预期，且超过自

身风险承受范围时，一定要敢于承认投资决策的错误，并且迅速改正。遗憾的是，在实际操作过程中，对于大多数投资者而言，敢于承认错误实在太难。当市场发出投资错误信号时，若投资者不能及时认错或不愿接受决策错误的事实，听之任之，那么，只会导致亏损的持续放大，直到被深度套牢甚至在忍无可忍的时候低位砍仓割肉。其实，优秀投资者与普通投资者性格上最大的区别，就是是否敢于认错。前者在市场发出投资判断错误信号时，能够迅速行动予以纠正，把损失控制在可以承受的范围之内。

古人说“君子反求诸己”，出了问题，先在自己身上找原因。“小人无错，君子常过”，小人出了岔子，喜欢把责任推卸给别人，说别人错了；君子出了事情，一定先在自己身上找原因，反观自身，发现自己需要提升的地方。

有敢于认错的勇气是十分宝贵的投资品质。乔治·索罗斯曾坦率地说：“对其他人来说，犯错是一种耻辱，对我而言，承认自己的错误是一种骄傲，一旦我们认识到理解上的不足是人类的先天特征，犯错就没有耻辱可言了，耻辱的只是不能纠正错误。”

奥地利哲学家卡尔·波普尔在他的著作《科学的逻辑》中提出了“可证伪原则”，强调科学理论应该具有明确的可能被证伪的特征。他明确反对经验主义和确定性观念，强调科学理论的演进是不断修正和拓展的过程。他提出：“一个不愿意接受错误和批评的社会将难以进步。”投资认知也一样，提升投资认知能力就是要在不断总结成功经验和失败教训的基础上，敢于挑战自己根深蒂固的行为习惯。有认错的勇气，才能不断拓展认知的边界。

菲利普·A. 费舍的著作《怎样选择成长股》，是投资领域的经典之作。菲利普·A. 费舍在形成投资哲学的过程中，经历最多的是总结错误，反思错误。不敢正视自己的错误，就不可能形成自己的投资哲学。

三、交易的本质是信仰

交易的成功，源于无比坚定的信仰。信仰是一种深层次的、全面的精神追求和认同。它不仅仅是对某种观点或价值的信念，更是一种对宇宙、生命、存在等根本问题的探求。信仰给予人们精神上的慰藉，并且往往成为个人或群体行为准则的源泉。信仰超越了个人的经验和理性范畴，是一种对更高层次真理的探索和追求，可概括为“信仰本质上就是人进行生存意义追求的精神性外化方式”，超越性是信仰的本质特征。

在资本市场，投资也一样。交易的本质是一种信仰，是对成长与价值投资、长期投资理念的信奉和坚守。所有成功交易的本质是拥有坚不可摧的价值信仰。我们常常听到这样的描述，一个人拥有的财富是他对这个社会认知的变现。毫无疑问，在变幻莫测的投资世界里，若想长期生存，必须用心去总结、去完善适合自身的投资哲学，坚守自己的交易信仰。纵观中外投资大师，都是信仰的坚定守护者。沃伦·巴菲特坚持价值投资理念，经过五十年的坚守，成就一代“股神”的荣耀；杰西·利弗莫尔坚信技术分析的作用，耐心等待关键点，成为华尔街“投资之王”；而乔治·索罗斯坚信卡尔·波普尔可证伪哲学，被称为“潜在水底的金融巨鳄”。

投资成功的必备要素，不是别的而是心理，没有强大的心理，大概率是亏钱的命，而强大心理的背后正是坚定的价值信仰。股价的短期波动或长时间的低迷表现，导致投资者出现烦躁不安、无比失望甚至悔不当初的情绪，正是因为内心没有真正树立起价值投资理念，内心没有信仰。

实际上，大部分投资者亏损的根本原因，就是心理不够强大，没有投资信仰，没有建立交易体系。具体表现在想赢怕输，甚至输不起的心理一直占上风，浮亏时幻想股价会继续下跌，整天担心爆仓，在这种心理影响下，只能无可奈何地止损；而浮盈时又怕回吐，所以浅尝辄止，赚一点就赶紧卖出，患得患失。因此，如果没有树立价值投资信仰，就难以摆脱负面情绪和人性弱点的牵绊，简单地被情绪左右，投资注定难以取得真正意义上的成功。

四、长期主义——投资是一场“马拉松”

“积跬步而至千里。”成功的投资不必用极致操作去博短期高收益，而应该淡化短期回报，从长期视角出发，行稳致远，才能实现资产的稳健增值。可事实上大多数投资者都想赚快钱实现暴富，这也是大部分投资者亏损的重要原因。如果每天都能抓到涨停板，或者每年都能赚好几倍，几十年下来岂不是全世界的钱都被你赚走了？倘若真有如此巨大的复利效应，你早就成为世界首富了。要知道巴菲特的长期年化收益率还不到20%。从笔者长期的投资咨询实践来看，大部分新股民都喜欢今天买明天卖，特别钟爱做超短线投机，但最终结局就是操作越多，错误越多，亏钱的概率越大。这部分投资者时时刻刻盯盘，情绪跟随股价起伏波动，只要有一点小波动就想要推翻买入的逻辑，完全被市场波动牵着鼻子走，最终弄得筋疲力尽，亏损出局。

投资就像一场马拉松，慢就是快。理解长期主义，践行长期主义，自身要有清晰的投资目标，要有坚定的信仰，相信目标终究会达成。对于长期主义的信念主要有两条，一是从研究的角度来看，我们研究行业、公司要有长期的视角。比如，要搞清楚企业及其所处的行业或产业的发展趋势阶段，这个行业或产业在国外有没有可以类比、借鉴的地方，是否能找到发展的规律和路径，是否有国家政策大力支持、重大的技术创新突破以及市场需求。把这些搞清楚，会让我们在作决策时更有底气。二是从投资的角度来看，以深度的基本面研究为基础，结合估值水平比较，分析市值增长潜在空间，只有通过专业深度研究才能选择长期持有。

“长期主义”包含两重思维：一是以长远、可持续的视角研究企业的价值；二是相信优质企业具有不断创造价值的能力，能够不断构建“护城河”和竞争壁垒，通过长期持有的方式分享企业成长红利。从投资实践来看，长期投资并不是一句口号，市场一定会奖励那些有耐心、守得住优质成长股的投资者。《公募权益类基金投资者盈利洞察报告》显示，若持仓时长小于3个月，盈利人数占比仅39%；若超过3个月，盈利人数占比大幅提升到64%；而当持仓时长继续提升时，客户盈利人数占比稳步提升；特别是当持仓时间超过10年时，客户盈利人数占比达到98%，即绝大部分客户都赚到了钱。

当然，长期投资是一件知易行难的事情，很多投资者都知道长期投资的好处，只不过在投资过程中，常常会因为各种原因而中途“下车”。主要原因有三个方面：第一，没有形成投资体系，并根据投资体系制订好投资计划。第二，没有做好资金管理，遇到突发情况时不得已终止长期投资计划。第三，没有正确认识产品特征和市场特征，容易被一时波动打乱节奏，或者想通过频繁操作获利而得不偿失。

投资的本质是对长期价值的挖掘，而不是短期的过度博弈。在选择投资标的时，我们首先应当选具有长期价值，并且能在较长的时间维度内，都保持持久的竞争力和较强的成长性的标的。挖掘这类成长企业，除了通过参考其财务数据，更要深入到企业价值最核心的部分，去了解其竞争力的根源，反复对其产品技术、运作模式、市场推广乃至企业文化、管理层等要素进行长时间的跟踪、验证和推敲。真正具有价值的企业，都是在历经一定时间的磨炼和煎熬后，才慢慢被挖掘出来的。因为，优质企业在发展成长过程中，同样会遭遇起伏，在质疑中艰难前行。

总之，长期主义就是不要因为一时不见效果而焦躁，而要坚持不懈。长期主义不是坚持重复一件正确的大事，而是坚持改进一件件小事。

五、学会面对恐惧

投资者要学会如何面对恐惧。当市场出现较长时间的调整时，一定会让投资者陷入恐慌和绝望之中，这种负面情绪的自我强化会加剧短期抛压，而股价的反复下跌和账户资产的持续缩水，会给投资者带来极大的痛苦和无助感。根据行为心理学，人们的外在行为都是基于内在的情绪和信念。在情绪低落、焦虑、抑郁的时候，我们的行为会因为内在的恐惧感而追涨杀跌，或者破罐子破摔，失去判断力，在这种集体恐慌的情绪能量影响下，如果我们没有清醒的认知和意识，只会被这巨大的磁场越卷越深，而无法自拔。此时，我们必须尽力调整好自己的情绪，避免被强烈的群体情绪所裹挟。

我们都知道，股票市场总是起起伏伏，暴涨暴跌也是寻常事，短期波涛汹涌的行情，拉长时间来看，也不过是历史长河中的一朵浪花。市场情绪无常，投资者要学会与市场和谐相处，在市场情绪低落时买进，在群体狂欢时卖出。

历史上每一次连续急跌行情，都会引发大量的非理性抛压，包括散户因恐惧绝望而割肉止损，基金经理因为契约条款如回撤、风控，以及基民赎回等原因不得不减仓，从而引起联动效用相互踩踏。这种相互踩踏的一个主要原因是部分机构产品的回撤，触发了赎回条款，而且这部分机构投资者没有做好相应的流动性管理安排，有些甚至变相加了杠杆，导致投资者赎回引发二级市场的挤兑，机构被动抛售股票。往往这个时候，有胆量进场的人已经没钱，有钱的人却害怕亏损不敢进场，只有极少数先知先觉、老练的“猎人”敢于从容地扣下“扳机”，斩获廉价的筹码。其实，只有在市场群体犯错的时候，才能以便宜的价格买入好公司的股票。

在市场波动加大引发群体恐慌杀跌的情况下，“风物长宜放眼量”成为股市长跑赢家的共同选择。对于具有远大前景的优秀公司，我们应该耐心等待公司自身创造价值的实现和市场情绪的周期性回归。因为投资的长期收益必然建立在企业发展基础上，这是收益的源头活水。

股市暴跌究竟该怎么办？历史是最好的教科书。彼得·林奇说过：“股市波动的历史规律告诉我们，所有的大跌都会过去，股市永远会涨得更高。”历史经验还表明，股市大跌其实就是释放风险、创造投资的一次好机会，能以低廉的价格买入优秀的公司股票。

邓普顿更是阐述了市场运行的规律：牛市总在悲观中诞生，在怀疑中成长，在乐观中成熟，在兴奋中死亡。最悲观的时刻正是买进的最佳时机，最乐观的时刻正是卖出的最佳时机。

后记

《投资金字塔》一书经过长达一年时间的用心整理，终于完稿了，希望读者们阅读本书后有所收获。笔者由于工作性质，只能在周末时间撰写、整理，时间仓促，错漏之处在所难免，衷心希望读者指正。借本书第一次出版的机会，笔者要衷心感谢所在机构的大力支持，同时感谢广东经济出版社刘卫平社长的大力支持和周伊凌编辑、郭艳军编辑等的辛勤付出。感谢华南师范大学教授凌江怀、融捷集团副总裁黄江峰以及广东证券期货业协会副秘书长蒋罡的积极推荐。

附录

投资者风险承受能力评估问卷
（适用于自然人投资者）

一、财务状况

1. 您的主要收入来源是：

A. 工资、劳务报酬

B. 生产经营所得

C. 利息、股息、转让证券等金融性资产收入

D. 出租、出售房地产等非金融性资产收入

E. 无固定收入

2. 最近您家庭预计进行证券投资的资金占家庭现有总资产（不含自住、自用房产及汽车等固定资产）的比例是：

A. 70%以上

B. 50%～70%

C. 30%～50%

D. 10%～30%

E. 10%以下

3. 您是否有尚未清偿的数额较大的债务，如有，其性质是：

A. 没有

B. 有，住房抵押贷款等长期定额债务

C. 有，信用卡欠款、消费信贷等短期信用债务

D. 有，亲朋之间借款

4. 您可用于投资的资产数额（包括金融资产和不动产）为：

A. 50万元人民币以下

B. 50万～300万元（不含）人民币

C. 300万～1000万元（不含）人民币

D. 1000万元人民币以上

二、投资知识

5. 以下描述中符合您的实际情况的是：

A. 现在或此前曾从事金融、经济或财会等与金融产品投资相关的工作超过两年

B. 已取得金融、经济或财会等与金融产品投资相关专业学士以上学位

C. 取得证券从业资格、基金从业资格、期货从业资格、注册会计师（CPA）或注册金融分析师（CFA）证书中的一项及以上

D. 我不符合以上任何一项描述

三、投资经验

6. 您的投资经验可以被概括为：

A. 有限：除银行活期账户和定期存款外，我基本没有其他投资经验

B. 一般：除银行活期账户和定期存款外，我购买过基金、保险等理财产品，但还需要进一步的指导

C. 丰富：我是一位有经验的投资者，参与过股票、基金等产品的交易，并倾向于自己作出投资决策

D. 非常丰富：我是一位非常有经验的投资者，参与过权证、期货或创业板等产品的交易

7. 有一位投资者一个月内做了15笔交易（同一品种买卖各一次算一笔），

您认为这样的交易频率：

A. 太高了

B. 偏高

C. 正常

D. 偏低

8. 过去一年时间内，您购买的不同产品或接受的不同服务（含同一类型的不同产品或服务）的数量是：

A. 5个以下

B. 6～10个

C. 11～15个

D. 16个以上

9. 以下金融产品或服务，您投资经验在两年以上的有：

A. 银行存款等

B. 债券、货币市场基金、债券型基金或其他固定收益类产品等

C. 股票、混合型基金、偏股型基金、股票型基金等权益类投资品种等

D. 期货、期权、融资融券

E. 复杂金融产品、其他产品或服务

（注：本题可多选，但评分以其中最高分值选项为准。）

10. 如果您从事过金融市场投资，在交易较为活跃的月份，平均月交易额大概是多少：

A. 10万元人民币以下

B. 10万～30万元（不含）人民币

C. 30万～100万元（不含）人民币

D. 100万元人民币以上

E. 从未从事过金融市场投资

四、投资目标

11．您用于证券投资的大部分资金不会用作其他用途的时间段为：

A．0～1年

B．1～5年

C．无特别要求

12．您打算重点投资于哪些投资品种？

A．债券、货币市场基金、债券基金等固定收益类投资品种

B．股票、混合型基金、偏股型基金、股票型基金等权益类投资品种

C．期货、期权、融资融券等

D．高风险金融产品或服务

E．其他产品或服务

（注：本题可多选，但评分以其中最高分值选项为准。）

13．假设有两种不同的投资：投资A期望获得5%的收益，有可能承担非常小的损失；投资B期望获得20%的收益，但有可能面临25%甚至更高的亏损。您将您的投资资产分配为：

A．全部投资于A

B．大部分投资于A

C．两种投资各一半

D．大部分投资于B

E．全部投资于B

14．当您进行投资时，您的期望收益是：

A．尽可能保证本金安全，不在乎收益率比较低

B．产生一定的收益，可以承担一定的投资风险

C．产生较多的收益，可以承担较大的投资风险

D．实现资产大幅增长，愿意承担很大的投资风险

五、风险偏好

15. 您认为自己能承受的最大投资损失是多少？

A. 不能承受任何损失

B. 较少的投资损失

C. 较大的投资损失

D. 损失可能超过本金

16. 您打算将自己的投资回报主要用于：

A. 改善生活

B. 个体生产经营或证券投资以外的投资行为

C. 履行抚养、扶养或赡养义务

D. 本人养老或医疗

E. 偿付债务

六、其他信息

17. 您的年龄是：

A. 18～30岁

B. 31～40岁

C. 41～50岁

D. 51～60岁

E. 超过60岁

18. 今后五年时间内，您的父母、配偶以及未成年子女等需负法定抚养、扶养和赡养义务的人数为：

A. 1～2人

B. 3～4人

C. 5人以上

19. 您的最高学历是：

A. 高中及以下

B. 大学专科

C. 大学本科

D. 硕士及以上

20. 您家庭的就业状况是：

A. 您与配偶均有稳定收入的工作

B. 您与配偶其中一人有稳定收入的工作

C. 您与配偶均没有稳定收入的工作或者已退休

D. 未婚，但有稳定收入的工作

E. 未婚，暂无稳定收入的工作

做完问卷后，可根据评分表（表附录-1）计算出自己对应的分值，得出自己的风险承受能力等级（表附录-2），从而找到适合自己的投资标的（表附录-3）。

表附录-1　风险承受能力评分表

风险承受能力评分表																				
序号	1	2	3	4	5	6	7	8	9	10	11	12	13	14	15	16	17	18	19	20
A	3	1	3	0	5	1	1	1	0	1	1	2	0	0	0	7	5	5	1	4
B	2	3	2	1	5	2	2	3	1	2	3	4	1	2	2	5	7	3	2	3
C	1	4	1	2	5	3	3	4	2	3	5	5	3	3	4	4	3	1	4	2
D	1	5	0	3	0	5	4	6	4	4		6	5	4	6	3	2		5	1
E	0	6							6	0		6	6			1	0			0

数据来源：中国证券业协会。

表附录-2 适当性匹配规则

投资者风险承受能力等级与产品或服务等级的适当性匹配规则		
投资者风险承受能力等级	评估分值区间	产品或服务等级
C1（保守型投资者）	20分以下	R1
C2（谨慎型投资者）	20～36分	R2、R1
C3（稳健型投资者）	37～53分	R3、R2、R1
C4（进取型投资者）	54～82分	R4、R3、R2、R1
C5（激进型投资者）	83分以上	R5、R4、R3、R2、R1

数据来源：中国证券业协会。

表附录-3 产品或服务等级名录

产品或服务风险等级名录		
产品或服务风险等级	产品或服务风险特征描述	投资标的
R1（低风险）	结构简单，容易理解，流动性高，本金遭受损失的可能性极低	包括但不限于国债、债券质押式逆回购业务、债券质押式报价回购业务、货币型产品、银行保本型理财产品及相关服务
R2（中等偏低风险）	结构简单，容易理解，流动性较高，本金遭受损失的可能性较低	包括但不限于地方政府债、政策性银行金融债、AA+及以上级别的信用债及相关服务
R3（中风险）	结构较复杂，流动性较高，本金安全具有一定的不确定性，在特殊情况下可能损失全部本金	包括但不限于A股股票、B股股票、AA级别信用债、创新层挂牌公司股票、股票期权备兑开仓业务、股票期权保护性认沽开仓业务及相关服务
R4（中等偏高风险）	结构复杂，流动性较低，本金安全面临较大的不确定性，可能损失全部本金	包括但不限于退市整理期股票、港股通股票（包括沪港通下的港股通和深港通下的港股通）、股票质押式回购（融入方）、约定购回式证券交易（融入方）风险警示股票、AA-级别信用债、基础层挂牌公司股票、个股期权买入开仓业务、股票期权保证金卖出开仓业务、权证、融资融券业务及相关服务
R5（高风险）	结构复杂，不易理解，不易估值、流动性低、透明度较低，本金安全面临极大的不确定性，甚至损失可能超过本金	包括但不限于复杂的结构化产品、AA-以下级别信用债、场外衍生产品及相关服务

资料来源：中国证券业协会。